Rizzoli best

Giampaolo Pansa

Carta straccia
Il potere inutile dei giornalisti italiani

Rizzoli

ISBN 978-88-17-04927-6

Prima edizione: maggio 2011
Seconda edizione: maggio 2011
Terza edizione: maggio 2011

Carta straccia

Parte prima

I
Perché *Carta straccia*

Una domenica del gennaio 2011 telefonai a Livia Bianchi. I miei lettori si ricorderanno certo di lei: la bibliotecaria di Firenze che mi aveva affiancato nella ricerca per i libri sulla guerra civile. A cominciare dal primo, *Il sangue dei vinti*, fino all'ultimo uscito nel 2010, *I vinti non dimenticano*. Livia conosceva tutto di me, tranne l'impresa che avevo appena concluso.

Le chiesi: «Cara Livia, prima di tutto come sta?».

«Molto bene» rispose, allegra. «Ma non credo che lei mi abbia telefonato per sapere come sto. Non lo vedo il Pansa che mi cerca senza un secondo fine. Ha in mente qualche altro libro da scrivere e vuole di nuovo il mio aiuto?»

«No, non ho in programma nessun libro. Per il semplice motivo che l'ho già scritto. E da solo.»

Livia restò di sasso per la sorpresa: «Un nuovo libro sulla guerra civile? Scritto senza dirmi nulla e, soprattutto, senza chiedermi di darle una mano?».

Mi misi a ridere, come facevo da ragazzino, quando consegnavo il compito in classe prima del tempo fissato dall'insegnante. Poi le spiegai: «Questa volta non è un libro sulla guerra civile. È un lavoro del tutto diverso, dedicato a un'altra questione che penso di conoscere bene».

Livia mi sembrò perplessa. Ma a vincere fu la sua curiosità: «E quale sarebbe quest'altra questione?».

«Non glielo dirò. Farò di più: verrò a Firenze e le porterò il libro che la Rizzoli ha accettato di pubblicare. Le bozze non ci sono ancora. Le consegnerò quello che un tempo si chiamava il manoscritto e che, oggi, è la stampata del computer. Posso venire a Firenze da lei, il prossimo sabato?»

Livia sospirò: «Non ho la forza di dire no a un signore invadente. Venga a trovarmi, l'aspetto. Ma soltanto di pomeriggio. È il mio giorno di riposo e vorrei dormire un po' più a lungo per essere in grado di affrontarla».

Quel sabato, verso le tre, bussai alla porta di Livia. E lei mi accolse con il bel sorriso che conoscevo. Non la vedevo dall'estate precedente e la trovai sempre in gran forma: una signora intorno ai cinquant'anni, cicciosa e svelta, molto desiderabile agli occhi di un signore anziano come il sottoscritto.

Ma in quel momento venni afferrato da un dubbio: forse avevo fatto male a non dirle nulla del nuovo libro. E poi presentarmi con il malloppo in mano per chiederle che cosa ne pensasse.

Livia doveva conoscermi davvero da cima a fondo. Infatti mi lesse nel pensiero e m'interrogò, con un sorriso malizioso: «Lei teme che mi sia offesa e che adesso rifiuti di leggere il suo capolavoro?».

«Un pochino sì. E vorrei levarmi subito questo dente. Dove possiamo sederci?»

«Al tavolo della cucina, come abbiamo sempre fatto. Oppure desidera un ambiente più consono alla sua autorità di scrittore?» mi domandò lei, sfottente.

La cucina mi andava bene. Del resto, quella di Livia era sempre tirata a lucido, con un perfezionismo che ogni volta mi stupiva. Mi accomodai al tavolo e le consegnai il manoscritto.

Sulla prima pagina campeggiava il titolo: *Carta straccia*.

La sorpresa di Livia durò appena qualche istante. E lasciò subito il posto a una domanda: «Non aveva già scritto un paio di libri sui giornali?».

«Sì. Il primo nel 1977: *Comprati e venduti. I giornali e il potere negli anni '70*, pubblicato da Bompiani. Il secondo nel 1986: *Carte false. Peccati e peccatori del giornalismo italiano*. Ma sono testi superati. Due libri che non si trovano più, neppure nei cataloghi degli antiquari o sulle bancarelle dell'usato.»

«Vedo che è ritornato sui suoi passi. Come mai?» m'interrogò Livia.

«Il 1° gennaio 2011 ho celebrato i miei cinquant'anni di giornalismo. Un'eternità! E non mi sono ancora stancato di lavorare per la carta stampata e di scriverne. È un bene o un male?»

Livia alzò le spalle: «Non pretenda una risposta. L'unico che può saperlo è lei. Mi limito a pensare che, in questo mezzo secolo, il Pansa ne abbia fatte e viste di tutti i colori...».

«Sì. E molte delle cose che ho visto e fatto le troverà in *Carta straccia*.»

«Che razza di libro è?»

«Lo vedrà leggendolo» risposi a Livia. «Le dirò soltanto che non è un saggio sui mass media, una specialità noiosa che lascio volentieri ai tanti professori delle scuole di giornalismo. Questo è un libraccio molto personale, zeppo di ricordi, di personaggi, di situazioni. Tutta merce spacciata alla buona, quasi sempre in modo sornione e allegro. Ma con un bel po' di pagine toste, scritte all'arma bianca, da vera carogna.

«Mentre ci lavoravo» continuai, «mi sono reso conto che lo pensavo destinato a un lettore come lei. Una persona più giovane di me. Che legge molti libri e, insieme, molti giornali. Li legge e li giudica. Con quale risultato non lo so.»

«Vuole saperlo?» mi domandò Livia. «È vero, per il lavoro che faccio vedo un pacco di quotidiani e pure di settimanali. Ma con un gusto sempre più scarso. Quando prendo in mano un giornale, so in anticipo che cosa mi dirà. Ormai è difficile trovarne uno che non sia schierato con questa o quella parte politica. La faziosità dilaga e rende la carta stampata prevedibile e vuota di sorprese. Per non parlare del resto. Giornali sgrammaticati. Scritti in giornalistese, un linguaggio pomposo e vacuo, a volte doppio e triplo. Pieni di errori, di notizie confuse, di inchieste superficiali. Insomma, un prodotto sempre più inaffidabile...»

La fermai: «Avevo visto giusto nel ritenere Livia Bianchi il lettore ideale di questo libro. Lo consideri un lungo racconto rivolto alle persone come lei. E le parole che ha appena detto, i giornali sono merce sempre più inaffidabile, mi aiutano a spiegarle qual è lo stato d'animo che mi ha spinto a scrivere *Carta straccia*. Ma dovrà perdonarmi se adesso le parlerò di me».

Livia sorrise: «Lei parla sempre di se stesso. Ci sono abituata. La sua vena autobiografica è inesauribile. Sentiamo che cosa ha in mente di dirmi».

«Innanzitutto, voglio spiegarle che mi è sempre piaciuto scrivere. Vedrà che *Carta straccia* comincia raccontando dell'incontro con la mia prima macchina per scrivere, regalata da mio padre quando non avevo ancora 13 anni. Da allora non ho più smesso. Se vedevo un foglio di carta bianca non ero capace di resistere. Oggi accendo di continuo il computer, ma non per leggere le sciocchezze spacciate su internet. No, ci scrivo qualunque cosa, dieci parole o dieci pagine.

«Sono affascinato dalle parole messe nero su bianco, cara Livia. Le allineo come capita. A volte creo un discorso compiuto, a volte non me lo propongo neppure. Mi basta scriverle per rendermi conto, ancora una volta, che questo dà un senso alla mia vita. Raccontare le storie degli altri, oppure la mia, è l'esperienza più eccitante che ho incontrato nel crescere.

«Sino a dieci anni fa, lo facevo con la macchina per scrivere. Poi ho scoperto il computer, sia pure con un bel po' di ritardo. Non riuscivo a staccarmi dall'Olivetti. In casa ne ho sette, di tutte le epoche e di tutte le dimensioni. Adesso non le uso più. Il computer è diventato anche il mio rifugio segreto, il mio confidente, il mio confessore.

«Lo considero una persona alla quale posso raccontare quello che non rivelerei a nessuno, neppure alla donna che amo. Spesso mi aiuta a creare un mondo immaginario. Dove accadono fatti sorprendenti. Sono le fiabe di un adulto che gioca con la fantasia. Quando le rileggo, mi sembra di ritornare bambino, ma con tutti i vizi di chi ha i capelli bianchi. Non le pubblicherò mai. Anche perché hanno spesso un lato storto che mi prende la mano.»

Livia mi ascoltò stupita: «Pensavo di conoscerla, ma vedo che non è così. E non voglio sapere altro. La prego di ritornare ai temi di *Carta straccia*. Del resto, siamo qui per questo e non per altro».

«Ha ragione. E allora le dirò che, quando ho iniziato a lavorare per i giornali e avevo 25 anni, mi sono posto una domanda: quello che andavo scrivendo era la verità o no? Mi risparmi l'obiezione che era una domanda oziosa, perché la verità è un traguardo che non può essere raggiunto da nessun essere umano. È una risposta che mi sono dato da solo. Infatti ho subito cambiato quella domanda in un'altra: sono un giornalista obiettivo oppure no? Ho cominciato a riflettere su questo nuovo interrogativo quando ho ricevuto un premio per me molto importante.»

«Che premio era?» domandò Livia. «So tante cose di lei, ma niente dei premi che, a torto o a ragione, si è guadagnato.»

«Accadde nel 1970, quando avevo 35 anni e lavoravo per "La Stampa" di Alberto Ronchey. Era il Premio Palazzi, istituito da un editore oggi scomparso. Un premio ambìto nel nostro mestiere, perché segnalava ogni anno il lavoro di un inviato speciale. Prima di me, l'avevano vinto colleghi più anziani e più illustri, poi diventati direttori di grandi giornali. Il verbale della giuria era stato di manica molto larga. Elencava i servizi che avevo scritto, parlava di "impegno generoso", di "indagini su eventi spesso inquietanti e pericolosi" e, soprattutto, di "puntuale obiettività giornalistica". Troppa grazia, sant'Antonio! Così avrebbe esclamato mia nonna Caterina.»

Livia mi scrutò, con un sorriso ironico: «Non era soddisfatto della motivazione del premio?».

Sbuffai: «Aspetti e non faccia domande. Ero confuso e lusingato. E accettai tutto: i soldi del premio e le decorazioni. Ma rifiutai una medaglia: quella dell'obiettività. La respinsi subito, davanti al pubblico raccolto al Circolo della stampa di Milano. Risposi che non potevo e non volevo essere un giornalista obiettivo».

«E come lo spiegò?» chiese Livia, sorpresa.

«Intendevo farlo con gli appunti che avevo preso nell'ascoltare il relatore del premio. Grazie alla mania di archiviare quel che mi interessa, li ho conservati. Ecco il foglietto, glielo leggo, perché l'ho messo nella memoria del computer.»

Lessi i miei appunti di allora: «"Obiettività? Non ne capisco il significato. Vuol dire limitarsi a esporre i fatti così come sono avvenuti? Già, ma resta da vedere che cosa si intende nel precisare 'così come sono avvenuti'. Significa indifferenza glaciale e niente giudizi? Ma questo non è possibile. Vorrebbe dire mettere tutto e tutti sullo stesso piano, i buoni e i cattivi, i princìpi che aiutano a migliorare l'uomo e la negazione di questi princìpi".

«Erano banalità, la scoperta dell'acqua calda» dissi a Livia. «E così, quando venne il mio momento di parlare al pubblico del Palazzi, tenni il foglietto in tasca. E mi limitai a citare quello che un giorno aveva detto un grande storico, Gaetano Salvemini. Lui sosteneva che allo storico non si può chiedere l'obiettività, ma si deve esigere da lui il massimo dell'onestà.»

«Salvemini che cosa intendeva per onestà?» domandò Livia.

«Provo a spiegarlo parlando non di lui, ma di noi giornalisti. Per esempio, cercare di capire i fatti che accadono e riferirli in modo completo al lettore. Anche quando non ci piacciono o fanno a pugni con le cose che amiamo. Tenere conto del punto di vista di chi non la pensa come noi. Coltivare sempre il dubbio e non credere a scatola chiusa a nessuna tesi.»

Livia mi scrutò, dubbiosa: «Lei si è sempre comportato così?».

«Ogni volta ho tentato di farlo. E non sempre ci sono riuscito. Ma i miei occhiali hanno ancora oggi lenti chiare, non colorate di bianco, di rosso o di nero. Ho preferito sbagliare da solo e non per compiacere un partito politico o un potentato economico. È possibile che i lettori dei miei articoli e dei miei libri diano un giudizio diverso del mio lavoro. Eppure, il mio atteggiamento non è mai cambiato: essere me stesso anche nell'errore.

«Purtroppo, nel giornalismo odierno è difficile rintracciare la tensione all'obiettività o alla sua conseguenza positiva: l'imparzialità. Ma non voglio dirle di più. Quando leggerà *Carta straccia*, troverà molte pagine che raccontano la mutazione profonda, e negativa, di non poca carta stampata.»

«A proposito, che cosa pensa del titolo di questo libro?» domandai a Livia.

«Che è forte e può essere ritenuto eccessivo. Ma fa

capire in che modo lei vede l'intera faccenda. E penso che la vedano così anche molti lettori. Del resto, basta parlare con chi lavora in un'edicola. La carta stampata si vende meno di una volta. E sembra meno necessaria di un tempo. Trionfano la televisione e internet. In *Carta straccia* si occupa anche di queste due bestiacce?»

Risposi a Livia: «Della tv sì, soprattutto dei famigerati talk show, ormai tutti o quasi schierati a sinistra. Del web no. Pensavo di dedicargli un paio di capitoli. Poi ci ho rinunciato. Non frequento i siti internet, perché non mi fido di quello che spacciano. Me ne fotto di facebook e di qualunque blog. Invece di televisione ne mangio molta. E se avrà voglia di leggere questo libro vedrà che cosa ne penso».

Lei osservò: «Immagino che *Carta straccia* non piacerà a tanti suoi colleghi. Lei rischia un silenzio stampa generale...».

Replicai a Livia con un sorriso: «È un'obiezione che conosco. Mi è stata fatta anche ai tempi di *Carte false*. Nel 1985 avevo offerto quel libro a un editore importante, Livio Garzanti. Mi era stato chiesto di scrivere un saggio sui magistrati, invece proposi un libro sui giornalisti e sui loro peccati. La replica di Garzanti fu una sentenza senza appello. Mi disse: lei dovrà parlare male dei suoi colleghi, nessuno vorrà recensirlo e dunque non venderà neppure una copia. Allora lo presentai alla Rizzoli che lo pubblicò subito. Fu un successo sorprendente: molte ristampe e tante vendite. Accadde venticinque anni fa. Con *Carta straccia* spero di fare il bis».

Livia domandò: «Conta sulle polemiche, come accadde per *Il sangue dei vinti*?».

«Sì e no. Scrivere un libro ti obbliga a un impegno lungo e faticoso, mesi e mesi di lavoro continuo, tutti i giorni. Anche per questo motivo non ho mai scritto nessuno dei miei libri per incitare gli altri a darmi addosso. Se poi qualcuno appicca un incendio, tanto meglio.»

«Ma allora perché ha scritto *Carta straccia*?»

Sbuffai: «Lei ha sempre una domanda nella fondina, come succede con le rivoltelle. Ma anch'io ho più di una risposta. Le offro questa. I media stampati e la tv sono sempre lo specchio della società dove vengono prodotti e alla quale sono destinati. *Carta straccia* è anche un libro sull'Italia di oggi e non soltanto quella dei partiti. Volevo raccontare del nostro disgraziato paese. E ho scelto di farlo camminando su un terreno che credo di conoscere bene, i giornali, perché ci vivo dentro da mezzo secolo».

«Pensa che il suo libro sia utile alle ragazze e ai ragazzi che sperano di diventare giornalisti?» domandò Livia.

«Vuole una risposta schietta? Non lo so. Forse sì, forse no. Penso che un ragazzo attirato dal mestiere di giornalista debba cercare libri ben più importanti dei miei. Hai finito di leggere Proust o Manzoni? No? E allora non perdere tempo con i lavori del Pansa. Posso raccontarle un piccolo fatto che mi riguarda?»

«Prego, sono qui per questo» rispose Livia, con l'aria di dire: mi consideri il suo computer, un confessore.

«Nell'autunno del 1952, quando stavo per compiere 17 anni, mi ammalai di tubercolosi ossea, allora succedeva agli adolescenti. Rimasi bloccato in casa, sempre a letto, sino alla primavera del 1953. Per non scoraggiarmi, cominciai a leggere un libro ogni due giorni. La giovane commessa di mia madre andava a prenderli in prestito alla Biblioteca civica della città. Decisi di fare una cosa che non avevo mai fatto: di ogni libro provai a scrivere su un quaderno un riassunto di dieci, quindici righe. Le prime volte mi resi conto che era molto difficile. Ma a poco a poco compresi che ero in grado di riuscirci.

«Ecco un esercizio che raccomando ai giovani che vogliono fare i giornalisti. Può aiutarli a capire se scrivere fa davvero per loro e inoltre li abitua alla sintesi. Tuttavia, spero che *Carta straccia* abbia anche per i ventenni una piccola utilità. Racconta con schiettezza che cosa sia il giornalismo di oggi: una macchina confusa, a volte immersa nel caos, e non di rado un nido di vipere, uguale a tanti altri serpai d'Italia.»

Livia mi regalò una risata affettuosa: «La trovo un'altra volta in trincea. Lei non vuole smettere di tirare sassi nei vetri. A costo di mandare in frantumi una serie di finestre, dove si affacciano molti big: i padroni della politica e dei giornali. Ma immagino che *Carta straccia* sia anche il suo ritratto».

Le obiettai: «E di chi dovrebbe essere? Sono la persona che conosce Giampaolo Pansa meglio di tutti. Dopo di me, c'è soltanto Adele Grisendi e poi lei. Come mi giudica Livia Bianchi?».

Livia si chiuse le labbra con due dita: «Non le dirò quello che penso. Del resto, qualunque risposta le offrissi, non le andrebbe a genio».

«Se è così» conclusi, «legga *Carta straccia*. Spero soltanto di non annoiarla.»

«D'accordo, lo leggerò. Ma per il momento mi dica soltanto come inizia il suo racconto.»

«Con il ritratto dell'ambiente che mi ha visto crescere.»

Livia scosse la testa: «Siamo alle solite. Il mondo comincia sempre dalla nonna Caterina e da Giampaolo piccolo. Adesso se ne vada e mi lasci in compagnia di *Carta straccia*».

2
Cemento e miseria

La mia prima macchina per scrivere fu una Remington usata, di seconda o terza mano, costruita in America all'inizio del Novecento. Si presentava come un castellotto di ghisa fusa, con quattro colonnine che le conferivano un aspetto possente. Il colore era nero lucido e il logo, scritto in giallo oro, spiccava come un raggio di sole o un suono di tromba nel buio. Per ordinare al suo nuovo padrone: dài, mettiti a scrivere!

Era stato il regalo di mio padre Ernesto per festeggiare la conclusione della scuola media. L'avevo iniziata con un anno di anticipo, nell'autunno del 1945, quando la guerra era finita da sei mesi. Ed ero il più piccolo della classe, appena 10 anni. Alla fine della terza media, ne avevo 12 e mezzo. Eravamo nel giugno 1948: l'Italia aveva da poco superato la prova del 18 aprile, con la vittoria della Democrazia cristiana di Alcide De Gasperi. Poi ci sarebbe stato il piccolo terremoto dell'attentato a Palmiro Togliatti. Infine avremmo visto ritornare un po' di calma.

Papà mi aveva regalato la Remington per due motivi. Il primo era che nelle tre medie avevo sempre preso ottimi voti in italiano. Il secondo che in famiglia mi sentivano proclamare di continuo: «Da grande farò il giornalista!». Questo proposito non era una vanteria infantile. Nel mio piccolo, lo stavo già facendo. Ecco un dettaglio autobiografico che voglio raccontare all'inizio di questo libro dedicato ai giornali e a chi li scrive.

Tanto mio padre che io eravamo tifosi della squadra di calcio della città, il Casale Football Club. Nel primo dopoguerra, compresa la stagione 1946-1947, militava nella serie B. Ma molti anni prima, nel 1914, aveva vinto il campionato della serie A, battendo per due volte la Lazio nella finalissima.

La maglia era nera con una stella bianca. Per questo venivano chiamati i nerostellati. Erano gli avversari storici delle squadre di tre città vicine: Vercelli, Alessandria, Novara. E avevano una tifoseria importante che, nelle partite casalinghe, si ritrovava sugli spalti del campo situato accanto al canale Cavour.

Il piccolo stadio recava il nome di Natale Palli, un ragazzo della città che, nella guerra del 1915-1918, era stato un asso dell'aviazione militare. Il pilota che sul proprio aereo aveva condotto Gabriele d'Annunzio nel volo sopra Vienna.

Quando il Casale Fbc giocava in casa, il papà mi portava a vedere la partita. Al ritorno, mi sedevo al tavolo della cucina e facevo il mio giornale sportivo. L'avevo chiamato "Nerostellati" e lo scrivevo a mano su un foglio formato protocollo. Nelle quattro pagine raccontavo com'era andato l'incontro.

La mia era una cronaca ingenua, da piccolo tifoso, ma ricca di dettagli. A cominciare dalle due formazioni e dalla classifica. Poi stabilivo chi avesse giocato bene e chi no. Davo ai calciatori un voto da uno a dieci, come accadeva a scuola. E come succede nelle pagelle pubblicate sui quotidiani di oggi.

A quel punto, il giornale era pronto. Il primo lettore era il papà. Mia madre Giovanna, invece, alzava le spalle, borbottando: «Sempre con questa mania del football!». Anche a mia sorella Marisa, più piccola di me, non importava niente del calcio. Però mi voleva bene e dava un'occhiata ai "Nerostellati", esclamando: «Mi sembra ben fatto, bravo Giampa!».

Quando mio padre mi regalò la Remington, comprata da un amico che riparava le macchine per scrivere e ne vendeva di usate, mi ero già stancato di sfornare i "Nerostellati". Ma il desiderio di fare il giornalista non era svanito per niente. Invece che un cronista sportivo, adesso pensavo che sarei diventato un cronista politico.

Come mai questa idea bizzarra? È presto detto. La sera, dopo la cena, in casa nostra si aprivano continui dibattiti politici. Tra i miei genitori, i loro fratelli e cognati, eravamo una famiglia larga dove quasi tutti tifavano per il socialismo di Pietro Nenni. Con due eccezioni: il fratello più giovane di papà che era iscritto al Pci, e mia madre che, senza mai dichiararlo, il 18 aprile aveva votato per la Dc.

Comunicai la decisione a mio padre Ernesto. Lui mi ascoltò con un sorriso dolce e replicò: «Ottima idea. Ma prima devi imparare a scrivere sulla macchina che ti abbiamo regalato. Andrai alla scuola di dattilografia di don Tarcisio».

Era un prete anziano, con la veste sempre un po' in disordine, lavata di rado e mai stirata con attenzione. La curia vescovile l'aveva messo da parte perché si diceva nutrisse una passione eccessiva per Togliatti e per Nenni. Campava con i magri incassi della sua scuola, destinata soprattutto ai ripetenti dell'avviamento professionale, dove tra le materie c'era per l'appunto la dattilografia.

La scuola consisteva in uno stanzone con una decina di vecchie macchine per scrivere. Gli allievi erano tutti figli di coltivatori diretti del Monferrato casalese. Avevano mani grosse, da contadini, e per loro era complicato battere sui tasti.

Per me fu più facile. Dopo due lezioni, don Tarcisio si presentò nel negozio di mode di mia madre e le disse: «Signora Giovanna, parlo contro il mio interesse. Ma per suo figlio i soldi sono buttati. Ha già imparato tutto quello che potevo insegnargli. Lo tenga a casa e lo lasci sfogare sulla Remington».

Prima di lasciare la scuola, chiesi a don Tarcisio: «Che cosa posso scrivere sulla mia macchina?». Lui alzò le spalle: «Che domanda scema! Scrivi quello che ti pare. Per esempio, le storie che ti raccontava tua nonna Caterina. La conoscevo bene: era una donnina sbirola, stramba, che ne diceva di tutti i colori sull'universo mondo!».

Don Tarcisio non sbagliava. La nonna Caterina, madre di mio padre, era una fabbrica senza soste di storie curiose, di battute, di invettive, di giudizi pungenti. Nell'estate del 1948 era scomparsa da più di un anno. Ma poiché aveva allevato tanto me che mia sorella Marisa, le sue parole mi erano rimaste in testa, ben stampate nella memoria. Così decisi di esercitarmi sulla Remington scrivendo quello che lei diceva per sfogare uno dei suoi chiodi fissi: il razzismo sardonico e a corto raggio.

Riferita a Caterina, la parola razzismo va spiegata. Lei non ce l'aveva con gli immigrati extracomunitari, che allora non esistevano. E nemmeno con gli esseri umani di colore. Gli unici neri che aveva visto erano i soldati afroamericani della 92ª Divisione di fanteria Buffalo Soldiers, i primi ad arrivare a Casale alla fine di aprile del 1945. Erano dei bonaccioni, carichi di ogni bendidio, sempre allegri e mai violenti. La città li aveva accolti a braccia aperte, senza timore e con gratitudine perché erano i primi liberatori che vedeva.

Guardati a vista da ufficiali bianchi, di solito americani sudisti, i neri della Buffalo non avevano mai creato problemi. A parte il mettere incinte un po' di ragazze che in seguito sposarono e condussero negli Stati Uniti. Soltanto due di loro, che pure avevano già fatto il corso previsto per le mogli italiane, all'ultimo minuto si rifiutarono di partire. E dopo qualche mese partorirono nell'ospedale civico, mettendo al mondo due bellissimi bambini color caffellatte.

Il razzismo a corto raggio di nonna Caterina prendeva di mira gli altri piemontesi. E penso che i motivi fossero due. Il primo nasceva dalle sue vicende di ragazza poverissima e poi di giovane vedova perseguitata dalla malasorte e inseguita dalla miseria.

Nata nel Vercellese e di trasloco in trasloco arrivata in Monferrato, considerava con astio i posti in cui era vissuta. E trasferiva la rabbia per la fatica di vivere ai maledetti piemontesi che non si erano mai curati delle sue disgrazie, né dei sei bambini che aveva dovuto crescere da sola.

Il secondo motivo non riguardava soltanto Caterina. Oggi, in una società sempre più globalizzata, può sembrare inverosimile. Ma allora, a somiglianza di altre regioni italiane, anche il Piemonte era diviso in tribù ostili che si ritenevano a vicenda popolazioni inferiori. Da bollare, da sfottere, da deridere, da minchionare.

I minchioni più minchioni erano i nativi di Cuneo, la fabbrica dei gonzi. Da noi, quando un bambino non capiva il ragionamento più semplice, in casa gli domandavano: «Ma sei mica di Cuneo?». Circolavano storielle infami. Per esempio quella sulla visita di Vittorio Emanuele II e del banchetto ufficiale offerto dalla città. Dopo un brindisi, il re esclamava, compiaciuto: «Buono il vostro barolo!». E il sindaco gli replicava, giulebboso: «Maestà, sentisse quello che teniamo per le grandi occasioni!».

Degli indigeni di Asti non avevamo nessun rispetto. Mia nonna diceva: «Astigiani, larghi di bocca e stretti di mano». Ossia parolai e nient'altro. All'incirca come quelli di Alessandria. Erano i mandrogni, gentaglia infida, furbastra, attaccata al soldo, pronta a vendere persino la mamma per quattro denari.

Gli abitanti di Vercelli venivano chiamati "biciulan",

soprannome che suonava come un insulto, per di più dal suono vagamente osceno. Derivava da un biscotto di forma ovale che i vercellesi producevano. Niente di paragonabile rispetto al nostro biscotto curvo, il famoso crumiro di Casale.

Dei biellesi meglio non parlare. Erano il peggio del peggio. Caterina predicava: «A-i völ sent'agn e ses meis per fé fora un bieleis!». Ci vogliono cento anni e sei mesi per stroncare uno di questi dannati biellesi. Gente malandrina, capace di ogni nefandezza. A cominciare da quella di produrre un po' di stoffa, scriverci sopra "made in England" e fregare il prossimo.

I vicini di Novara, invece, non contavano nulla. Erano dei mezzi lombardi. E portavano pure scalogna. Infatti, nel marzo 1849, era stata proprio la sconfitta davanti alla "fatal Novara" a condurre gli austriaci alle porte di Casale. E soltanto noi avevamo saputo fermarli, con quattro soldati della città e qualche barricata messa su con il letame, per impedirgli di spingersi fino a Torino.

E qui siamo arrivati al cuore del razzismo monferrino. La pretesa dei torinesi di essere i primi della classe in Piemonte scatenava l'irrisione di Caterina. Non erano soltanto "falsi e cortesi". Erano anche dei profittatori che avevano creato la Fiat con il sudore degli operai forestieri, raccattati un po' in tutte le regioni del Nord, a cominciare dal Veneto.

Anni dopo raccontai a mio padre che Vittorio Valletta, il costruttore della Fiat moderna, ligure di Sampierdarena, sosteneva che i torinesi erano tisici. E dunque l'immigrazione aveva raddrizzato un'etnia senza nerbo. Ernesto alzò le spalle e replicò: «Noi monferrini l'abbiamo sempre saputo!».

Mentre tentavo di trascrivere con la Remington queste facezie irridenti, mia madre Giovanna pensò che non dovevo trascorrere l'estate in città davanti a una macchina per scrivere.

E in previsione della quarta ginnasio, decise di mandarmi non in vacanza al mare o in montagna, un'usanza sconosciuta, bensì a lezione da una sua cliente. Non dovevo riparare nessuna materia. Ma la signora, insegnante di storia e filosofia al liceo, mi avrebbe preparato ad avere di fronte professori più impegnativi di quelli delle scuole medie.

La signora Emma Z. era nubile, oggi diremmo single, vicina ai quarant'anni. L'avevo già vista più volte a Mode Pansa, il negozio di mia madre. Una donna molto piacente, alta, in carne, bionda naturale, sempre elegante. In città si mormorava che fosse l'amante di un notaio straricco. Interrogata in proposito, mia madre faceva scena muta, come accadeva sempre quando si trattava delle clienti.

Durante l'estate del 1948, andai a casa della professoressa almeno una volta la settimana. Mi piaceva parlare con lei e raccontai della macchina Remington che ormai stavo usando con grande facilità. Quando le confessai che, da grande, mi sarebbe piaciuto fare il giornalista, l'insegnante mi prese sul serio: «Se è così, devi leggere molto, perché soltanto in questo modo s'impara a scrivere. E devi anche conoscere che paese è l'Italia. A cominciare dalla nostra città e dal Monferrato che la circonda».

Delle lezioni, molto schiette per l'epoca, impartite dalla signora Emma, mi rimasero impresse parecchie verità che non ho più dimenticato. La prima fu che le cattiverie etniche di mia nonna Caterina potevano applicarsi anche alla gente del Monferrato. Sul nostro conto si diceva: «Dui munfrin, tre lader e 'n sassin». Ogni due monferrini, tre fanno i ladri e il quarto è un assassino. In altre parole, la gentaglia si trovava dappertutto. E con l'andare del tempo sarebbe cresciuta, come la gramigna in un campo.

Poi la prof mi spiegò che la nostra bella Casale era una delle città più avvelenate in Italia, gonfia di fumi e di polvere. La colpa era dei troppi cementifici. All'inizio del Novecento, erano un centinaio, forse di più. Un boom dovuto al fatto che le colline circostanti erano pregne di ottime marne calcaree, la materia prima della calce e del cemento. Vista dall'alto della collina di Sant'Anna, la città offriva un profilo infernale. Grazie a una sterminata batteria di ciminiere, missili che sparavano un fumo sempre più denso e acre.

Le case si coprivano di tritume. I tetti diventavano bianchi. Nella calura estiva, l'aria si faceva irrespirabile. A rendere peggiore l'ambiente, nel 1906 dei genovesi avevano impiantato in città una fabbrica all'avanguardia. Produceva tegole piane, fatte con una miscela di cemento e di amianto: era la famosa Eternit. Oggi a Casale la ricordano come la fabbrica della morte. Ma nel 1948 quei cadaveri venivano ancora ignorati. O comunque non messi sul conto del grande stabilimento, a un passo dal centro cittadino.

La signora Emma doveva essere davvero un'insegnante speciale. Infatti conosceva bene il nostro piccolo mondo. Mi illustrò anche la scala sociale nella quale erano cresciuti i miei genitori. Entrambi ragazzi poveri, mio padre anche più povero della mamma. Un bambino afflitto dalla miseria e messo al lavoro a dieci anni come guardiano delle vacche.

Nel gradino più basso c'erano i minatori delle cave di marna. Monferrini onesti che, invece di fare i ladri e gli assassini, consumavano la vita sotto terra. Sfiancandosi senza protezioni. Rischiando di morire bruciati dal grisou. Mangiando poco o niente. Bevendo acquaccia con qualche goccia di anice.

Le paghe erano meno che basse, per gente che rientrava a casa di notte, facendosi luce con le lampade ad acetilene. Erano più stanchi dei muli che trainavano i trenini di raccolta pieni di marna. Se si alzava qualche protesta, i padroni chiudevano l'impianto e licenziavano tutti. Disfatti e terrei, i cavatori non avevano altro orizzonte che ridiscendere nel buio il giorno dopo. "I sepolti vivi" li aveva chiamati nel 1913 "La Fiaccola", il settimanale socialista di Casale.

Sul secondo gradino stavano i contadini senza terra. Come il mio nonno paterno, Giovanni Eusebio Pansa. Facevano i braccianti sotto padrone, anche loro per salari miseri e lavorando dall'alba al tramonto. Qualcuno aveva imparato a leggere e scrivere durante il servizio militare. Le loro mogli, invece, erano quasi sempre analfabete. Lo era anche mia nonna Caterina.

Gli operai agricoli cominciavano a faticare da bambini, a dieci, undici anni. Facevano i servi degli agricoltori che possedevano almeno una cascina. I padroni li affittavano sul mercato di Vercelli, di sei mesi in sei mesi. I primi a essere presi erano i "fioroni", i ragazzini alti di statura. Poi toccava ai più piccoli.

I contadini senza terra vivevano in case che spesso sembravano stalle per il bestiame. Con il pavimento di terra e finestre poco più grandi che feritoie. Mettevano al mondo caterve di figli. Mia nonna ne aveva partoriti sei. E non ho mai saputo se qualcun altro fosse morto subito dopo la nascita. Una nostra zia acquisita era la tredicesima figlia di un pescatore del Po.

A volte il marito moriva quando era ancora giovane, distrutto dalla fatica. Accadde così a mio nonno Giovanni, crepato a 38 anni mentre zappava il campo di un padrone, fulminato da un infarto o da un ictus. Allora per la vedova cominciava un'esistenza infernale che durava fino alla vecchiaia. E lasciava una ferita inguaribile anche nei figli bambini.

La galera dei braccianti erano i campi e le risaie cresciute sulla striscia di pianura fra la destra del Po e la collina. La coltivazione del riso portava soldi ai padroni e la malaria a chi ci lavorava. E pure a chi viveva accanto alle risaie. La colpa era di un nemico mortale: la zanzara anofele.

Nel Monferrato casalese la malaria comparve nel 1874, dopo il colera e il vaiolo. Dapprima in forma blanda, poi sempre più violenta. Tre anni dopo, la febbre terzana dilagò. L'anno cruciale fu il 1879. Un nostro illustre concittadino, Giovanni Lanza, leader della destra e già presidente del Consiglio, era un medico preparato e scrupoloso. Fu lui a lanciare l'allarme: centinaia di monferrini stavano morendo di malaria, a Casale e nei paesi di collina, spesso lontani dal Po.

La signora Emma mi raccontò che ci volle del tempo prima di far sparire le risaie troppo vicine alla città. Anche allora, la politica si accapigliava e non sapeva decidersi. La sinistra, guidata dal premier Benedetto Cairoli e dal ministro dell'Interno Agostino Depretis, entrambi pavesi, non voleva saperne di abbandonare la coltura del riso. Qualcuno sostenne che c'erano di mezzo gli interessi dei produttori. Ma erano dicerie e non vennero mai provate.

Poi la questione si risolse dopo una perizia che la città di Casale affidò al medico Evasio Peola, "distinto cultore dell'arte salutare". Lui descrisse in termini crudi gli effetti della malaria. A cominciare "dal desolante stato igienico di una popolazione già vegeta e robusta, ma oggi fatta languente per il miasma che l'avvelena, per la febbre che rode le fibra, immiserita per le continue malattie, distrutta dalla morte che in spaventose proporzioni vi miete le vite". Fu così che le risaie scomparvero.

«Se fossi nato in quell'epoca, forse saresti morto pure tu di malaria» disse la signora Emma, una donna che andava per le spicce. «Ringrazia di essere vivo. E di appartenere a una famiglia di gente laboriosa. I tuoi genitori sono nati poveri. Anche il nonno materno era un bracciante. Ma hanno saputo farsi strada, lavorando sin da bambini. E adesso hanno un figlio che vuole fare il giornalista, addirittura!»

Ci rimasi male. E trovai il coraggio di domandarle: «Nei giornali è proibito l'ingresso ai figli dei poveri? Spero che non sia così...».

La signora Emma mi regalò uno dei suoi sorrisi speciali. Quelli che, a sentire mia madre, facevano «alzare i morti e non soltanto loro». E disse: «Ci riuscirai a diventare un giornalista. Ti basteranno due cose: la voglia di arrivare e un po' di fortuna. Contano entrambe. Ma la fortuna conta più di tutte. Augurati di averla dalla tua parte.

«Del resto, una fortuna ce l'hai già» concluse. «È tua mamma Giovanna. La conosco bene. Ha un bel carattere, generoso e ottimista. Con il suo negozio, guadagna più di tuo padre. Ma non lo ha mai fatto pesare. Per capirlo, basta guardare l'insegna del suo atelier in via Roma. Dice Mode Pansa e non Mode Cominetti, il cognome da ragazza. Diventando adulto, scoprirai che le femmine sono più in gamba dei maschi. Noi siamo in grado di tenerli al guinzaglio con la corda di burro.»

Domandai: «Che cosa è la corda di burro?».

La signora Emma rise: «Come faccio a spiegarlo a un ragazzino come te? Vedi, noi femmine possediamo una cosa che i maschi cercano di continuo. Se gliela fa sospirare, una donna comincia ad avere il coltello dalla parte del manico. E inizia a comandare. Tutto il resto viene da solo. Quando una donna è forte, lavora, sa darsi da fare e può mantenersi senza l'aiuto del marito, comanderà sempre lei».

Poi mi chiese: «Ti piacciono le ragazze?». Andavo soltanto per i 13 anni, ma le guardavo già con certi occhi! Anche la signora Emma mi piaceva. Aveva delle tette ammalianti. E soprattutto un modo di fare tanto gentile da sembrare invitante, quasi complice. Ma come potevo descrivere questi pensieri confusi?

E così, alla domanda sulle ragazze, risposi balbettando: «Non lo so. Penso di sì».

Emma sorrise: «Mi sembra naturale che ti piacciano. In seguito capirai che più le ragazze sono sfacciate e padrone di se stesse, più ti piaceranno. Però non saranno loro che ti aiuteranno a diventare un giornalista. Devi affidarti a due donne davvero toste: la signora Tenacia e la signora Fortuna. Prega di averle sempre dalla tua parte».

3
Obbedire al comandante

Avere voglia di darci dentro ed essere fortunati. Non si sbagliava la professoressa Z. e me ne resi conto quando entrai alla "Stampa" come praticante giornalista. In che modo ci ero arrivato? Per una strada che può sembrare irreale ai tanti giovani di oggi che vorrebbero iniziare la professione in una grande testata. E senza perdersi in un labirinto che può durare anni e, spesso, non conduce da nessuna parte.

Il mio percorso era stato tanto lineare da apparire banale. Il primo passo l'avevo compiuto nell'estate del 1959. Con la conclusione di una tesi di laurea in Storia contemporanea, sulla guerra partigiana fra Genova e il Po, discussa al termine del corso in Scienze politiche all'Università di Torino. Era di quasi mille pagine e mi aveva assorbito per più di due anni. Poi era venuto un ottimo voto di laurea, centodieci e lode, più la menzione per la dignità di stampa.

Nel novembre 1960, vinsi con Massimo Salvadori uno dei due Premi Luigi Einaudi, consegnato dall'ex presidente della Repubblica in una cerimonia solenne a Dogliani. Di lì arrivò l'incontro inaspettato con Giulio De Benedetti, il direttore della "Stampa", che i redattori chiamavano Gidibì.

A favorirlo fu uno dei miei docenti, l'indimenticabile Alessandro Galante Garrone, importante opinionista del giornale. Dopo dieci minuti di colloquio, Gidibì mi assunse. Dicendo che voleva portare nel suo giornale dei giovani laureati "brillanti". Fu questo l'aggettivo che usò.

Con il cuore che mi batteva, il 1° gennaio 1961 misi piede alla "Stampa". In quel momento avevo 25 anni, compiuti da tre mesi. E venni messo subito di fronte al fondamento primario di qualsiasi lavoro di squadra: l'autorità. Vale a dire il principio che governa tutto nel mondo. Incarnato, di volta in volta, da qualcuno al quale devi obbedienza e rispetto. Insomma, il comandante, il superiore, il numero uno.

Nel mio caso, l'autorità era il redattore capo del giornale: Riccardo Giordano. Mi dissero che era ingegnere e nel 1937, quando aveva 29 anni, era stato giornalista alla "Gazzetta del Popolo", l'altro giornale di Torino. Dopo la fine del conflitto, aveva organizzato "G.L.", il quotidiano del Partito d'azione subalpino. Una volta scomparsa quella testata dalla vita molto breve, nel 1946 era passato alla "Stampa" insieme a Carlo Casalegno.

Nei grandi quotidiani di oggi, carichi di pagine e suddivisi in molte sezioni, i redattori capo sono più di uno. Spesso la loro figura si confonde con quella dei vicedirettori e, talvolta, dei condirettori. Con il risultato che il potere appare molto segmentato. E diventa difficile capire chi comandi più degli altri. A parte il direttore che, per fortuna, è rimasto uno solo.

Ma nei primi anni Sessanta, i quotidiani erano ancora smilzi in quanto a pagine e a strutture redazionali. Soltanto nel 1963 "La Stampa" arrivò a ventiquattro pagine. Il redattore capo non aveva figure concorrenti. Era il numero due del giornale e non esisteva nessuno in grado di "mangiargli sulla testa", a parte il direttore. Dunque, il giornalista che mi chiamò a colloquio, nel pomeriggio di quel Capodanno, era un vero comandante, con tutti gli attributi del caso.

Giordano aveva anche il fisico del ruolo. Era un signore di 53 anni, asciutto, di carnagione bruna e modi cortesi, ma senza fronzoli. Invece della giacca, indossava un cardigan di lana nera, un colore obbligato per chi lavorava anche in tipografia, dove l'inchiostro stava dappertutto. Ricordo che tra i denti stringeva un bocchino di avorio bianco, segnato dall'uso, ossia dal gran numero di sigarette fumate.

Mi ricevette in piedi, dietro la scrivania addossata alla parete esterna dello stanzone che ospitava i redattori dei quattro servizi centrali del giornale: gli interni, le province, gli esteri e l'economia. Da quella postazione, poteva sorvegliare il lavoro dei sottoposti. Mi sembrò un militare sul campo che non perdeva di vista niente e nessuno.

La cronaca cittadina e lo sport occupavano due stanzoni separati, sotto la sorveglianza di due capiservizio. L'ufficio grafico era costituito da un solo giornalista, seduto alla destra di Giordano. La terza pagina, curata da Carlo Casalegno, stava in una piccola camera, situata nel corridoio della direzione. Lì c'era anche l'ufficio dei correttori di bozze.

Il primo colloquio con Giordano mi rimase inchiodato nella memoria, come una tavola della legge che dovevo tenere bene a mente. Mi disse: «Dunque, tu sei il laureato che ha vinto il Premio Einaudi. So che da studente hai lavorato nel settimanale della tua città, "Il Monferrato", diretto dal nostro corrispondente da Casale, Mario Verda. Ho anche saputo che ti sei dimostrato volenteroso e rapido nel lavoro. Ma qui da noi sarà tutta un'altra musica».

Subito dopo, il redattore capo iniziò a spiegarmi come sarebbe stata questa musica: «Per cominciare, il tuo orario di lavoro sarà la lunghetta, dalle due del pomeriggio alle due di notte. Portati qualcosa per la cena perché qui non abbiamo la mensa. Per i primi due anni non farai le ferie. In compenso la vacanza mancata ti verrà pagata a parte. Ho deciso di assegnarti al settore delle province, il notiziario italiano che non riguarda la politica. E adesso dammi il tuo orologio».

Al polso avevo un orologio da nulla. L'aveva vinto mio padre al concorso di una marca di liquori. Stupito, lo consegnai al redattore capo. Lui mise le lancette in avanti di un quarto d'ora. E mi spiegò: «Anche gli orologi a muro del giornale sono avanti di quindici minuti. Questo ci aiuta a chiudere ogni edizione in tempo e a non perdere i treni».

Mi resi conto presto che "non perdere i treni" era l'imperativo categorico della redazione. A quel tempo non esisteva la teletrasmissione. I quotidiani avevano una sola fonte di produzione: la tipografia della testata. Di lì uscivano le copie destinate alle edicole di tutto il paese. I pacchi con il giornale fresco di stampa viaggiavano in ferrovia. Ma i treni avevano orari obbligati. Per questo, perderli equivaleva a un mezzo disastro.

Per di più, Torino stava nell'angolo estremo dell'Italia del Nordovest. Dunque era in una posizione di svantaggio rispetto ai giornali di Milano. La capitale lombarda veniva raggiunta con furgoni che portavano "La Stampa" alla Stazione Centrale meneghina, da dove partivano i treni per l'Italia del Centro e il Mezzogiorno. I camion erano affidati ad autisti alle dipendenze della società editrice. Erano piloti spericolati, in grado di andare a tutta birra con qualunque tempo, nebbia e neve comprese.

Stavo alla "Stampa" da pochi giorni quando conobbi la storia di uno di loro. Era un autista senza paura che aveva dotato il furgone di una seconda coppia di fari, messi in alto su un piccolo traliccio a forma di croce. Arrivato all'imbocco dell'autostrada per Milano, accendeva i fari supplementari e partiva a tavoletta. Devo aggiungere che in quegli anni la Milano-Torino aveva soltanto due corsie, più una centrale destinata al sorpasso. Era la più pericolosa e infatti veniva chiamata la "corsia della morte".

Il nostro autista, lo chiamerò Enzo, correva sempre su questa corsia. Per fare presto e nella convinzione che qualunque veicolo in arrivo da Milano e in sorpasso si sarebbe scansato alla vista di quel mostro con quattro fari: due in basso e due in alto. In effetti gli era andata sempre così, con grande gaudio di Enzo che, in perfetto orario, consegnava i pacchi della "Stampa" ai treni per il Sud.

Ma una notte di nebbia spessa come il brodo dei gnocchi, accadde il patatrac. Un camion che veniva da Milano, e correva pure lui sulla corsia del sorpasso, non si scansò. Lo schianto fu terribile. Enzo ne uscì quasi morto. Non aveva più la calotta cranica. Riuscì a salvarsi perché l'avvocato Agnelli prese a cuore il suo caso. E lo mandò in Svezia a farlo operare da uno specialista in neurochirurgia cerebrale, il grande Herbert Olivecrona. Tutto a spese di Mamma Fiat.

Enzo venne salvato. Ritornò a Torino con una calotta nuova e un nuovo incarico: fattorino quotidiano viaggiante sulla tratta Torino-Milano e ritorno. Ma adesso faceva il percorso in treno. E raccontava a tutti la sua avventura, narrando nei dettagli il pericolo che aveva corso. Per lui non era stato quello di morire, bensì di finire in manicomio dopo lo sconquasso del cranio. Era sempre cortese e sorridente. Diceva: «Il padreterno e Agnelli hanno deciso che non ero ancora pronto a giocare con le bocce di stoffa». A sentir lui, erano quelle usate dai matti negli ospedali psichiatrici.

Ogni sera, Enzo faceva capolino nel salone della redazione. Ci consegnava l'ultima edizione del "Corriere d'Informazione", ritirata nel tardo pomeriggio a Milano. Passava di fronte a ciascuna scrivania e ci porgeva il giornale con un sorriso a metà tra il rispettoso e l'ironico. Quando scoprì la mia presenza, e capì che ero "quello nuovo", mi prese subito in simpatia. E si fermava a scambiare qualche parola.

A volte diceva banalità di cortesia. Ma quando la testa gli girava storta, bisognava ascoltarlo con attenzione perché emetteva sentenze interessanti. Una sera mi sussurrò: «Stia attento che il gran capo qui dentro non è l'ingegner Giordano, ma il Cagna, il padrone della tipografia. Da lui dipende tutto!».

Fu così che scoprii un'altra autorità ben assestata al centro del giornale: Domenico Cagna, il proto, ossia il responsabile della tipografia, che in dicembre avrebbe compiuto cinquant'anni. Da lui dipendeva la buona conclusione del nostro lavoro, ossia la mutazione di ogni riga scritta a macchina in righe di piombo, destinate a comporre le pagine del giornale. Per far questo disponeva di una truppa imponente, tutta di operai in zimarra nera. E suddivisa in tre reparti: i linotipisti, i titolisti e gli impaginatori.

I primi trasformavano le parole in lettere di metallo e i secondi sfornavano i titoli anch'essi in piombo. Infine il tutto veniva ordinato dentro il telaio di ciascuna pagina, secondo lo schema deciso dal caporedattore. Erano operai poligrafici, protetti da un contratto di lavoro che, da sempre, era il migliore in assoluto. Il motivo me lo spiegò il signor Cagna: «Noi siamo la crema della classe operaia perché siamo stati i primi che hanno imparato a leggere e a scrivere».

Non mi sono mai domandato a quale sindacato fossero iscritti i tipografi della "Stampa". Né li ho mai sentiti parlare di politica. Forse lo facevano, però non in presenza dei giornalisti. Ci consideravano dei compagni di lavoro da tenere un po' a distanza, con un cameratismo guardingo. I giovani come il sottoscritto erano osservati con attenzione mista a un pizzico di ironia. Per rendersi conto se eravamo figli di papà, raccomandati da qualche big della Fiat, oppure ragazzi volenterosi e dediti al lavoro.

Mi procurai il loro rispetto grazie a una mansione che

mi venne affidata subito, qualche giorno dopo il mio ingresso alla "Stampa". Di ogni pagina appena chiusa venivano tirati due grandi bozzoni. Uno da portare in visione al direttore. Il secondo destinato a un controllo immediato, nello stanzino del proto.

Questo esame aveva uno scopo: accertare che sotto ogni titolo fosse stato collocato il piombo giusto e non quello destinato a un altro. Poiché si impaginava a mano, l'errore era sempre possibile. Ecco perché il controllo doveva essere molto veloce, prima che il bozzone numero uno arrivasse al direttore.

L'esame veniva affidato al redattore appena assunto, per renderlo subito consapevole che il suo lavoro non si concludeva alla scrivania. Prima del mio arrivo, l'incarico era stato affibbiato a Luca Bernardelli, destinato a una lunga carriera alla "Stampa". Poi passò a me. Lo svolsi con un accanimento pignolo. Prima di tutto per dimostrare che non ero un tardoccone, uno sciocco. E poi per la paura di fallire nel primo compito delicato che mi toccava in un grande giornale.

Quando pescavo un errore, e ne beccai parecchi nei miei primi tre anni di "Stampa", i tipografi mi ringraziavano con un bicchiere di latte. Era quello destinato, per contratto, ai linotipisti. Ogni sera avrebbero dovuto berne mezzo litro, allo scopo di combattere le malattie derivate dal piombo. Ma non lo bevevano mai.

Un'altra autorità assoluta era il capo della cronaca cittadina, Ferruccio Borio. Toccava a lui il compito di presidiare la prima linea nella battaglia contro la concorrenza della "Gazzetta del Popolo" sul territorio di Torino. Come Giordano e Casalegno, veniva da "G.L." e aveva iniziato a guidare la cronaca nel 1946, quando aveva appena 24 anni. A sceglierlo era stato De Benedetti che lo considerava, con ragione, un giovane fuoriclasse e dalla mano dura. L'uomo giusto per battersi sul mercato torinese, l'area decisiva per avere la meglio sulle altre testate.

Gidibì non faceva mistero di considerare Borio e i suoi cronisti il baluardo numero uno del giornale. La sua convinzione non ammetteva dubbi. Si basava sul principio che ogni quotidiano, anche il più importante, vendeva almeno due terzi delle copie grazie alle notizie di cronaca della città o dell'area in cui veniva stampato. Era questo il motore primario del successo di una testata. E doveva essere curato con il massimo dello scrupolo, senza risparmio di forze.

Fu nello stanzone della cronaca che comparve la prima donna assunta dalla "Stampa". Era Gabriella Poli, aveva 25 anni e veniva dal "Sempre avanti!", il giornale socialista torinese. Gidibì l'assunse con una decisione fulminea che si rivelò fortunata. In seguito, Gabriella ricorderà a Patrizia Carrano: «Mi presentai a De Benedetti il 2 giugno 1955, senza avere credenziali né santi protettori. Lui mi disse che la redazione era tutta di maschi e io sarei stata la prima femmina. Aggiunse che non sapeva quanto valessi e che mi avrebbe messa alla prova».

La prova andò benissimo e Gabriella divenne la vice di Borio. Era una signora piccoletta e magra, dal carattere molto tosto e con un profilo professionale impeccabile. Una comandante in grado di far rigare diritto una cronaca per intero maschile. E capace di esercitare un'autorità incontestabile.

Borio, del resto, era un capo inflessibile. Pretendeva dai suoi cronisti che le notizie fossero sempre di prima mano, mai soggette a smentite o a rettifiche, e soprattutto scritte in modo chiaro. Affinché i lettori più anziani o meno colti potessero leggerle senza problemi. Era una norma che non ammetteva deroghe. Anche perché era basata sopra un monito ferreo del direttore: «Il mercato di Torino deve essere seguito con lo stesso scrupolo che mettiamo nel seguire e nel raccontare il Consiglio dei ministri».

Il successo della cronaca guidata da Borio venne poi esaltato dalla fortuna straordinaria della rubrica delle lettere: il famoso *Specchio dei tempi*. Ferruccio lo curava di persona, sotto la supervisione di De Benedetti. Anche per questo motivo, restava in ufficio non meno di undici o dodici ore al giorno. E non lasciava mai "La Stampa" prima delle due di notte, dopo aver licenziato l'edizione torinese, l'ultima delle tre del giornale.

Le sue pagine non piacevano alle sinistre subalpine. E meno che mai piaceva *Specchio dei tempi*. La cronaca era considerata, a torto, un servizio reso alla Fiat, proprietaria del giornale. E la rubrica delle lettere un impasto di populismo padronale e di pietismo zuccheroso. Ma Borio se ne infischiava delle critiche. Le considerava la prova che comunisti e socialisti non capivano un fico di quanto accadeva a Torino. Seguitò, impassibile, a narrare le mutazioni della città. Dall'arrivo in massa degli immigrati meridionali sino al Sessantotto e poi all'emergere del terrorismo omicida.

Era un professionista indistruttibile. E un giornalista incontentabile, sempre alla ricerca della perfezione. Guidò la cronaca per trentun anni, sino al 1977. Poi passò a dirigere dei quotidiani regionali, compresa la "Gazzetta del Popolo", il suo avversario di sempre. Infine morì a Torino nel novembre 2009, quando la città e l'Italia erano cambiate in modo radicale. Aveva 87 anni.

L'autorità più vicina, e benefica, fu il mio caposervizio. Ho già ricordato che ero stato addetto alle province, la cronaca italiana. Il numero uno era Bruno Marchiaro, 39 anni, un giornalista esperto che aveva iniziato la carriera nell'edizione torinese dell'"Unità". Aveva combattuto da partigiano nelle Garibaldi del Cuneese, ed era rimasto comunista. Durante la guerra civile si era trovato di fronte un cugino di primo grado, milite della Brigata nera di Cuneo, la Lidonnici.

Le loro storie erano un esempio della complessità di quel conflitto che aveva diviso anche le famiglie. Il cugino fascista aveva salvato la pelle ed era finito in un campo di concentramento in Puglia. Una volta ritornato a casa, aveva deciso di fare pure lui il giornalista.

E dove? Proprio alla "Stampa", come redattore corrispondente da un capoluogo importante del Piemonte: Alessandria. Al giornale nessuno, a parte il cugino, conosceva i suoi trascorsi di giovanissimo brigatista nero, con il teschio sul berretto. Ma se anche l'avessero saputo, non gli sarebbe accaduto niente. Ormai apparteneva alla grande famiglia della "Stampa".

Il Marchiaro partigiano era un'autorità bonaria. Mi spiegò subito che, pur essendo un superlaureato, dovevo imparare un mestiere che non conoscevo: il redattore. Per un po' di mesi mi insegnò a passare e a titolare le notizie che aveva già deciso di scartare. Al termine della giornata di lavoro, mi faceva sedere accanto a lui, esaminava quello che avevo fatto, mi spiegava dove sbagliavo e come dovevo rimediare all'errore. Infine, una sera arrivò il momento di sistemare una notizia destinata a entrare in pagina. E la considerai una vittoria.

Lo ricordo a uso e consumo dei giovani giornalisti che vorrebbero subito firmare in prima pagina un loro articolo. Allora nessuno di noi aveva quell'ambizione incauta e rischiosa. Era obbligatorio affrontare una gavetta che prevedeva piccoli passi graduali e molta umiltà. Dominata dalla paura di sbagliare. E dalla certezza che qualsiasi errore, anche il più piccolo, non sarebbe sfuggito a una serie di controlli. E poteva diventare una macchia sulla nostra figura professionale.

Il primo controllo spettava al redattore incaricato di passare un pezzo destinato a entrare in pagina. Non esisteva differenza fra una notizia a una colonna o un articolo vero e proprio. In entrambi i casi era obbligatorio il massimo scrupolo. Il secondo controllo lo esercitava il caposervizio. Governava una squadra di appena tre redattori. Ed era in grado di leggere tutti i testi che avevamo preparato. A Marchiaro non scappava nulla. Per questo, lo guardavamo con rispetto e gratitudine.

Il terzo controllo spettava ai correttori di bozze. Allora erano un reparto robusto, molto professionale e assai considerato. In qualche modo si ritenevano i nostri sorveglianti. Facevano le pulci ai pezzi in tempo reale. E potevano rimediare a qualunque nostro errore.

Il quarto controllo avveniva a giornale uscito. Nessuno di noi doveva lasciare il posto di lavoro senza aver visto la prima edizione della "Stampa" che di solito emergeva dalle rotative poco dopo la mezzanotte. Subito le copie arrivavano alle nostre scrivanie. L'inchiostro era ancora fresco e ci macchiava le dita.

Lo ricordo come un momento magico. E mi rammento quel che diceva Italo Pietra, il direttore del "Giorno", il secondo della mia carriera. Squadrando i giovani come il sottoscritto, osservava, sornione: «Voi avete il mito dei freschi inchiostri all'alba!». Era davvero così. Ma il mito richiedeva una gran passione e molto lavoro.

Ricevuta la copia appena uscita, ciascuno doveva rileggere i pezzi che aveva passato. Per scovare se esisteva qualche errore sfuggito ai tanti controlli. E subito dopo, ci toccava di confrontarci con le prime copie della "Gazzetta del Popolo", che venivano scambiate con quelle della "Stampa". Un esame sempre dominato dal timore di scoprire che il nostro concorrente avesse in pagina notizie che ci erano sfuggite.

Esisteva infine un ultimo esame, il quinto. Questo avveniva a giornale ormai uscito. Nella "Stampa" di De Benedetti esisteva un ufficio circondato da un'aura di mistero. Erano i cosiddetti revisori: due redattori in pensione addetti a un compito speciale. Dovevano leggersi il giornale da cima a fondo e confrontarlo con la "Gazzetta del Popolo" e con il "Corriere della Sera", considerato il primo quotidiano italiano, anche nella qualità.

I revisori iniziavano il lavoro all'alba e lo terminavano a metà mattina. A quel punto stendevano un rapporto destinato al direttore. Elencando i nostri eventuali errori, ma pure i "buchi", ossia la mancanza di notizie o servizi importanti che le altre testate avevano. Arrivato nelle mani di Gidibì, il documento serviva a introdurre la riunione delle ore 13 con i capiservizio e il redattore capo. Se il rapporto era lungo, i guai non mancavano. Se era scarno di rilievi, l'aria restava tranquilla.

Può sembrare assurdo dirlo, in quest'epoca di lavori fatti alla carlona, e non soltanto nei giornali. Ma allora, nelle grandi come nelle piccole testate, si viveva tutti nel timore di sbagliare. Una rettifica non campata in aria veniva considerata peggiore di una querela. Anche un buco preso da un quotidiano meno importante era un attentato al buon nome del giornale. E spesso aveva conseguenze pesanti. Ne rammento una per tutte.

Una sera, all'arrivo delle prime copie della "Gazzetta del Popolo", scoprimmo che nei pressi di Mondovì, sull'autostrada che conduce a Torino, era accaduto un terribile incidente, con quattro morti. La notizia ci mancava. Mentre la "Gazzetta" aveva un lungo servizio, corredato dalle fototessera di tutte le vittime.

A mezzanotte passata, Marchiaro telefonò al nostro corrispondente da Mondovì che stava dormendo. Le sue risposte lo irritarono, tanto da indurlo a licenziare su due piedi il collega monregalese. Che tuttavia continuò a fare il giornalista indipendente, si buttò in politica, diventò un big del Partito liberale e, in seguito, anche ministro in diversi governi. A conferma che il giornalismo ti può portare dappertutto.

Altri tempi, altre abitudini. Oggi i quotidiani sono zeppi di errori. Come andrò subito a dimostrare.

4
Chi sbaglia non paga

Da molti anni leggo non meno di undici quotidiani al giorno. E ogni volta scopro qualche errore. A volte lo scopro da solo, altre volte grazie alla rubrica delle lettere, dove i giornali, non tutti, segnalano di aver commesso uno sbaglio. Da quando sono comparsi i computer e poi internet, gli errori si sono moltiplicati. Colpa della rapidità nello scrivere un articolo e, spesso, di fonti imprecise e non controllate.

A proposito di internet, devo confessare che non ne so nulla. Non navigo, non possiedo un blog, non uso le e-mail, non saprei neppure come spedire i miei articoli e i miei libri, se non ci pensasse Adele Grisendi. Le mie ricerche sono faticose perché non mi servo di Wikipedia. Anzi, ne diffido. La considero un ammasso di notizie spesso fantasiose o sbagliate. Dove chiunque può aumentare la quantità degli errori.

Non voglio essere ingiusto nei confronti dei giornalisti di oggi. Però mi domando quanti di loro ritengano internet la nuova Bocca della Verità. Più autorevole e affidabile delle enciclopedie tradizionali, a cominciare dalla Treccani. E di tanti ottimi libri stampati su carta. Posso essere considerato uno dei pochi dinosauri rimasti sul pianeta dell'informazione? Ebbene sì, certo che lo sono. E me ne vanto.

Andava meglio un tempo? Se ripenso ai primi decenni di professione, ricordo almeno due barriere in difesa degli errori. La prima era il timore molto diffuso di incappare in qualche svarione. Come ho ricordato nel capitolo precedente, i direttori dei grandi quotidiani erano implacabili nel sanzionare il redattore distratto o incolto. La seconda barriera era l'uso della macchina per scrivere. Ti imponeva un ritmo più lento nella stesura dell'articolo. Potevi rifletterci con maggior calma ed evitare gli errori marchiani.

Ma anche allora i redattori non erano dei Superman. Pure loro sbagliavano. E non esistevano alibi da presentare al tribunale dei lettori. Non era accettabile neppure una difesa fondata su una sarcastica battuta di Leo Longanesi: «Il bravo giornalista è quello che racconta bene le cose che non sa». Per questo si cercava sempre di evitare che una rettifica fondata, o la confessione obbligata di aver sbagliato, apparisse qualche giorno dopo nella rubrica delle lettere arrivate in redazione.

Nel novembre 2006, comparve un catalogo terrificante degli errori commessi da un bel numero di giornalisti. L'aveva scritto Mauro della Porta Raffo, che Giuliano Ferrara aveva ribattezzato il Gran Pignolo. Il titolo del libro era *Dieci anni di pignolerie* e a pubblicarlo ci avevano pensato le Edizioni Ares.

L'autore aveva preso di mira ben cinquantanove tra giornalisti e intellettuali. Definiti "grandi", con le virgolette. In quell'elenco, grazie a Dio, non c'ero. Forse perché nei miei articoli il Gran Pignolo non aveva rintracciato errori. O forse perché non ero ritenuto un grande tra i grandi. Entrambe le circostanze mi resero felice.

Il catalogo analizzava un tempo abbastanza lungo, il decennio 1996-2006. Quando lo lessi, pensai: ecco un libro che dovrebbe diventare obbligatorio nelle scuole di giornalismo. E studiato ancora oggi, poiché il vizio denunciato dal Gran Pignolo non soltanto non era scomparso, ma stava dilagando a un ritmo galoppante.

Me ne resi conto quando decisi di scrivere *Carta straccia* e cominciai una mia personale collezione degli errori compiuti da tanti giornali nel 2010 e all'inizio del 2011. Alcuni erano surreali, per esempio quello di stampare che il presidente della Repubblica si chiama Oscar Luigi Napolitano, un mix incredibile tra un ex capo dello Stato e quello in carica.

Altri svarioni riguardavano i miei libri. *Ottobre addio*, un'inchiesta sul Pci pubblicata da Mondadori nel 1982, veniva citato come *Ottobre rosso* oppure, chissà perché, come *Ottobre caldo*. *Il sangue dei vinti* diventava *Il sangue dei vincitori*. *Il revisionista* cedeva il passo a *Il riformista*. Il romanzo *I tre inverni della paura* spariva sotto un titolo diverso: *I tre inverni di sangue*. *I cari estinti*, un libro sulla Prima repubblica, si mutava in *I cari distinti*.

Anche questi piccoli dettagli mi incitarono a proseguire la ricerca. E adesso ne vedremo una parte dei risultati. Non citerò sempre le testate coinvolte. Per non annoiare il lettore e per non meritarmi sino in fondo l'accusa di essere una carogna.

Comincerò dalle rettifiche e dalle smentite. Nel marzo 2010 il sociologo Luca Ricolfi, pregiato editorialista della "Stampa", accusò Eugenio Scalfari di avergli attribuito due proposte relative all'annosa questione delle intercettazioni telefoniche. Ricolfi spiegò di non averle mai fatte. E aggiunse che nessun altro le aveva presentate.

Insomma, Barbapapà si era inventato tutto. Per di più, nel suo editoriale della domenica, aveva irriso all'incolpevole Ricolfi. Il sociologo gli replicò così: "La conclusione di Scalfari è che il potere ha corrotto il mio cervello. Sono senza parole. È questa la professione giornalistica? Perché i lettori di 'Repubblica', che spesso leggono soltanto 'Repubblica', dovrebbero pensare che io sia così sprovveduto?".

Altre rettifiche erano telegrafiche, però non meno

secche. Per replicare a un editoriale di Marco Travaglio, Luigi Bisignani scrisse al "Fatto Quotidiano": "Mai nella mia vita ho avuto un ufficio a Palazzo Chigi, come è stato erroneamente scritto". Sempre allo stesso giornale, e sempre per un altro articolo di Travaglio, Giuseppe Pisanu, presidente della Commissione antimafia, replicò: "Non ho mai fatto parte della Loggia P2 e di nessuna altra loggia massonica. E non sono mai stato indagato, ma solo ascoltato come persona informata sui fatti del crac del Banco Ambrosiano".

Un vero record lo conquistò "Repubblica", con tre smentite sul numero del 22 ottobre 2010. Lo scrittore Alberto Arbasino scrisse: "In tanti anni di professionismo (ne ho più di ottanta) mai ho ricevuto offerte dirette o indirette di compensi o cachet per qualsiasi partecipazione a qualsiasi programma culturale in qualsiasi rete tv grossa o piccola".

La redazione di *Porta a Porta* spiegò che il plastico della casa di Avetrana, quella dove era stata assassinata Sarah Scazzi, non era costato ventimila euro, come il giornale sosteneva, bensì poco più del dieci per cento della cifra pubblicata. Infine Mariuccia Mandelli, la stilista conosciuta come Krizia, negò di aver mai ricevuto i soldi di qualcuno per costruire il Resort K Club ad Antigua. E soprattutto spiegò di non essere mai stata "vicinissima ai socialisti di Bettino Craxi" e a nessun altro politico.

Le smentite grandinavano. Il professor Richard Tol, scienziato di Dublino, negò di aver scritto l'articolo *Tutti sbagliati i calcoli sul gas serra*, pubblicato dalla "Stampa". La Nokia disse di non prevedere alcun licenziamento fra i 350 dipendenti della sede italiana che, del resto, erano soltanto 120, "nessuno dei quali a rischio". L'Impregilo smentì di aver mai fatto patti con la mafia nella costruzione dell'autostrada Salerno-Reggio Calabria.

Valter Lavitola, del giornale "Avanti!", scrisse al "Corriere della Sera" di non aver mai organizzato un festino per Berlusconi in visita a San Paolo, in Brasile. Era soltanto una festa con pochi ospiti. E il Cavaliere vi si trattenne non più di dieci o venti minuti. Nunzia De Girolamo, deputata del Pdl, negò di aver mai conosciuto Arcangelo Martino e dunque di non averlo mai presentato a chicchessia. I tre nipoti di Donato Menichella, già governatore della Banca d'Italia, scrissero a "Panorama" che "il nonno non aveva nessun rapporto di parentela neanche lontanissimo" con un personaggio citato dal settimanale.

Il sindaco leghista di Verona, Flavio Tosi, dichiarò alla "Stampa" di non "aver mai assolutamente" pronunciato "battute salaci" sul vertice dell'Unicredit, la grande banca. Raffaele Bonanni, segretario generale della Cisl, scrisse al "Riformista" e al "Foglio" di non essere per niente coinvolto nel dibattito interno al Partito democratico. Sempre sul "Foglio", si fece ammenda per aver stampato che la signorina Sofia Passera, figlia del banchiere Corrado, si era innamorata dello scrittore Roberto Saviano: quel flirt non esisteva.

Domenico Zinzi, deputato dell'Udc e presidente della provincia di Caserta, dichiarò alla "Stampa" di non aver nessuna intenzione di lasciare il partito di Pier Ferdinando Casini. E dunque di non essere uno degli ascari meridionali arruolati da Berlusconi. Lo psicanalista Massimo Fagioli, vicino a Fausto Bertinotti, negò al "Fatto" di aver rifiutato come paziente Nichi Vendola a causa della sua omosessualità: "È assolutamente falso".

Viviana Beccalossi, deputata bresciana di Alleanza nazionale poi confluita nel Pdl, scrisse al "Riformista" di non essere per nulla in viaggio verso i futuristi di Fini: "Piuttosto mi taglio un braccio" giurò nel chiedere la rettifica dell'infamante indiscrezione.

Il 25 novembre 2010, il senatore Marcello Dell'Utri

lesse su "ItaliaOggi" una nota che lo descriveva nei guai in una via di Roma "sbarrata da studenti e carabinieri". L'articolo era fitto di particolari. Ma non teneva conto che in quel momento Dell'Utri non si trovava a Roma, bensì a Milano. E nella sua lettera di smentita il senatore lo spiegò con dovizia di dettagli.

Dell'Utri aggiunse: "Articoli come questo dimostrano, purtroppo, che l'informazione è spesso inattendibile. Anche quando vuole essere soltanto satirica e non particolarmente malevola".

Un altro capitolo imbarazzante si rivelò quello degli scambi di persona. Nomi sbagliati, attribuzioni errate, fotografie che ritraevano il signor X indicato come il signor Y.

Nell'ottobre 2010, "Il Riformista" incappò in un errore da libro scolastico. All'interno di un articolo che descriveva l'attività editoriale di Giuseppe Ciarrapico, scrisse che tra i libri pubblicati dal "Ciarra" c'era anche *Storia e antistoria* di Adriano Tilgher, indicato come ex leader del movimento extraparlamentare di Avanguardia nazionale.

Era una cappellata fenomenale, dovuta a un caso di omonimia. A metterci riparo provvide Alessandro Campi, sempre sul "Riformista". L'autore di *Storia e antistoria* si chiamava sì Adriano Tilgher, ma non aveva nulla a che vedere con la galassia nera degli anni di piombo. Era un mite filosofo, nato nel 1887 e morto nel 1941, molto apprezzato ai tempi suoi. Dapprima crociano, ruppe con don Benedetto, divenne un critico dello storicismo e fu il fautore di una filosofia battezzata come relativista.

Il Tilgher in questione non era mai stato un nero, anzi stava sulla sponda opposta. Vicino a Giovanni Amendola, firmò nel 1925 il Manifesto degli intellettuali antifascisti. E per questo, durante il regime di Mussolini, venne tenuto ai margini della vita culturale pubblica.

Ma di solito gli scambi di persona si riferivano a vicende più banali e vicine nel tempo. Il Tg3 di Bianca Berlinguer, nel rilanciare le critiche di Ernesto Galli della Loggia al centrodestra, mandò in onda le immagini di Enrico La Loggia, parlamentare del Pdl. Negli stessi giorni, "l'Unità" di Concita De Gregorio intervenne nel dibattito sul Papa straniero invocato per il Pd. E sostenne la candidatura a sindaco di Torino dell'ex amministratore delegato dell'Unicredit, Alessandro Profumo. Invece il candidato vero era Francesco Profumo, rettore del Politecnico torinese.

Nel settembre 2010, in una cronaca di rapine in banca consumate nel Veneto, si faceva il nome di un direttore di Intesa Sanpaolo, coinvolto in quei crimini. Ma quel dirigente, indicato per nome e cognome, non esisteva. E la banca chiese alla "Stampa" una rettifica urgente, "a tutela della reputazione professionale dei dipendenti del Gruppo".

"Repubblica" stampò una foto di Maurizio Paniz, deputato del Pdl, ma poi fu costretta a spiegare che l'immagine era di un'altra persona. Sempre "La Stampa" pubblicò una foto di Gaetano Caltagirone, imprenditore. Ma in realtà era quella di Francesco Gaetano Caltagirone, editore del "Messaggero" e di altri quotidiani. Altro scambio di persona su "Repubblica", questa volta a corredo di un articolo sul Gran Bazar Montecitorio. La fotografia che lo accompagnava doveva essere quella del deputato Giuseppe Drago, ma la faccia era di Pasquale Drago, procuratore aggiunto della Repubblica a Bari.

In settembre, nella cronaca sui funerali di Sandra Mondaini, comparve sulla "Stampa" l'immagine della nipote Virginia Vianello. La nipote esisteva, però la fotografia ritraeva un'altra signora, Maureen Salmona.

Gran parte delle sviste era dovuta alla distrazione del giornalista, al suo rifiuto di perdere un po' di tempo nei controlli oppure alla sua noncuranza. Nel novembre 2010, quando scomparve il produttore Dino De Laurentiis, venne ricordata Silvana Mangano, la diva che l'aveva sposato. Si scrisse che l'attrice era stata eletta Miss Italia nel concorso del 1947, in realtà vinto da Lucia Bosé.

Altri errori flagellavano la citazione di un suo vecchio film, *Riso amaro*. La regia veniva attribuita a Dino Risi, mentre era di Giuseppe De Santis. Come protagonista fu indicato Marcello Mastroianni, assente in quel film, dimenticando quello vero, Vittorio Gassman.

"Il Fatto" raccontò che la procura di Roma aveva arrestato Ernesto Sica, ex assessore regionale in Campania. Poi risultò che Sica non era mai stato spedito in carcere. Sempre "il Fatto" intervistò Piero Ottone, presentato come direttore anche del "Messaggero", quotidiano che non aveva mai guidato.

"La Stampa" pubblicò che a Luigi Chiatti, il cosiddetto "mostro di Foligno", i giudici avevano concesso il primo permesso premio dopo diciassette anni di carcere. Ma gli avvocati di Chiatti, Claudio Franceschini e Guido Bacino, scrissero al giornale sostenendo che non era vero: il loro assistito non aveva mai potuto uscire dalla galera neppure per un'ora.

Mi sembrò interessante, e a suo modo esemplare, la risposta del cronista: "Prendo atto della smentita e mi scuso con gli avvocati di Chiatti e con i lettori. Purtroppo non è stato possibile verificare ulteriormente la notizia, appresa solo in tarda serata da una fonte interna che si presumeva attendibile. I legali da me contattati, infatti, erano irraggiungibili".

Un po' più tenue fu la smentita a un'altra notizia sempre a proposito di una detenuta famosa: Amanda Knox, in carcere per l'assassinio di un'amica inglese a

Perugia. I giornali scrissero che il deputato Rocco Girlanda, presidente della Fondazione Italia Usa, aveva scritto un libro basato su un diario che la Knox redigeva in cella giorno per giorno. Girlanda replicò che non era vero: "Desidero precisare con chiarezza che Amanda non sta tenendo nessun diario e che il libro è frutto unicamente delle mie impressioni e dei colloqui avuti con lei in carcere".

A volte certi errori risultano molto fastidiosi. Nel dicembre 2010, "il Fatto" indicò due persone e le definì pentiti, parola che di solito indica mafiosi che hanno saltato il fosso. Poi il giornale riconobbe di aver sbagliato: "Si tratta in realtà di testimoni di giustizia che hanno denunciato la mafia e chiedono allo Stato adeguata protezione".

Per inoltrarci su terreni più lieti, sulla "Stampa" del 10 ottobre 2010 apparve un titolo che diceva: *Per sposare la figlia fa riaprire la galleria. Vicesindaco nei guai.* La galleria era quella del castello di Rivoli, in provincia di Torino. E il politico in questione era un amministratore comunale della città. Ma il vero guaio della notizia era che la sposa oggetto dell'articolo non risultava per nulla sua figlia.

Un altro titolo con un errore vistoso fu quello stampato da "Repubblica" il 19 settembre 2010. Messo di spalla in una delle pagine politiche e a grandi caratteri, diceva: *I 75 anni di Bossi.* Il testo spiegava che quel giorno il leader della Lega avrebbe festeggiato il compleanno. A mettermi in sospetto fu l'età dichiarata dal titolo. E dissi a me stesso: non mi sembra possibile che Umberto Bossi sia nato come me nel 1935, penso sia più giovane.

Avevo ragione. Andai a controllare su due fonti diverse e vidi che era nato il 19 settembre 1941, a Cassano Magnago, in provincia di Varese. Gli anni che avrebbe compiuto erano dunque 69, e non si trattava di una differenza da poco. Non so come abbia reagito il Senatur alla gaffe di "Repubblica". Forse avrà pensato a una scortesia voluta, in quanto alleato del trucido Berlusconi.

A pensarci bene, erano errori spiacevoli, ma di solito senza conseguenze pesanti. Qui devo citare per altre due volte "La Stampa" diretta da Mario Calabresi. E mi corre l'obbligo di dire che il suo giornale non era affatto più scorretto degli altri quotidiani. Le rettifiche e gli errata corrige si notavano con maggior frequenza perché la direzione non li nascondeva. Come invece mi sembrava facessero altre grandi testate.

Sulla "Stampa" di giovedì 9 settembre 2010, apparve in bella vista, con una grafica diversa e sotto un titolo in corpo grande (*E.C. errata corrige*), una tabella sulla compatibilità dei gruppi sanguigni, nei colori rosso e blu. Il motivo lo spiegava la didascalia: "Per un errore grafico, la tabella pubblicata ieri conteneva un errore. Ecco quella corretta".

Dal sangue ai polli. Ancora sulla "Stampa", in data 28 settembre 2010, comparve una lettera di Caterina Molari, che la firmava per conto dell'ufficio stampa del Gruppo Amadori. Molti ricorderanno il signor Francesco Amadori: lo si vede spesso in tv in alcuni spot pubblicitari. Un signore dall'aria in gamba, con il cranio pelato e l'eloquio accattivante.

Due giorni prima, "La Stampa" lo aveva definito "uno dei più noti killer di polli in batteria". La signora Molari replicò che in Italia, da oltre quarant'anni, i polli non venivano più allevati in batteria, bensì tutti a terra. Inoltre, il Gruppo Amadori era l'unica azienda italiana ad avere ben ottanta allevamenti di polli cresciuti all'aperto. Con gli animali in grado di "razzolare liberamente".

Tuttavia il lapsus più assurdo lo fece "Repubblica"

l'8 febbraio 2011. Forse presa dalla foga di provare che il cavalier Berlusconi era il padrone del mondo, cambiò il cognome della figlia Marina trasformandolo in Mondadori. Nacque così un personaggio inesistente: Marina Mondadori, messa alla testa della casa editrice di Segrate.

Ma adesso basta con gli errori compiuti all'insegna di chi sbaglia non paga. È venuto il momento di raccontare la storia di un errore pagato molto caro.

5

Il militante travestito

A pagare l'errore fu un mio vecchio amico, Claudio Petruccioli. Era la primavera del 1982 e lui dirigeva da pochi mesi "l'Unità", il quotidiano del Pci. L'anno precedente, il 27 aprile 1981, le Brigate rosse avevano sequestrato a Napoli Ciro Cirillo, un big della Dc campana, assessore regionale all'urbanistica, fedelissimo di Antonio Gava. Per rapirlo, la colonna napoletana delle Br aveva ucciso il suo autista e l'agente di scorta.

I terroristi tennero prigioniero Cirillo per quasi tre mesi, poi lo liberarono il 24 luglio. Per evitare che le Br lo accoppassero, la Dc partenopea pagò un riscatto di quelli forti: un miliardo e 450 milioni di lire. Si disse che a incassare la somma a Roma fosse stato Giovanni Senzani, il criminologo che aveva preso il posto di Mario Moretti, il leader brigatista del caso Moro, arrestato il 4 aprile 1981.

Come si era svolta la trattativa per la liberazione di Cirillo? Nel marzo 1982, "l'Unità" di Petruccioli si convinse di avere tra le mani un super scoop. Erano le "prove" che la Balena bianca, con l'aiuto dei servizi segreti e della camorra, aveva patteggiato con le Br e versato il riscatto. Il quotidiano del Pci cominciò a pubblicare quel che aveva saputo da una fonte considerata del tutto sicura.

Il primo articolo apparve il mercoledì 17 marzo 1982. Sosteneva che a trattare con il boss camorrista Raffaele Cutolo, in quel momento in carcere ad Ascoli Piceno, avevano provveduto due big democristiani della Campania: il deputato Vincenzo Scotti, ministro per i Beni culturali, e il senatore Francesco Patriarca, sottosegretario alla Marina mercantile.

Il giorno successivo, giovedì 18 marzo, "l'Unità" pubblicò una carta che sembrava rivelare l'intera vicenda. Il titolo strillava: *Ecco il documento che accusa*. Una pagina dattiloscritta veniva presentata in fotocopia. Il sommario frenava un tantino: "Il Viminale dice: quel documento non proviene da noi". E aggiungeva: "La Dc ripete: non abbiamo trattato".

In seguito le indagini avrebbero accertato che allo scopo di salvare Cirillo una trattativa c'era stata davvero. Per opera di un insieme di persone: agenti dei servizi, banchieri, camorristi e politici democristiani. Ma il documento stampato dall'"Unità" era falso. E aveva messo di mezzo due parlamentari, Scotti e Patriarca, che non c'entravano per niente in quella vicenda. Chi aveva offerto al quotidiano comunista la polpetta avvelenata?

Era stata la giovane cronista di giudiziaria dell'"Unità" che aveva scritto e firmato gli articoli sul caso Cirillo. Si chiamava Marina Maresca, una ragazza troppo intraprendente e con la voglia matta di agguantare uno scoop. La cronista aveva fatto anche di peggio. Con Petruccioli affermò che il documento veniva dalla magistratura napoletana. Ma la circostanza non era vera. Poi fece il nome del giudice che glielo aveva passato, e anche quella era una bugia.

Petruccioli, che aveva appena compiuto 41 anni, si dimise e lasciò il giornale. Lo stesso fece il condirettore, Marcello Del Bosco. Secondo un ricordo di Piero Sansonetti, pubblicato dal "Riformista" nell'autunno 2010, saltarono anche alcuni caporedattori.

Marina Maresca, responsabile principale del disastro, venne licenziata. La magistratura la spedì per qualche giorno nel carcere femminile di Pozzuoli, con l'accusa di reticenza e di falsa testimonianza.

Ma a occuparsi di lei fu anche un altro tribunale: quello del Pci. La Maresca venne espulsa dal partito, per indegnità politica e morale, secondo la formula in uso da sempre nel Partitone rosso. Non poteva andare in modo diverso. "L'Unità" era sotto choc. Sansonetti sostiene che, nell'assemblea dedicata alla cronista, soltanto sette giornalisti su circa duecento votarono contro l'espulsione.

A dirigere "l'Unità" fu mandato Emanuele Macaluso. Ma la faccenda non si concluse lì. Finì sotto accusa anche Alessandro Natta, in quel momento numero due del partito dopo Enrico Berlinguer. Era stato lui ad aver autorizzato Petruccioli a lanciare quel missile in apparenza destinato a colpire la Dc e rivelatosi un gigantesco boomerang.

Sansonetti afferma che Natta si dimise dall'incarico e si ritirò dalla politica attiva. È un fatto che non ricordo, ma se lo dice lui, cresciuto nel Pci, sarà di certo vero. Comunque, la colpa presunta del vecchio dirigente venne cancellata dopo la morte di Berlinguer, quando toccò proprio a Natta diventare il leader del partito.

Rammento che dopo lo sfondone dell'"Unità" sul caso Cirillo, un mio collega, uscito dal Pci in seguito alla tragedia ungherese del 1956 e sempre pungente nei confronti della vecchia parrocchia, mi disse, scuotendo la testa: «La nomenklatura comunista si straccia le vesti perché il giornale del partito ha pubblicato un falso. Eppure le menzogne raccontate dall'"Unità" dal dopoguerra in poi sono una montagna. Pensa soltanto a tutte le bugie stampate sull'Unione Sovietica, a cominciare da quelle sul compagno Stalin!».

Qualche dirigente del Pci avrà fatto, dentro di sé, lo stesso commento. Tuttavia nel sacro corpo del partito l'autocritica fu quasi unanime. Il martedì 23 marzo, sei giorni dopo il fattaccio, il Pci la offrì anche alla Camera dei deputati. A parlare fu il capogruppo, Giorgio Napolitano. Lui si scusò con i due democristiani coinvolti senza motivo nell'affare Cirillo: «Onorevole Scotti, senatore Patriarca, vi esprimo il sincero rincrescimento del gruppo comunista e il mio personale».

Ma Napolitano non si limitò a questo. Mezzo mondo sapeva che era il leader dell'ala destra del Pci, quella migliorista, sempre in conflitto con la linea di Berlinguer. E quel giorno alla Camera, "re Umberto", come lo chiamavano gli avversari interni, disse parole che molti interpretarono come un'accusa rivolta all'atteggiamento aggressivo del Bottegone nei confronti della Dc.

Le cito dalla cronaca di "Repubblica", scritta da due colleghi esperti, Giorgio Battistini e Giorgio Rossi: "Noi non abbiamo inteso colpire comunque e ciecamente la Democrazia cristiana. Contestiamo la funzione di questo partito nella direzione del paese, i suoi indirizzi e i metodi di governo. Ma affidiamo la costruzione dell'alternativa a una battaglia schietta e a una ricca elaborazione ideale e programmatica".

"L'Unità", ormai diretta da Macaluso, pubblicò strazianti lettere di solidarietà scritte da vecchi giornalisti comunisti o già comunisti. Piangevano lacrime di stupore o di rabbia. Riaffermavano fiducia e stima nell'informazione rossa. E si chiedevano come mai fosse potuto accadere un simile orrore.

Ma sotto la tempesta, il Pci non attenuò, neppure per un istante, la convinzione che i suoi militanti fossero sempre migliori degli altri. Anche quando facevano i giornalisti. Gerardo Chiaromonte, pure lui della destra comunista, approfittò del morto in casa per impartire una lezione di giornalismo a chi non c'entrava nulla con il caso Cirillo-"l'Unità".

La lezione fu la seguente: il glorioso giornale del

glorioso Pci non può fare la lotta politica "con colpi scandalistici", come fanno "la Repubblica" di Eugenio Scalfari e "l'Espresso" di Livio Zanetti. Insomma, due piccioni presi con una fava, in base al principio che soltanto il Partitone rosso aveva sempre ragione.

L'obiettivo di Chiaromonte era di colpire Berlinguer e la sua struttura di potere interna al partito. Ma non per questo la bastonata sembrò accettabile alle direzioni delle due testate. Ricordo che Scalfari s'infuriò. E si legò al dito lo sgarbo del parlamentare napoletano.

Come mai, sul caso Cirillo, "l'Unità" si era infilzata da sola? Quando scrissi *Carte false*, pubblicato da Rizzoli nel lontano 1986, mi diedi più di una risposta a questa domanda. Ma due mi sembrano ancora buone a proposito dei giornali di oggi.

La prima era la più semplice. Quando un giornale diventa un foglio militante e si dà la missione di colpire un avversario, non va mai per il sottile. Nel 1982, finito il ciclo del compromesso storico, il nemico numero uno era di nuovo la Dc, insieme al Psi di Bettino Craxi. Se il falso documento sul caso Cirillo avesse creato dei guai a un politico o a un partito amico delle Botteghe oscure, nessuno all'"Unità" avrebbe mai pensato di stamparlo.

La seconda risposta tagliava la testa al toro, nel senso che era quella decisiva. Nella scelta dell'"Unità" di pubblicare il documento aveva pesato moltissimo la convinzione, poi rivelatasi infondata, che venisse da un magistrato. Una fonte garantita al mille per mille, privilegiata e ben conosciuta. Dal momento che già allora più di un giudice e, soprattutto, più di un pubblico ministero era di bocca larga con giornali e giornalisti di sinistra.

A riconoscerlo fu lo stesso Petruccioli nel fondo del 22 marzo che aveva per titolo *I perché del nostro errore*. Il direttore, ormai destinato a lasciare l'incarico, scrisse: "Se abbiamo dato credito e corso alle notizie e al documento, ciò è stato perché essi erano sostenuti dall'autorità di una fonte seria e attendibile... È stata la certezza derivante dalla assoluta credibilità della fonte citata dalla redattrice a indurci all'errore".

Ma il bello, o il brutto, venne dopo le dimissioni di Petruccioli. Conoscevo bene Claudio, un dirigente onesto e una persona seria. Anche per questo osservai con disgusto quello che stava avvenendo. Contro di lui era iniziato un tiro a segno indecente. Anzi, una rappresaglia senza motivo, che non teneva conto di un fatto. In un mio articolo per "Repubblica", che rammenterò fra poco, lo descrissi così.

"Se in Italia tutti i direttori e i giornalisti colpevoli di aver stampato il falso si fossero dimessi, avremmo le code davanti agli uffici di collocamento. E invece sono tranquillamente ai loro posti. A riprova che, se si esclude il caso della Loggia P2, la nostra corporazione si autotutela di fronte a tutto e a tutti. Anche di fronte alla verità."

Sull'ex direttore dell'"Unità" si scatenò un gioco al massacro. Si sparava un po' da tutte le parti. Sparavano i giornali dei partiti avversari del Pci. Sparavano pure alcune testate d'informazione. E da queste ultime a tirare addosso a Petruccioli erano proprio giornalisti di area comunista.

Fu una vignetta, stampata sul supplemento satirico di "Repubblica", a spiegare con paradossale concisione quanto stava avvenendo. Giuliano Rossetti aveva disegnato un Cristo sulla croce che chiedeva al solito legionario romano: "Ma come mai qui intorno non c'è nessuno?". E il legionario rispondeva: "Sono andati tutti alla crocifissione di Petruccioli".

Quando si vuol mettere qualcuno in croce, tutti i chiodi sono buoni. Petruccioli diventò l'Uomo nero che aveva violato l'illibatezza della stampa italiana. Uno stupratore da punire. E soprattutto da diffamare. Secondo l'uso in voga, con eccessi più o meno volgari, nel giornalismo di mezzo mondo. Che non è mai stato né mai sarà un club di gentiluomini.

Come succede sempre in tutti i posti di lavoro, i più accaniti contro Petruccioli si rivelarono molti giornalisti legati al Pci. Su "Repubblica" del 24 marzo, apparve un articolo non firmato che riferiva quanto pensavano parecchi redattori dell'"Unità". Parlo della sede centrale del quotidiano, quella di via dei Taurini a Roma.

Qui una larga parte della redazione "appariva indignata per la leggerezza con la quale il nuovo direttore aveva condotto una campagna che alcuni non esitavano a definire scandalistica, servendosi di documenti di cui non era stata verificata con scrupolo l'attendibilità". Nei corridoi del giornale si sosteneva che ai tempi di Alfredo Reichlin o di Luca Pavolini una cosa del genere non sarebbe mai successa.

"Repubblica" riferiva il ritratto che i giornalisti dell'"Unità" facevano del compagno Petruccioli: "È certamente brillante, ma proprio per questo portato a sopravalutarsi. È certamente intelligente, ma proprio per questo preferisce fare a meno dei consigli e dei suggerimenti di chi lavora con lui. È certamente colto, ma proprio per questo tende a disprezzare coloro che hanno la colpa di non aver letto il filosofo marxista Galvano Della Volpe e Søren Kierkegaard, il precursore dell'esistenzialismo".

Infuriato per quel linciaggio di Petruccioli, scrissi centotrenta righe destinate alla pagina dei commenti di "Repubblica". Dopo averle lette, Scalfari mi sembrò tentennare. Borbottò, profetico: «Questo tuo pezzo mi darà dei guai anche in casa nostra». Ma poi lo pubblicò, il 26 marzo 1982, con il titolo *Giornalisti dimezzati*.

Se lo rileggo oggi, a distanza di ventinove anni, mi stupisco di tutto il rumore che sollevò. Descrivevo un fenomeno che già allora stava sotto gli occhi dei lettori più attenti. E destinato, in seguito, a diventare un'infezione dilagante.

In quel caso lo descrissi così: "Il giornalismo d'informazione è sempre più malato di faziosità politica. È un vizio cresciuto sulla convinzione che il nostro non sia per nulla il mestiere di produrre e vendere notizie pulite. No, per molti di noi il giornalismo non si può ridurre a così poco! Dev'essere ben altra cosa: militanza, passione, partigianeria politica o anche partitica. Però sempre coperta dalle garanzie sindacali e retribuita.

"Basta frequentare qualche redazione per averne la prova. Al giornalista 'megafono dell'editore', vil razza dannata degli anni Cinquanta e Sessanta, si è sostituito il giornalista che 'pensa politico' anche quando scrive di calcio o di moda. Le conseguenze sono soprattutto due. La prima è che, dinanzi a un fatto controverso, la certezza politica diventa subito certezza professionale. La seconda è che l'amico politico va difeso sempre, mentre l'avversario va sempre combattuto... Nasce in questo modo la figura del giornalista dimezzato: quello che decide di essere a sovranità limitata."

La parte finale del mio articolo riguardava il Pci. E i giornalisti che tifavano per il Partitone rosso, pur lavorando in testate d'informazione che dovevano avere un connotato primario: la neutralità nei confronti di qualsiasi parrocchia politica. E l'obbligo di non parteggiare per nessuno. Né per i partiti di governo né per il maggior partito d'opposizione.

A proposito dei dimezzati a favore delle Botteghe oscure, scrissi: "Tutto è cominciato nel 1974-1975, quando i comunisti sembrano dare due garanzie: di poter battere la Dc e di essere integrabili al sistema. Nei giornali, i compagni di strada diventano battaglioni. Il Pci non va più raccontato come si raccontano gli altri partiti. Va osservato con rispetto. Va tutelato. Va affiancato. In ogni redazione, formiche operose si mettono al lavoro. Favorite, sul versante opposto, dalla protervia di certi dirigenti del nuovo corso socialista. Inclini a dire: o sei con noi o sei contro di noi".

La conclusione era la seguente: "Il caso Unità-Cirillo ha dato a questi giornalisti dimezzati una dura lezione, la lezione dei fatti. Ma ancora una volta ha ragione la vignetta di Giuliano. Invece di cercare la radice dell'errore comunista nell'arroccamento senza prospettive in cui il gruppo dirigente del Pci si è rinchiuso, ci si è dedicati alla crocifissione di Petruccioli o, al massimo, di Reichlin, colpevole, pare, di averlo allevato professionalmente. 'Tutti a fondo purché si salvi Berlinguer' sembra essere l'idea guida di certe cronache. E ancora una volta le notizie sono state analizzate al lume di una sola candela, quella delle proprie simpatie partitiche".

Nel mondo della stampa comunista e tra gli amici del Pci, il mio articolo suscitò un pandemonio. In parte li capivo. Il dimezzato, in fondo, era un travestito. Indossava l'abito del giornalista imparziale, ma in realtà era tutto l'opposto.

I compagnucci della parrocchietta si sentirono traditi. Allora ero considerato un giornalista di sinistra, per di più sedevo accanto a Barbapapà Scalfari come vicedirettore, insieme a Gianni Rocca. Eppure avevo osato attaccarli, con l'invenzione di un fantasma: il Dimezzato. Un centauro, per metà un professionista e per l'altra metà un militante.

Molti reagirono malissimo. Scrissero: "Pansa ci insulta, ci ingiuria, parla male dei suoi colleghi, anche di amici che stanno con lui a 'Repubblica'". Poi sostennero che avevo fatto il salto della quaglia, passando con armi e bagagli al craxismo. Sì, Craxi ha stregato Pansa. No, l'ha stregato la Dc. Pansa vuole diventare direttore di un giornale. E prima o poi la Balena bianca o Bettino gli affideranno un quotidiano.

Avevano la fissa della carriera, i compagnucci. Per di più, erano convinti che anche nei giornali privati le direzioni venissero assegnate in base alla fedeltà politica, e non alle capacità professionali. Un giornalista diventato senatore della Sinistra indipendente, Peppino Fiori, già direttore del languente "Paese sera", mi mandò un biglietto accorato-indignato, scritto dopo aver letto il mio articolo sui dimezzati: "Attento, Pansa. Con argomenti simili sei in corsa per una direzione di giornale anche importante. Attento! Potrebbero affidartela sul serio".

Ma le repliche immediate mi vennero proprio dall'"Unità". Avevo difeso il compagno Petruccioli? Forse sì, forse no. Ma in via dei Taurini, Claudio era stato subito dimenticato. Neanche fosse stato il direttore del "Secolo d'Italia", in quel tempo l'organo ufficiale del neofascismo missino. In compenso, era il sottoscritto quello da bastonare perché avevo osato criticare il santuario delle Botteghe oscure. E le eccellenze che campavano lì dentro.

Il giorno dopo l'uscita del mio commento, "l'Unità" andò all'assalto con una nota intitolata, alla sovietica: *L'eccezione e la regola (a proposito dell'attacco anticomunista dopo l'infortunio dell'Unità)*. A scriverlo ci aveva pensato Adalberto Minucci, un santone della stampa comunista, che l'anno successivo sarebbe stato eletto deputato.

Qui debbo ricordare al lettore che quando vedevo la

sua firma in calce a un articolo sorridevo. Avevo cominciato a sorridere nove anni prima. Nel leggere quanto aveva scritto Minucci a proposito delle azioni brigatiste a Torino, la sua città d'adozione.

All'inizio del 1973, le Br si erano trasferite sotto la Mole per riorganizzarsi. Il 12 febbraio sequestrarono un sindacalista della Cisnal missina, Bruno Labate. Dopo averlo preso, lo interrogarono, lo raparono a zero, poi lo lasciarono incatenato a un palo davanti alla porta 1 della Fiat Mirafiori.

In quegli anni, il Pci fingeva ancora di credere che le Br non esistessero o fossero soltanto nuclei armati di destra. Anche per questo Minucci fece lo schizzinoso. E scrisse sull'"Unità" che non lo convinceva per niente la storia di Labate "tranquillamente incatenato alla luce del sole, nel bel mezzo di un corso solitamente affollato, a poca distanza dai sorveglianti Fiat e dal transito di migliaia di operai". Morale della favola? Il compagno Adalberto concluse: tutto questo "denuncia, nella stessa teatralità, la scarsa verosimiglianza".

Anche il mio articolo sui dimezzati sembrò a Minucci poco verosimile. Tanto che mi bastonò in poche righe: "Eccesso di zelo, sembra di sognare, ma dove ha vissuto in questi giorni Giampaolo Pansa?, altro che arroccamento del partito, caro Pansa!". Mi andò anche peggio quando il direttore dell'"Espresso", Livio Zanetti, mi chiese di ritornare sul tema dei dimezzati in un servizio più ampio. Che lui intitolò, se la memoria non m'inganna, con una battuta sardonica: *Se fiancheggio, seguitemi!*

A quel punto, "l'Unità", ormai diretta da Macaluso, mandò in campo Ennio Elena, una lama più tagliente rispetto alla sciaboletta di Adalberto. Lui si domandò: "Perché Pansa viene assalito da una serie di scrupoli tardivi e infondati, perché recita un lungo e penoso mea culpa?".

Per Elena il motivo era lampante: perché avevo deciso di saltare sul carro del Psi. La conclusione del corsivista rosso mi sembrò quella di un proboviro del Bottegone: "Intendiamoci: tutte le scelte sono rispettabili, a condizione che rispettino la verità. Ci si può pentire di tutto, anche di scelte nobili e coraggiose. Però almeno bisogna farlo senza contar balle".

Ma la replica più curiosa venne da Andrea Barbato, il direttore di "Paese sera", anche lui destinato a diventare deputato nella lista comunista. Poiché era da poco uscito un mio libro sul Pci, *Ottobre addio*, pubblicato dalla Mondadori, Barbato scrisse sulla rivista dell'Ordine dei giornalisti che la mia polemica sui dimezzati era "una trovata rotocalchesca e pubblicitaria, inventata a freddo". La sua conclusione ebbe accenti drammatici: "Chi ci vuole fintamente obiettivi, lavora per il re di Prussia: vuole una società normalizzata e autoritaria, sindacati docili, istituzioni aperte alle scorrerie".

Anche all'interno di "Repubblica" più di un collega masticò amaro. Voglio ricordarne uno solo: Miriam Mafai, editorialista e inviato speciale. Una donna di grande intelligenza e di forte carattere, una militante comunista mai mimetizzata, che l'anno successivo sarebbe diventata il presidente della Federazione nazionale della stampa, il sindacato unico dei giornalisti.

A Miriam il "giochetto" dei dimezzati sembrò pericoloso. E in certi punti "tanto sbagliato da apparire insultante" nei confronti di molti colleghi. Ma lei conosceva bene il pollaio della stampa italiana e quello del Pci in particolare. Per questo si limitò a dire che la mia descrizione dei dimezzati a favore del Bottegone arrivava in ritardo.

Il perché lo spiegò così: "Se qualche caso di questo genere si è avuto, va datato agli anni intorno al 1975-

1976. Quando molti dei nostri colleghi salivano rispettosamente quelle scale delle Botteghe oscure che oggi si accingono a scendere in pittoresco disordine".

Nel leggere le parole di Miriam pensai: meglio tardi che mai. Del resto, le tante repliche acide mi dicevano che la piaga restava aperta anche negli anni Ottanta. E mettere il dito nelle piaghe mi è sempre piaciuto.

Parte seconda

6
Redazioni in rosso

Nei tanti giornali dove ho lavorato, non mi sono mai chiesto quale colore politico avesse il Signor Direttore. Come la pensava il mitico Gidibì della "Stampa"? Non saprei rispondere. Era di certo un laico e non amava i fascisti. Anche perché era di religione ebraica e dopo l'8 settembre 1943, per sfuggire alla deportazione, aveva dovuto riparare in Svizzera.

Molti anni dopo, quando ero uno dei suoi giornalisti praticanti, una sera mi disse: «La linea della "Stampa" è quella del Partito d'azione». Mi sembrò un'affermazione bizzarra, anche perché quel partito era scomparso da tempo.

Forse Gidibì mi aveva buttato lì quel giudizio perché sapeva che il mio sponsor per l'assunzione al giornale era stato Alessandro Galante Garrone. Uno dei suoi opinionisti più ascoltati che nella Resistenza aveva militato in Giustizia e libertà, la struttura militare del PdA. Però non osai domandare di più: avevo soggezione di quel direttore padreterno.

Il direttore del "Giorno" era Italo Pietra. Un cinquantenne alto, prestante, con un modo di fare autorevole e cordiale. Aveva i capelli diventati bianchi anzi tempo sul fronte greco, nel giro di una notte, quando aveva trent'anni ed era ufficiale degli alpini. Di lui sapevamo che era un socialista democratico e nel 1946 aveva lavorato alla nascita del Psli, il nuovo partito di Giuseppe Saragat.

Tuttavia Pietra non faceva pesare la propria opinione politica. Aveva un legame personale molto forte con

Eugenio Cefis, il successore di Enrico Mattei al vertice dell'Eni. Cefis era l'editore del "Giorno". Ma come la pensasse Cefis era un mistero. Almeno per noi della truppa redazionale.

Alberto Ronchey, il mio secondo direttore alla "Stampa", era vicino al Pri di Ugo La Malfa. Ma lui ascoltava soprattutto se stesso ed era orgoglioso della propria autonomia professionale. La metteva in pratica ogni giorno, anche nei confronti della Fiat, proprietaria del giornale.

Me ne resi conto del tutto quando mi chiese sei lunghi ritratti di leader sindacali. Tra loro c'erano anche personaggi poco graditi allo stato maggiore della Feroce. Come Luciano Lama, Bruno Trentin e Pierre Carniti. Ronchey li pubblicò nel 1971 e non si curò delle proteste che gli arrivarono dai piani alti della Fiat.

Piero Ottone, che mi volle al "Corriere" nell'estate del 1973, era un liberale. E lo vidi comportarsi con un'indipendenza felpata, ma reale. Tuttavia, nei suoi anni in via Solferino incontrò più di un ostacolo. Prima di tutto sul fronte dell'editore, soggetto a un cambiamento continuo. Dalla famiglia Crespi a un triumvirato che comprendeva anche la Fiat e la famiglia Moratti. Poi il passaggio ad Angelo Rizzoli e dopo di lui l'avvento di personaggi della Loggia P2 di Licio Gelli, quando Ottone se ne era già andato.

L'altro ostacolo gli venne da una potenza sindacale interna al giornale e in crescita continua, grazie a un fortissimo Comitato di redazione. Sostenuto da un alleato robusto, il Consiglio di fabbrica del giornale. Erano due strutture di sinistra quasi integrale. Più movimentista quella dei giornalisti, più legata al Pci quella dei poligrafici, con un referente di tutto rispetto: la Federazione comunista milanese, uno dei superpoteri in città, arroccato nel palazzotto di via Volturno.

Ottone, abile navigatore in barca a vela, si destreggiò

alla meglio. Non aveva nessun partito che lo difendesse. Il suo "Corriere" suscitava lamenti irritati sia nella Dc che nel Pci, e infine nel Psi di Craxi. Era un giornale sorprendente, molto diverso da quello austero e diplomatico del predecessore, Giovanni Spadolini.

Spinse i suoi inviati, a cominciare da me, su territori poco esplorati. Come i padroni politici delle grandi città. Suscitando proteste pesanti. Accadde così quando Ottone mi spedì ad Avellino per raccontare la rete delle clientele di De Mita. In quattro anni, mi respinse un solo articolo. Riguardava Amintore Fanfani e forse era davvero troppo aspro.

Piero restò in sella fino all'autunno 1977, quando le redazioni dei grandi quotidiani stavano cambiando pelle. Nel senso che diventavano sempre più orientate a sinistra. Mi rendo conto di stare usando una formula molto generica e ho l'obbligo di precisarla. La sinistra era soprattutto quella filo-Pci. E non certo filo-Psi, un partito che proprio in quel tempo si affidava a un leader nuovo, Craxi. Un politico con pochi tifosi tra i giornalisti che, di solito, consideravano Bettino troppo di destra.

Il rosso cominciò a diventare il colore dominante nelle redazioni soprattutto per due motivi: uno pratico, l'altro storico. Il primo aveva origine nel fallimento della stampa di sinistra. Mentre il Pci diventava sempre più forte sul terreno elettorale, i suoi giornali diventavano sempre più deboli. La crisi delle edizioni locali dell'"Unità" e delle testate collaterali, come "Paese sera", provocò un esodo massiccio di giornalisti verso i quotidiani indipendenti.

Erano quasi sempre dei bravi professionisti e, in più, presentavano il vantaggio di costare poco. Rammento che Scalfari, per anni non solo direttore, ma anche editore di "Repubblica", batteva sempre su questo tasto. Era un pedaggio negativo che i colleghi in uscita dai fogli comunisti pagavano per poter approdare a testate più solide. Nel novembre 1977, quando arrivai a "Repubblica" dal "Corriere", mi resi conto di un fatto: il mio valore di mercato, corretto o sbagliato che fosse, e dunque il mio stipendio, era superiore a quello di colleghi in uscita dai giornali comunisti.

Il rosso diventò ancora più acceso con l'ingresso nel giornalismo professionale di redattori che provenivano dalla stampa dei gruppi della sinistra extraparlamentare, come si diceva allora. Avevano iniziato a lavorare nei fogli di Potere operaio, di Lotta continua, del Manifesto. Adesso arrivavano nell'odiata stampa borghese, ma non rinunciavano di certo alle loro idee. Erano un blocco importante. Anche perché si affiancava alla generazione del Sessantotto. Decine e decine di giovani che, una volta conclusa la sbornia antagonista, avevano trovato uno sbocco professionale nei grandi quotidiani.

Non pochi di loro si rivelarono bravi. E nei media borghesi riuscirono a fare una meritata carriera. Qualche esempio? Paolo Mieli, ex di Potere operaio, attraverso passaggi successivi, all'"Espresso" e poi a "Repubblica", diventò direttore della "Stampa" e infine del "Corriere della Sera". Gad Lerner, ex di Lotta continua, arrivò a dirigere il Tg1 della Rai, sia pure per pochi mesi. Il compianto Claudio Rinaldi, anche lui ex di Lc, diresse "Panorama" e poi "l'Espresso" degli anni Novanta. Stefano Menichini, ex "manifesto", dirige "Europa", quotidiano legato al Partito democratico.

A contrastare o a bilanciare questo processo non esisteva nulla. E qui entra in scena il motivo che ho chiamato storico, poiché è legato alla conclusione della guerra civile italiana. Come i lettori di questo libro sanno, il vincitore politico di quel conflitto interno era stato il Pci. Benché battuto sul terreno elettorale dalla Dc, e sempre confinato all'opposizione, il partito di Togliatti aveva trionfato sul campo culturale e nei giornali.

La sua egemonia, che in qualche modo resiste ancora, era fondata su un principio ferreo: soltanto i vincitori hanno il diritto di parlare, di pensare, di scrivere, di pubblicare. Invece gli sconfitti, i vinti, non hanno diritto a niente. Tanto meno di pubblicare giornali, riviste, libri. Mentre il rosso trionfava, il nero restava rinchiuso nel recinto di una piccola minoranza. Senza peso politico e, soprattutto, senza potere intellettuale.

L'unico giornale quotidiano nazionale del Msi era il "Secolo d'Italia". Affiancato da due settimanali: "Il Borghese" di Mario Tedeschi e Gianna Preda e lo "Specchio" di Giorgio Nelson Page. Ai quali si può aggiungere "La Notte", il quotidiano milanese diretto da Nino Nutrizio. Il giovane di destra che intendesse fare il giornalista professionale aveva soltanto questi pochi sbocchi. E nient'altro.

In questo modo, un'intera generazione è stata tenuta all'esterno del sistema dei media stampati. E di certo molti giovani talenti sono stati soffocati prima ancora di poter dimostrare il loro valore. Grazie ai miei libri revisionisti sulla guerra civile, ne ho incontrati parecchi. I loro racconti erano del tutto simili: «Avrei voluto fare il giornalista. Ma ero fascista, un reietto, e nessuno mi ha mai messo alla prova. Per questo sono diventato un avvocato, un professore di lettere, un piccolo editore, un parlamentare...».

In decenni di lavoro in sette grandi testate non ho mai visto assumere nessuno che venisse dal mondo neofascista. Gli unici varchi li ha offerti la Rai. Ma soltanto dopo che lo schema della lottizzazione partitica aveva iniziato a comprendere anche il Msi e poi Alleanza nazionale.

I soli giornalisti di destra che ho incontrato nei primi anni di professione erano dei reduci della Repubblica sociale. Però si trattava di casi isolati. Al "Giorno" ho visto sei o sette ragazzi di Salò, ma venivano da due piccoli quotidiani moderati che non avevano avuto fortuna.

Uno era "Il Tempo di Milano", morto nel novembre 1954. L'altro era "La Patria Unita", chiuso dall'armatore Achille Lauro nel giugno 1956. Li aveva assunti il fondatore del "Giorno", Gaetano Baldacci, che doveva completare l'organico del suo nuovo giornale. Erano ottimi professionisti, tuttavia in una situazione diversa sarebbero rimasti a piedi.

Alla "Stampa" il mio vicino di scrivania era stato un alpino della Divisione Monterosa. Ma Gidibì l'aveva assunto quando stava all'"Unità" e dunque veniva considerato un giornalista ex comunista. Anche uno dei corrispondenti del giornale di De Benedetti aveva militato nella Rsi. E ho già ricordato il suo caso, più unico che raro.

Qualche altro ex di Salò lavorava in testate nazionali. Ma di solito questi reduci di una guerra perduta non parlavano del loro passato politico. Per non sbattere contro il muro di un'ostilità immediata, che poteva diventare l'anticamera del licenziamento. In proposito c'è una vicenda che non riguarda un giornalista qualsiasi, bensì un direttore dell'"Espresso", per anni il settimanale più letto a sinistra e con una redazione dove il rosso abbondava: Livio Zanetti.

Zanetti era nato nel 1924 e a vent'anni, come molti giovani della sua generazione, aveva aderito alla Repubblica sociale. Penso fosse un volontario perché venne inviato alla scuola allievi ufficiali di Modena. Qui diventò sottotenente di complemento della Guardia nazionale repubblicana e fu inviato ai reparti che si occupavano della stampa e della propaganda.

Dopo la fine della guerra civile, prese una strada politica opposta al neofascismo. Laureato in Filosofia, insegnò in un ginnasio di Bressanone, poi iniziò a fare il giornalista. Nel 1957 entrò nella redazione del settimanale di via Po, che in quel momento contava due anni di vita ed era diretto da Arrigo Benedetti. Il primo incarico fu il correttore di bozze.

Nessuno sapeva della sua antica militanza fascista. Anno dopo anno, Zanetti percorse in tranquillità una ottima carriera professionale e nell'aprile 1970 divenne il direttore dell'"Espresso". Era un giornalista geniale e nel 1974 l'editore gli affidò la trasformazione del settimanale. Dal formato lenzuolo, simile ai quotidiani, a quello del news magazine americano, una formula che resiste ancora oggi. E grazie a Livio "l'Espresso" vide aumentare le vendite e la pubblicità.

Un giorno, un'agenzia romana di notizie politiche, che si diceva fosse legata ai servizi di sicurezza, rivelò il suo passato nella Gnr. A porgere l'agenzia a Zanetti fu la storica segretaria di redazione dell'"Espresso", una sbalordita Lily Marx. Livio ne rimase sconvolto.

Dopo aver letto quel foglio ciclostilato, non disse nulla alla redazione. Si alzò dalla scrivania, rientrò a casa, partì subito con la moglie per l'Alto Adige e andò a rifugiarsi all'Alpe di Siusi, dove aveva un appartamento per le vacanze. Era in pieno choc e non voleva più ritornare a Roma. Chi si precipitò da lui fu Scalfari, che lo convinse a riprendere il suo posto di direttore in via Po. E qui rimase sino al 1984, sino allo scadere dei sessant'anni.

Quando Zanetti morì, nell'agosto 2000, a 76 anni, venne commemorato in una cerimonia pubblica. Tra gli oratori c'ero anch'io. Qualcuno mi pregò di non parlare del passato di Livio nella Repubblica sociale. Replicai che non ero d'accordo: la sua era una vicenda simile a quella di molte migliaia di giovani italiani di allora. E non sarebbe stato un disonore ricordarla.

Penso che una gran parte dei giornalisti rossi sarebbe

stata del parere di non dire nulla. La quota frontagna, per usare un'immagine alla Guareschi, stava crescendo a vista d'occhio nelle grandi testate d'informazione. Lo si vide con chiarezza quando sulla scena politica italiana si presentò il mostro del terrorismo di sinistra.

Un primo segnale furono le reazioni all'assassinio del commissario Luigi Calabresi, ucciso da due killer di Lotta continua il 17 maggio 1972. In quel momento lavoravo per "La Stampa" di Ronchey. E il direttore mi chiese di scrivere una pagina sul commissario e sulla sua morte. Nella redazione il mio articolo suscitò molti dissensi. Si tenne un'assemblea turbolenta dove emersero colleghi che su quel delitto non la pensavano come la direzione del giornale e come me.

Per costoro restava un vangelo il manifesto firmato da ottocento fra intellettuali e vip, che cominciò ad apparire sull'"Espresso" a partire dal 13 giugno 1971. Lì si affermava che Calabresi era il torturatore e poi l'assassino dell'anarchico Giuseppe Pinelli.

Quel manifesto, che in seguito venne ritenuto un incitamento sia pure non voluto ad accoppare il commissario, era stato firmato anche da non pochi giornalisti di calibro robusto. Le truppe redazionali non erano state invitate ad aderire, per non mescolare nomi eccellenti con nomi di sconosciuti.

Ma nelle grandi testate borghesi esistevano tanti firmaioli potenziali. Fu in quegli anni che molti giornalisti rossi misero in mostra una distorsione pericolosa: considerare il terrorismo delle Brigate rosse un fattore positivo nella vita politica italiana. Da osservare con benevolenza e, in qualche caso, da sostenere. E adesso vediamo un po' che cosa accadde.

«Ci sono dei compagni accusati di terrorismo che si dicono pentiti. Ma dovrebbero pentirsi anche i giornalisti. Molti compagni che, come me, si arruolarono nelle Brigate rosse furono abbagliati dai mass media. Che allora descrivevano l'organizzazione in termini di Robin Hood moderni.»

Era il 28 giugno 1982 e nell'aula bunker del processo Moro, a Roma, parlò così uno degli imputati minori: Arnaldo May, laureato in Scienze statistiche, piccolo gregario brigatista e infine terrorista dissociato. Era un giudizio duro, ma centrava al millesimo la verità.

Una verità poco onorevole per molti giornalisti, ma interessante da ripercorrere pure tanti anni dopo. Anche perché le vittime del terrorismo italiano portano ancora i segni di quanto accadde allora. Parlo di quelle che non sono state uccise, ma soltanto ferite e spesso rimaste invalide.

Le Brigate rosse emersero all'inizio degli anni Settanta, insieme ai primi fuochi del terrorismo nero. Erano un gruppo clandestino che reclutava le proprie bande nelle file della sinistra e aveva le sue radici nell'ideologia della sinistra rivoluzionaria. Anche l'ambiente che lo alimentava era rosso. Il rosso del tardo Sessantotto, una stagione di grandi slanci e di enormi sciocchezze, talvolta destinate a diventare tragiche scelte sbagliate.

Il giornalismo moderato o di destra intuì senza esitare la pericolosità di questo nuovo avversario. Il giornalismo di sinistra no, o per lo meno non sempre. Aveva la testa nella sabbia di una formula assolutoria che recitava: "Non possono essere dei compagni". I media che allora venivano chiamati "democratici" mostrarono di avere la vista annebbiata. Non vedevano. O se vedevano, non parlavano. E se parlavano, balbettavano, rimuovevano, si censuravano.

Non videro che i primi brigatisti non venivano dalla Luna, non erano alieni arrivati da Marte. Erano giovani che, appena qualche anno prima, i cronisti avevano incontrato nelle università occupate, nei cortei contro la repressione, negli scazzi che incendiavano le assemblee all'interno degli atenei. Erano leninisti, cattolici radicali, anarchici disperati, cani sciolti usciti dalle famiglie storiche del Pci e del Psi.

Il loro approdo al terrorismo brigatista era stato preceduto da un percorso ben noto anche al più sprovveduto giornalista. Dapprima le allucinazioni della contestazione a tutto campo. Poi l'illusione riassunta dallo slogan "Lo Stato si abbatte e non si cambia". Quindi la frustrazione per il Sessantotto svanito nel nulla. Infine la scorciatoia suggerita dal grido "Mai più senza fucile!".

Facce note, dunque. E spesso facce amiche. Ma nelle redazioni molti cominciarono a dire: «Quelli della stella a cinque punte? Non li conosco». Il passaggio successivo fu di affermare che la questione del terrorismo non poteva riguardare la sinistra. E di respingere con fastidio irato l'eventualità che dei giovani di sinistra si fossero dati come programma politico le rapine, i sequestri di persona, i ferimenti, gli omicidi.

A quel punto, una quota importante del giornalismo italiano commise due errori fatali. Il primo fu di non riconoscere l'identità politica delle bande terroristiche per classificarle, invece, come semplici gruppi criminali. Volete un esempio? Accadde così per il Gruppo XXII Ottobre, sorto in Liguria. Quando sulla "Stampa" di Ronchey li chiamai i tupamaros di Genova, "l'Unità" e "l'Avanti!" scrissero che raccontavo favole. E che non volevo capire che si trattava di comuni banditi di strada, capaci di uccidere per compiere una rapina.

In realtà, si trattava di una banda politica, composta di proletari e di sottoproletari. Un nucleo di killer rossi che fra il 1969 e il 1971 a molti cronisti sembrò opportuno confinare nelle pagine di cronaca nera. La prova addotta per sostenere che non erano terroristi ebbe un tono quasi mondano: non si fregiavano della leadership di giovani intellettuali, magari usciti dalla Facoltà di Sociologia di Trento.

Quando divenne impossibile smentire l'origine politica delle prime bande, il giornalismo rosso commise il secondo errore. Sostenne che questi nuovi terroristi erano sì dei politici, ma neri, di estrema destra. Me li ricordo certi titoli e certe cronache. Le sedicenti Brigate rosse. Sono Brigate nere. Fascisti travestiti. Provocatori organizzati dai padroni. Agenti dei servizi segreti agli ordini della Cia americana, addestrati per innescare la strategia della tensione. Mercenari al soldo di complotti stranieri.

Il complotto! Ecco la parola magica che aiutava a non vedere la verità. Nel marzo 1972, quando l'editore Giangiacomo Feltrinelli si uccise nel tentativo di far saltare un traliccio dell'alta tensione, le star del giornalismo democratico gridarono al complotto. Con il conforto di Enrico Berlinguer, proprio allora diventato il segretario del Pci.

Dalla tribuna del congresso nazionale del partito che si teneva in quei giorni a Milano, re Enrico disse subito: «Le spiegazioni che vengono fornite sulla morte di Feltrinelli non sono credibili. C'è il sospetto di una spaventosa messa in scena».

Dai mercenari complottisti si passò infine alla teoria dei "compagni che sbagliano". Fu l'ultimo tentativo del giornalismo rosso di non vedere, di non sapere, di non giudicare. E si accompagnò a un'operazione infame che ha lasciato una traccia nelle pagine di tanti quotidiani e settimanali.

Le vittime delle Br vennero sezionate al microscopio del sospetto più cinico. Se gli hanno sparato, una ragione ci sarà stata. Forse tormentava gli operai del suo reparto. Forse incriminava i militanti rivoluzionari. Forse scriveva articoli forcaioli.

Ogni indagine di polizia fu descritta come una persecuzione provocatoria ai danni dell'opposizione di classe. Ogni giudice impegnato nelle indagini sul terrorismo di sinistra venne visto come un cieco persecutore di avanguardie democratiche. Ogni scoperta di una base clandestina, i famosi covi, la si ritenne una messa in scena della polizia. Nel 1972, quando il pubblico ministero Guido Viola scoprì sui primi depositi di armi di Feltrinelli e di Renato Curcio, sull'"Espresso" Giorgio Bocca scrisse sdegnato: "Signor procuratore, ci prende tutti per cretini?".

Poi il terrorismo rosso fece i primi morti: due missini uccisi a Padova nell'estate 1974. Ecco un delitto che non poteva essere spiegato con lo schema di Robin Hood. Allora più di un giornalista s'immaginò macchinose faide interne al neofascismo. I neri si erano sparati fra di loro e il delitto era stato coperto con la sigla brigatista.

Quando la verità sul doppio omicidio di Padova emerse dalla rivendicazione diffusa dalle stesse Br, l'asino del giornalismo fazioso scoprì di non avere più biada. E fu costretto a sostenersi con la teoria che, in fondo, i killer della stella a cinque punte erano l'unica opposizione reale alla tenaglia democristiana-comunista che stritolava l'Italia in una morsa senza scampo.

Nacque allora una letteratura a sfondo eroico. Robin Hood lasciò il posto a figure più utili da usare: Robespierre, Lenin, il Che Guevara. Non si scrisse più di capibanda, ma di capi storici della lotta armata. E vennero usate senza vergogna parole derivate dal terroristese: "invalidato", "gambizzato", "esecutato".

I volantini brigatisti furono studiati come se fossero trattati di politologia. Gli inquirenti, soprattutto se erano ufficiali dei carabinieri, diventarono golpisti in divisa. Trionfarono le immagini barocche. La lotta contro il terrorismo diventò "un esempio di germanizzazione al servizio del compromesso storico".

Ma nella seconda metà degli anni Settanta qualcosa si ruppe nel meccanismo bugiardo del giornalismo rosso, sia pure non del tutto. Accadde quando la stampa si rese conto di essere anch'essa nel mirino dei brigatisti. Vennero feriti Indro Montanelli, Emilio Rossi, direttore del Tg1, Vittorio Bruno, Toni Garzotto. Nel novembre 1977 le Br assassinarono Casalegno. E il comitato di redazione della "Stampa" ebbe ancora la grottesca impudenza di sostenere che l'attentato era "un vile atto di chiara marca fascista".

Quando venne ucciso Walter Tobagi, nelle retrovie del giornalismo rosso si sostenne che, in fondo, l'inviato del "Corriere della Sera" se l'era cercata: era troppo vicino a Craxi e aveva osato sfidare la maggioranza rossa del sindacato unico dei giornalisti, la tetragona Fnsi.

Però da quel momento lo schema costruito dalle redazioni in rosso non resse più. Sarebbe stato necessario attendere una ventina di anni per trovare nuovi obiettivi da distruggere.

7
Bocca & Pansa

Mentre in molti giornali il rosso cresceva a vista d'occhio, "Repubblica" era già rossa da un pezzo. L'aveva voluta così Eugenio Scalfari prima ancora di mandarla in edicola. Doveva essere un quotidiano di sinistra democratica, così diceva Eugenio nelle interviste e negli incontri pubblici organizzati per annunciarne l'uscita imminente. Ma pure un foglio liberale e libertino, ossia spregiudicato, fantasioso, sorprendente. E anche pronto a contraddirsi.

In quella "Repubblica" ho lavorato per quasi quattordici anni, dal novembre 1977 al luglio 1991. Non mi sono mai sentito a disagio perché era il contrario di una caserma. Con un impasto curioso di atteggiamenti molto diversi: da quello anarchico-movimentista a quello del più severo professionismo. Era anche il frutto dell'incontro fra generazioni differenti. Si andava da ventenni al loro primo lavoro in un giornale a quarantenni con molto mestiere alle spalle.

L'insieme era di certo dominato dalla personalità di Scalfari, dalla sua bravura di fondatore-direttore-editore, dalla sua astuzia nel guidare una squadra ogni anno più grande e complessa. Ma non schiacciata dal peso di un pensiero unico, autoritario e impossibile da contraddire. Come avviene oggi nella "Repubblica" di Ezio Mauro: una condizione innaturale per una professione che è sempre vissuta sul dialogo e sul confronto fra opinioni diverse.

Nella "Repubblica" di Barbapapà, gli inviati di prima fila e gli opinionisti non cantavano tutti la medesima canzone. Lo stesso avveniva nei vari servizi della reda-zione, quelli che oggi si chiamano i desk, all'americana. E poteva pure accadere che i contrasti venissero portati all'esterno. A testimoniare che la forza di "Repubblica" era in grado di sopportare tensioni che per altre testate sarebbe stato impossibile accettare e, soprattutto, rive-lare.

Accadde così a proposito della questione dominan-te negli anni Settanta e Ottanta: il terrorismo. Davanti alla tragedia del sequestro e poi dell'assassinio di Aldo Moro, Scalfari scelse la strada della fermezza. Era una formula dal suono lugubre poiché vedeva in gioco la vita di un uomo. Ma aveva un significato chiaro: con le Brigate rosse non si tratta, né in quel caso né in altri. Eugenio aveva il consenso totale dei suoi due vicedi-rettori, Gianni Rocca e il sottoscritto. Però non tutta la redazione la pensava come lui. A cominciare dalla star del giornale, Giorgio Bocca.

Eugenio fu in grado di conciliare l'inconciliabile. E un giorno decise di mettere a confronto Giorgio e me in un dibattito da pubblicare a uso e consumo dei lettori. Ver-so la fine del marzo 1980, Scalfari mi chiamò nel suo box per spiegarmi che cosa intendeva fare. Quando accettai, ne fu contento. Ma si preoccupò di mettermi in guardia.

Disse: «Conosco bene sia te che Giorgio. Siete due piemontesi che non rifiutano mai la rissa. Però di risse io di non ne voglio. Giorgio è ben più anziano di te e an-che di me. Fra qualche mese compirà 60 anni. Tu in ot-tobre ne farai 45, sei una persona con la testa sul collo, però quando ti arrabbi non le mandi a dire a nessuno. In questo dibattito voleranno scintille. Bocca dirà co-se che ti faranno rovesciare le budella. Replica come ti pare. Ma cerca di non andare al di là di un certo limite. Ricordati che sei uno dei vicedirettori del giornale». Ri-sposi a Eugenio con un sorriso: «Stai tranquillo. Terrò a freno il mio carattere da monferrino spigoloso».

Fu un indimenticabile pomeriggio di lavoro. Guidato da Scalfari e da Rocca. Narrato in un resoconto quasi stenografico, steso da un giovane collega di valore: Lucio Caracciolo, oggi direttore di "Limes". E pubblicato il 1° aprile 1980, in un due paginate, una valanga di piombo tipografico.

Ne riproduco qui una versione non integrale, perché si mangerebbe troppo spazio. Ricorderò l'essenziale, anche sulla base di appunti che avevo preso durante il dibattito. I lettori giudicheranno.

Bocca e io eravamo due passionali. Lo siamo ancora oggi, come succede ai piemontesi testardi. Ma fra i nostri tanti difetti, non abbiamo mai avuto quello di parlare e scrivere in modo nebbioso.

Lo riconobbe anche lo sconosciuto autore di una battuta. A proposito di come raccontare il terrorismo, il signor X disse: «Né con Bocca, né con Pansa, ma con l'Ansa». Facendo un piccolo torto alla nostra primaria agenzia di notizie, la mitica Ansa, che tuttavia non è usa a nascondere le notizie.

REPUBBLICA. *Abbiamo di fronte Giorgio Bocca e Giampaolo Pansa, autori di due libri appena usciti. Bocca ha scritto* Il caso 7 aprile *(Feltrinelli) e Pansa* Storie italiane di violenza e terrorismo *(Laterza). La materia sembra la stessa, ma non è così. Bocca fa una storia del Movimento ed è convinto che le operazioni giudiziarie iniziate a Padova il 7 aprile 1979 con gli arresti dei leader di Autonomia operaia, a cominciare da Toni Negri, siano in gran parte una montatura. Pansa invece punta il riflettore sulle vittime del terrorismo, descrive le devastazioni che questa irrazionale violenza esercita sulla vita individuale di persone del tutto incolpevoli e quindi sul tessuto sociale.*

Adesso questi due nostri amici e colleghi sono diven-

tati, in base a una certa operazione culturale, l'uno il difensore di supposti terroristi, l'altro il grande accusatore, perché mette in luce la storia delle vittime. C'è senz'altro un'esagerazione in questa visione, però le opinioni di Bocca e di Pansa sono divergenti su molti punti. Li abbiamo chiamati a discuterne faccia a faccia.

BOCCA. Vorrei intervenire subito su due questioni essenziali. Un giornale come il nostro si occupa della magistratura come di qualcosa che fa parte della politica, che è schierato con questa o quella parte politica. Poi, improvvisamente, miracolosamente, quando si tratta di terrorismo, questa magistratura diventa assolutamente neutrale.

Io invece ho l'impressione che nel caso del 7 aprile la magistratura sia stata fortemente condizionata dal potere politico, ossia dal compromesso storico e dal suo tentativo di criminalizzare tutta un'area della sinistra.

Quanto al problema del terrorismo in generale, non concordo con chi afferma che è il motore della militarizzazione del paese. È il contrario: il terrorismo esiste perché c'è la crisi della Repubblica, non viceversa.

PANSA. Non sono d'accordo con Bocca. Dell'inchiesta 7 aprile sappiamo poco e sarei più cauto di lui. Poi non credo che Pietro Calogero, il magistrato che conduce l'indagine, sia al servizio del compromesso storico: non è vero che tutti i giudici facciano politica quando conducono un'inchiesta.

Non concordo neppure sull'affermazione di Bocca quando dice che il terrorismo nasce dalla crisi di questo paese. Il terrorismo di sinistra è nato all'interno di quello che chiamiamo il Movimento. Ha la sua radice nell'utopia rivoluzionaria e nel mito dell'insurrezione che stava anche dentro il Movimento, il magma politico e intellettuale emerso nel Sessantotto.

Mi guardo bene dal dire che il Movimento e le Brigate rosse siamo la stessa cosa, e che tutto il Sessantotto sia terrorismo. Ma ripeto che la lotta armata è nata all'interno di quella rivolta politica e culturale. E poi ha prosperato per la debolezza della società e della democrazia italiane.

BOCCA. Sempre a proposito dei magistrati, voglio osservare che ci sono comportamenti curiosi. Dal 1970 al 1979 lasciano tranquillamente pubblicare tutti i fogli di estrema sinistra e non incriminano nessuno. Perché non intervengono quando nel 1972 "Potere operaio" sostiene che il sequestro del dirigente della Sit-Siemens Idalgo Macchiarini, commesso dalle Br a Milano il 3 marzo 1972, fa compiere "un salto di qualità" al Movimento? Perché non c'è stato un giudice che abbia arrestato Negri e Oreste Scalzone?

Mi pare abbastanza credibile che allora la magistratura assecondasse la politica degli opposti estremismi. Allo stesso modo mi sembra strano che oggi questa magistratura identifichi il terrorismo in Potere operaio. Quando tutti sanno che Lotta continua e i gruppi di quell'epoca hanno fatto le stesse cose di Potere operaio e anche di peggio.

PANSA. I giudici si muovono quando una predicazione rivoluzionaria ha effetti criminali e dunque diventa più allarmante. E poi non è vero che i magistrati si siano accorti soltanto adesso di quanto scrivevano i giornali di estrema sinistra. Un esempio? Dopo il delitto Calabresi, sono stati arrestati dei militanti di Lotta continua che diffondevano volantini dove c'era scritto che quella non era un'azione criminale.

Voglio ricordarti che molti degli arrestati del 7 aprile non sono stati presi per quanto scrivevano, ma per ciò che la magistratura ritiene abbiano fatto. Infine ti rammento che sono in corso molte inchieste sul terrorismo. Riguardano l'area dell'estrema sinistra che è entrata in clandestinità. Dunque non vedo una perse-

cuzione speciale nei confronti di Potere operaio o di
Toni Negri.

REPUBBLICA. *Come mai nei primi anni, dal 1970 al 1974,
sono state così blande le reazioni istituzionali alla propaganda della lotta armata e all'incitamento all'insurrezione?*

PANSA. In realtà, si è cominciato ad arrestare nel
1972. Quando la polizia scopriva i covi delle Br qualcuno, per esempio Bocca, diceva che quelle basi erano
un'invenzione di Antonino Allegra, il capo dell'ufficio
politico della questura di Milano...

BOCCA. Scoprivano i covi di Feltrinelli, non delle Br.

PANSA. No, scoprivano le prime basi delle Br.

BOCCA. Quelli erano covi di Feltrinelli. Il pubblico
ministero Guido Viola ne trovò uno in via Subiaco, a
Milano.

PANSA. Ti sbagli. Sono stati scoperti covi brigatisti.
Tant'è vero che dopo il ritrovamento di quello in via
Delfico, sempre a Milano, i nuclei brigatisti decidono di
restare zitti e fermi per sei, sette mesi. Non compiono
azioni militari. Pare facciano degli espropri proletari,
ossia rapine in banca. Poi ricompaiono a Torino nell'offensiva contro la Fiat, all'inizio del 1973.

BOCCA. Comunque io dico che la polizia sapeva benissimo che esistevano. Li ha lasciati creare. La nascita
del terrorismo rosso è stata tenuta a bagnomaria per
costruire la teoria degli opposti estremismi. Non li hanno voluti schiacciare. La stessa cosa è accaduta quando
hanno messo in prigione Renato Curcio nel carcere di
Casale Monferrato. Volevano che scappasse!

PANSA. La tua mi sembra un'enormità! Conosco quel
carcere perché Casale è la mia città. È una prigione ridicola. Ma come fai a dire che Giancarlo Caselli e gli altri
magistrati dell'inchiesta su Curcio l'hanno mandato lì
apposta per farlo fuggire? È un'affermazione gratuita.

BOCCA. Sono tutte affermazioni gratuite. Io non ho la carta bollata con le firme di Caselli e del generale Carlo Alberto dalla Chiesa per provare che volessero la fuga di Curcio. Io do un giudizio globale. All'inizio il terrorismo rosso era facilmente perseguibile. Non venne colpito perché si voleva alimentare la politica degli opposti estremismi, lo ripeto per l'ennesima volta.

PANSA. Tu hai delle certezze politiche, io ti presento dei dati di fatto. Le prime azioni delle Br sono del 1971. I primi covi vengono scoperti nel 1972, in via Delfico e in via Boiardo a Milano. Sempre nel 1972 ci sono i primi arresti di brigatisti. Tu offri delle teorie, mentre io racconto quel che è avvenuto in realtà.

REPUBBLICA. *Ma insomma quei messaggi insurrezionali e violenti di Potere operaio, nel 1970-1971, sono o non sono condannabili, secondo voi?*

BOCCA. Quei messaggi erano accettabili anche sotto il profilo penale perché erano diretti al vuoto. Soltanto più tardi, ossia attorno al 1977, nel periodo di Autonomia operaia, soprattutto a Padova si stabilisce un nesso fra la predicazione violenta e la presenza di una massa di manovra notevole. Ma l'insurrezione di massa è una delle basi teoriche del movimento operaio. E la violenza di massa nelle fabbriche è stata coperta e guidata dal sindacato per sei, sette anni.

PANSA. Dimentichi il calendario, caro Bocca. Il terrorismo rosso non è nato nel 1977, ma nel 1971. E non si è mai limitato alla predicazione violenta. In quei sei anni ci sono stati decine tra morti e feriti. A cominciare proprio dai due missini uccisi a Padova nel 1974 per finire al delitto Casalegno nel 1977.

BOCCA. Il terrorismo dei primi anni Settanta, quello della propaganda armata, era ancora legato strettamente al movimento operaio. Pensava di essere la sua avanguardia esterna. I terroristi di oggi sono diversi. Vogliono distruggere lo Stato. Quindi appartengono non solo a un'altra ideologia, ma a un'altra specie umana.

PANSA. Non sono d'accordo. I brigatisti che nel giugno 1976 ammazzano il procuratore generale di Genova, Francesco Coco, non appartengono per niente a un'altra specie rispetto a quelli di Prima linea che il 19 marzo 1980, a Milano, uccidono il giudice istruttore Guido Galli. Non ci vedo nessuna differenza. Agli occhi del terrorista, le due vittime rappresentano entrambe la magistratura al servizio del potere politico.

Ritornando al tema della predicazione violenta, io penso che il terrorismo rosso sia uno dei frutti marci del Sessantotto. Ricordi lo slogan che si gridava nelle assemblee? Diceva: "Lo Stato si abbatte e non si cambia!". Indicava una strada violenta, ma ritenuta possibile da percorrere. E condannava il riformismo.

BOCCA. Tu dici che tutto nasce dal Sessantotto. Ma allora perché non da prima? Dal Pci di Pietro Secchia o dalla rivoluzione sovietica di Lenin? C'è un dato comune nelle storie di tutti i terroristi. Dicono: mi sono deciso a saltare il fosso quando mi sono accorto che non c'era più da sperare in una politica normale. Questo significa che esiste un certo numero di giovani che giudica scomparsi i normali canali politici di opposizione.

PANSA. Non è così. Tutti i giovani che si sono gettati nel terrorismo rosso l'hanno fatto perché speravano nella rivoluzione. Ossia in una società radicalmente diversa da quella che potrebbe costruire il riformismo. Se per ipotesi il Pci ritornasse a fare un'opposizione dura, come quella del 1948, tu credi che il terrorismo di sinistra chiuderebbe bottega? Nemmeno per sogno. Alle Brigate rosse e a Prima linea non gli frega nulla del Pci duro o molle. Ritengono che sia necessaria una cosa sola: la rivoluzione comunista. E gli schemi riformistici non servono a questo scopo.

BOCCA. Ma allora siamo d'accordo: in Italia non esiste più un partito rivoluzionario. E i rivoluzionari vanno per conto loro.

PANSA. Il partito rivoluzionario c'è: sono le Brigate rosse.

BOCCA. Ma quale partito? La truppa delle Br è di migliaia di persone. Però il partito è un'altra cosa.

REPUBBLICA. *In un recente articolo su questo giornale, Bocca parlava di "argentinizzazione dell'Italia". Che cosa volevi dire, Giorgio? Che ci sono squadroni della morte sia a sinistra che dello Stato? Che da noi si è arrivati a un grado di repressione sudamericano?*

BOCCA. Non volevo dire questo. Ma gli episodi preoccupanti vanno aumentando. Negli arresti del 21 dicembre a Padova è stato preso anche un cieco. A San Vittore gli proibiscono di leggere i libri con l'alfabeto Braille, perché dicono di non poterlo controllare.

REPUBBLICA. *Però quando parliamo dell'Argentina abbiamo in mente una cosa diversa. In quel paese lo Stato si serve di strumenti privati di giustizia, appunto gli squadroni della morte.*

BOCCA. Sono convinto che la situazione italiana non sia quella dell'Argentina. E probabilmente non lo sarà mai. Tuttavia c'è una durezza repressiva che si va accentuando. Bisogna denunciare ogni episodio di corruzione della democrazia. È un preciso dovere.

PANSA. Anch'io ritengo che sia necessario denunciare tutti i casi di mancato garantismo e ancor di più quelli di disumanità. Lotta continua ha pubblicato qualche giorno fa una testimonianza agghiacciante sul carcere dell'Asinara. Ma di certo non siamo all'Argentina! In Italia i morti li fa il terrorismo. Non ci sono le stragi compiute dalle polizie parallele. Non ci sono i tribunali militari segreti. Il panorama delle garanzie offerte dal nostro Stato è ancora decente.

BOCCA. Ripeto che si poteva vincere se il terrorismo rosso fosse stato stroncato sin dalla nascita. Ma se li lasci andare avanti e arrivare a Bologna dove nel settembre 1977 migliaia di giovani gridano «Curcio libero!», allora la battaglia diventa molto difficile.

PANSA. Se diciamo che bisognava prenderli subito, scopriamo entrambi l'acqua calda. E la scoperta è in contrasto con la tua tesi, caro Giorgio. Dici che ci sono dei giovani che diventano terroristi perché in Italia non c'è un partito rivoluzionario. Ma se è così, allora schiacciarli subito, nel 1971 o 1972, non sarebbe servito a niente. I terroristi sarebbero sempre risorti dal momento che quel partito rivoluzionario non esiste neppure oggi.

BOCCA. Certo, se tu giudichi il terrorismo con la morale dell'uomo comune, tutto sembra uguale. Ma bisogna tener conto della svolta del 1977. C'è una grande differenza fra l'omicidio Coco, considerato un magistrato di destra che combatteva le Br, e l'assassinio di un magistrato democratico. Umanamente è la stessa cosa, politicamente è diversa.

PANSA. Rifiuto queste categorie. Agli occhi di un terrorista, Coco vale Galli o il giudice Emilio Alessandrini, ucciso da Prima linea nel gennaio 1979 a Milano. Se leggi le motivazioni di quegli omicidi vedi che, a parte il linguaggio che cambia, le ragioni sono identiche.

BOCCA. Allora ti dirò che nel volantino su Coco sono elencati almeno diciotto fatti attribuiti a lui e che dai brigatisti rossi vengono considerati non soltanto repressivi, ma illegali. Invece Prima linea rimprovera ad Alessandrini soltanto di essere un buon magistrato e un organizzatore.

PANSA. Mi sembra assurdo dibattere sulle rivendicazioni dei terroristi come se fossero il Vangelo. Comunque, Prima linea disse che Alessandrini reprimeva i compagni operai.

BOCCA. Repressore sì, ma intelligente. Ad Alessandrini non danno del maiale. Dicono: ti uccidiamo perché sei in gamba, perché sei un garantista...

PANSA. Ma non raccontiamoci balle, Giorgio. Ammazzano Alessandrini non perché sia garantista, ma perché, secondo la logica folle di Prima linea, è un magistrato che perseguita le avanguardie proletarie.

Confesso che mi dava la nausea questa contesa sul magistrato cattivo ucciso perché lo meritava e su quello buono accoppato per sbaglio. Il nostro faccia a faccia avrebbe anche potuto finire lì. Ma a Scalfari e a Rocca forse sembrava una conclusione troppo rovente. Ci furono ancora un paio di domande e di risposte di Bocca e mie. Lette con gli occhi di trent'anni dopo, penso non valga la pena di rammentarle.

La verità è che tanto Giorgio quanto io stavamo in due mondi opposti, difficili da conciliare. Il miracolo della "Repubblica" di quegli anni è stato di farci convivere, sia pure litigando. Oggi Bocca di anni ne ha 90, io 75. Non vorrei mai fare la parte di un anziano bisbetico che ringhia contro un signore più incanutito di lui.

8
Con l'aiuto del binocolo

I politici hanno sempre odiato i giornalisti. Quando non li odiavano, hanno sempre cercato di tenerli alla larga, nel timore che potessero scrivere cosacce sgradevoli. L'avversione della casta dei partiti era generale. E riguardava l'intera categoria dei cronisti, qualunque fosse l'orientamento politico: destra, centro, sinistra. Ma a essere temuto e avversato più di tutti era un particolare tipo di giornalista: quello chiamato Cavallo Pazzo.

La faccenda del Cavallo Pazzo me la spiegò un big della Balena democristiana, Carlo Donat-Cattin. Durante uno degli ultimi congressi della Dc, mi disse: «Io mi diverto a leggere le sue cronache, caro Pansa. Ma molti amici del mio partito non possono soffrire né lei né gli articoli che scrive su di noi. La considerano troppo balzano, che significa troppo indipendente. La vedono ai nostri congressi mentre dalla tribuna stampa ci scruta con il suo binocolo. E scuotono la testa ringhiando: chissà che cosa scriverà sul nostro conto quel cavallo pazzo di Pansa!».

Scoppiai a ridere e risposi a Donat-Cattin: «I suoi amici democristiani fanno male a preoccuparsi. Il binocolo non consente di scoprire nessun segreto. Mi aiuta soltanto a vedere bene le vostre facce. Per vostra sfortuna, spesso sono le facce che mi fanno capire meglio quanto sta accadendo. Comunque, mi sta bene che mi chiamino Cavallo Pazzo. Per me è una medaglia».

Già, il binocolo! Devo spiegare bene questa faccenda. Per anni non ho posseduto un binocolo. Non sapevo che farmene e dunque non ho mai pensato di acquistarlo. Poi, in occasione di un Natale, un amico me ne regalò uno. Era uno Zeiss, prodotto nella Germania occidentale. Uno strumento di proporzioni ridotte, però molto potente. Ringraziai quel mio amico, misi lo Zeiss in un cassetto e lì per lì non ci pensai più.

Del resto, a che cosa poteva servirmi un binocolo? A Montecitorio era proibito usarlo. Nilde Iotti, presidente della Camera, ne aveva vietato l'uso ai giornalisti. Forse nel timore che qualcuno di noi scoprisse quel che facevano i deputati nei loro scranni. Non appena un cronista parlamentare ne sfoggiava uno, arrivava di corsa il commesso addetto alla tribuna stampa e glielo faceva riporre.

Nei congressi di partito, i giornalisti potevano circolare nella platea dei delegati senza inciampare in nessun servizio di sicurezza. Sembrava di stare nella hall di un grande albergo. Dove si vedeva tutto a occhio nudo. E molto da vicino.

Ma da un certo momento in poi, i congressi si allargarono. Diventarono convention sempre più gigantesche. La tribuna dei giornalisti venne allontanata dalla platea e dal palco dei capi partito. A poco a poco, entrarono in azione schiere di guardie giurate che chiudevano nel loro recinto i cronisti curiosi.

Nei congressi del Pci e della Cgil lo sbarramento era il compito numero uno dei servizi d'ordine, garantiti da militanti di solito robusti e per niente comprensivi. Ma in tutti i casi era sempre l'effetto del terrorismo dilagante. Meglio sbarrare il passo a chiunque non avesse il cartellino da delegato al bavero della giacca.

Fu allora che mi ricordai dello Zeiss. Poiché ci avevano confinato in una riserva molto lontana dal popolo congressuale, il binocolo mi sarebbe servito a ridurre la distanza. Per me era indispensabile riuscirci. Infatti, nella squadra di "Repubblica" inviata ai congressi politici o sindacali, tutti avevano un compito preciso, assegnato da Scalfari: «A farà questo, B quest'altro, C una terza cosa e Giampaolo farà Giampaolo». Eugenio voleva dire che avrei fatto quel che mi pareva, purché non invadessi il campo dei colleghi.

Dunque, al sottoscritto restava tutto e niente. Decisi di scegliere il tutto. Ossia di raccontare le sedute congressuali come le vedevo grazie al binocolo. Ero l'unico giornalista a servirmene e rimasi il solo per anni. Ancora oggi mi domando perché nessuno degli altri cronisti mi imitasse. Penso che in alcuni di loro prevalesse il fastidio di sentirsi dire: «Si è messo in testa di fare il Pansa!».

Questo privilegio, insieme al piacere di osservare i dettagli, mi consentiva di scrivere articoli diversi. Per un motivo banale: erano costruiti osservando con cura le facce dei capi, dei sottocapi, dei vice sottocapi, via via scendendo lungo la scala gerarchica del partito o del sindacato riunito a congresso.

Quando cominciai a scrutare i volti della casta, mi ritornò in mente la mia nonna paterna, Caterina Zaffiro. Nella sua giovinezza tribolata e miseranda, non era mai andata a scuola, neppure a quella elementare. Dunque era analfabeta, a differenza del suo defunto marito, Giovanni Eusebio Pansa, che aveva imparato a leggere e scrivere durante il servizio militare.

Giovanni era nato nel 1863, da una famiglia di braccianti vercellesi assediata dalla povertà. Anche lui era analfabeta, ma venne chiamato alle armi a 19 anni, nel 1882. Nell'esercito incontrò i maestri militari. E frequentò le scuole che esistevano in molte caserme. Alla fine del servizio di leva, che per la fanteria durava due anni, le reclute dovevano affrontare un esame. Per dimostrare di essere alfabetizzate, come prescriveva la burocrazia dell'esercito.

Chi non avesse imparato a leggere e a scrivere doveva sciropparsi altri sei mesi di ferma. Poi veniva di nuovo esaminato. Se era rimasto uno zuccone totale, gli veniva imposto di vestire la divisa per un altro mezzo anno. Dopo di che, qualunque fosse il livello di ignoranza, riceveva il benservito e veniva rispedito a casa.

Nel primo dopoguerra, quando andavo per gli undici anni, mi resi conto che la nonna Caterina era analfabeta. Tuttavia la vedevo sfogliare due settimanali a fumetti molto in voga: "Grand Hotel" e "Bolero Film". Li osservava con molta attenzione, mentre si dedicava ad altre due attività: recitare il rosario e squartare le rane per il pranzo.

Le dicevo: «Sei analfabeta, nonna! Perché ti ostini a guardare "Bolero Film"?». Caterina mi replicava, stizzita: «I segni neri dentro le nuvole bianche non so che cosa vogliano dire. Però mi basta guardare le facce degli attori e delle attrici per capire tutto! Sei soddisfatto? Bene, allora vai a insaccare il fumo!». Era l'invito a togliermi dai piedi per dedicarmi a qualche impresa inutile.

Usando lo Zeiss, e mettendo in pratica il metodo di Caterina, compresi molte cose dei politici italiani. A cominciare dai democristiani. Mi resi conto che erano convinti di restare al potere per l'eternità. Infatti ridevano sempre.

Ci offrivano risate fenomenali anche nei giorni di lutto partitico. Anche sotto le piogge di fango politico. Anche di fronte alle congiunture più avverse. Gli capitava un salasso di voti e loro ridevano. Dovevano lasciare Palazzo Chigi a un socialista coriaceo come Bettino Craxi o a un repubblicano piacione come Giovanni Spadolini e seguitavano a ridere. Erano costretti a cedere il controllo di una grande città o di un lucroso ente pubblico e non smettevano di presentarsi al pubblico con un sorriso largo così.

La Dc dei tempi d'oro era un'immensa galleria di risate d'autore. Antonio Gava vi esponeva la risata gorgogliante-partenopea. Ciriaco De Mita la sardonico-avellinese. Amintore Fanfani quella ringhiante-toscana. Vittorio Sbardella la sghignazzata da squalo. Paolo Cirino Pomicino le sghignazzatine astute. Giulio Andreotti il suo famoso sorriso al veleno, messo in mostra sotto un vetro blindato come quello che difende la *Gioconda* al Louvre.

Qualcuno che non ridesse c'era anche nella Dc. Aldo Moro era sempre triste, come se presagisse la sua orribile fine. Benigno Zaccagnini era capace appena di sorridere e soltanto a ogni morte di papa. Ma la risata risultava la Premiata Specialità della nomenklatura democristiana. La sua insegna, lo stemma, la bandiera. Quella di chi poteva sempre far buon viso a cattivo gioco. Per un motivo molto semplice: il gioco non era mai così cattivo da incrinare la fiducia della Balena bianca nell'eternità del proprio potere.

La Dc aveva mille buone ragioni per ridere. È vero: i giornalisti non piacevano neppure alla Balena bianca, ma i democristiani li consideravano pigmei rispetto alle dimensioni del loro potere. Negli anni del dominio scudocrociato, la Dc possedeva tutto. E poteva contare su tutti. I preti e la polizia. La Confindustria e la burocrazia statale. I magistrati e la Coldiretti. La sanità e le Casse di risparmio. I servizi segreti e la Confcommercio. Per non parlare dei Consorzi agrari e delle grandi aziende pubbliche. A cominciare dall'Iri, dall'Eni e dalle banche di Stato.

Erano i pilastri di un potere che la Dc esercitava con il pugno di latta nel guanto di lanetta. Il suo regime esisteva, su questo non c'è dubbio. Ma era del genere soffice, bonario, segnato da una voracità cautelosa, pronta più alla mancia che al randello. E decennio dopo decennio, aveva finito con il diventare una rete a maglie sempre più larghe. Dove chi si opponeva alla Balena non aveva nessun motivo per iscriversi alla categoria dei martiri.

Se ripenso al mio lavoro di cronista del colosso democristiano per almeno tre quotidiani nazionali come "La Stampa", il "Corriere della Sera" e "la Repubblica", la memoria mi restituisce il ricordo di un partito tollerante, il più liberale fra tutte le centrali della casta politica. Potevi scrivere le cose peggiori sul conto dei dicì, ma nei loro santuari correntizi, nelle riunioni dei consigli nazionali e nei congressi, i figli della Balena ti accoglievano sempre con il tappeto di velluto e il sorriso sulle labbra.

L'unico che si incavolò di brutto fu De Mita. Accadde nell'ottobre 1973, dopo un mio articolo sulle sue clientele in Irpinia, pubblicato sul "Corriere della Sera" di Ottone. Ciriaco reagì malissimo. In qualche intervista disse che ero un bandito, un miserabile, un killer. Giurò che non mi avrebbe più rivolto la parola. Dopo qualche tempo ci ripensò. E decise di perdonarmi.

Certo, i democristiani erano inclini al perdono, una virtù cristiana. E di solito non ti sparavano battute cattive. La più ironica me la scoccò Andreotti, quando mi sorprese nell'atrio di piazza del Gesù, la sede del vertice democristiano, mentre prendevo appunti sul taccuino, restando in piedi. Con un sorriso da giaguaro, mi domandò: «Ma che fa? Le contravvenzioni?».

Non ricordo di essere stato querelato da un big democristiano. A mandarci in tribunale di solito erano ministri o parlamentari di partiti minori. Loro sì che non sopportavano neppure l'ironia dei giornalisti. Un giorno scrissi su "Repubblica" che il senatore Francesco Parrino, del Psdi, sottosegretario ai Beni culturali del quinto gabinetto Fanfani, stava seduto al banco del governo con l'aria del vecchio guappo assonnato. Parrino, che non era napoletano, bensì siciliano di Alcamo, in provincia di Trapani, mi querelò. La sorte mi fu benigna. Venni assolto dopo un dibattito sulla parola "guappo". Era diffamatoria o no? I giudici decisero che non lo era.

Mentre la Balena, tutto sommato, se ne infischiava delle frecce costruite con la carta da giornale, non la pensava così l'Elefante rosso. Sto parlando del Pci e della nevrosi di un suo leader della generazione di mezzo, ancora oggi nelle prime file: Massimo D'Alema. E adesso proverò a raccontare in presa diretta il brusco rapporto fra Max e noi scribacchini della carta stampata.

«I giornali? È un segno di civiltà non leggerli. Bisogna lasciarli in edicola.» Chi sentenziava così? Il maledetto Caimano, ossia Silvio Berlusconi? Macché, è stato il postcomunista e oggi democratico D'Alema. Lui ha anticipato tutte le ire del Cavaliere nei confronti della carta stampata. Con assonanze sorprendenti. Compresa la strategia di darci dentro con le cause civili e le richieste astronomiche di danni.

La prima scena risale al 31 ottobre 1992. Aeroporto di Lecce. Incontro D'Alema che aspetta il volo per Roma. È mattina presto, ma lui già schiuma di rabbia contro una masnada di pessimi soggetti. I giudici di Mani pulite. Gli editori. I giornali e i giornalisti. Primo fra tutti, Eugenio Scalfari, direttore di "Repubblica". Max ringhia: «Scalfari ha leccato i piedi ai democristiani che stavano a Palazzo Chigi, da Andreotti a De Mita. E adesso fa il capo dell'antipartitocrazia».

Quarantotto ore dopo, intervistato dal "Giorno", Max si scaglia di nuovo contro "Repubblica": «Che cosa si vuol fare? Cacciare deputati e senatori, per lasciare tutto in mano a Scalfari?». Un vero figuro, Barbapapà. Anche perché è in combutta «con quell'analfabeta di andata e ritorno che si chiama Ernesto Galli della Loggia». "Repubblica" prova ad ammansire D'Alema. Però il 13 novembre lui replica: «Ormai i giornali sono un problema in Italia, esattamente come la corruzione».

La rabbia dalemista ha un motivo: siamo in piena Tangentopoli e la stampa dà spago al pool di Mani pulite. In un'intervista a "Prima Comunicazione" che tra poco citerò, Max dirà parole di fuoco sui giornali: «Si sono comportati in modo fazioso, scarsamente rispettoso dei diritti delle persone. Hanno alimentato una circolazione impropria di segreti giudiziari e il narcisismo della magistratura. La loro responsabilità morale è stata enorme: verbali, pezzi di verbali, notizie riservate sono diventati oggetto di uno sfrontato mercato delle informazioni. Uno spettacolo di iattanza indecente. Ha ragione la destra quando dice che c'è un circuito mediatico-giudiziario che ha distrutto delle persone».

Il 13 aprile 1993, la rabbia di Max sembra al culmine. Dice: «In questo paese non sarà mai possibile fare qualcosa sino a quando ci sarà di mezzo la stampa. La prima cosa da fare quando nascerà la Seconda repubblica sarà una bella epurazione dei giornalisti in stile polpottiano». Ossia nello stile del comunista Pol Pot, capo dei khmer rossi, il sanguinario dittatore della Cambogia.

Ma la nuova Repubblica nasce sotto un segno che a Max non piace: la vittoria di Berlusconi nel marzo 1994. Achille Occhetto si dimette da segretario del Pds e alle Botteghe oscure s'insedia D'Alema. Per qualche mese, il nuovo incarico lo obbliga a un minimo di cautela. Tuttavia la sua avversione per i giornali non è per niente svanita.

Nel giugno 1995, intervistato da Antonio Padellaro per "l'Espresso", riprende a ringhiare contro «l'uso spesso selvaggio dell'indiscrezione giudiziaria». E conclude che le cronache su Tangentopoli hanno «consumato quel poco di rispetto per lo stato di diritto e di cultura liberale esistente da noi. Il danno prodotto è stato enorme. Provo fastidio per il comportamento dei giornalisti: non aiuta di certo l'immagine dell'Italia».

Il 1995 sarà un anno terribile per D'Alema e per Walter Veltroni, direttore dell'"Unità". Però Max non presagisce nulla. Il suo giornalista preferito è un televisionista: Maurizio Costanzo. In luglio, la Botteghe oscure incaricano Costanzo di "stilare le nuove regole" dell'informazione. E D'Alema lo vuole accanto a sé nella Festa nazionale dell'Unità a Reggio Emilia. Insieme presentano il primo libro di Max, *Un paese normale*, stampato dalla Mondadori di Berlusconi.

La tempesta scoppia alla fine di agosto. È lo scandalo di Affittopoli, sulle case di enti pubblici ottenute dai politici a equo canone. Lo scoop è del "Giornale", in quel momento diretto da Vittorio Feltri. Più saggio di Veltroni che strilla, ma resta dov'è, D'Alema trasloca. E sceglie la trasmissione di Costanzo per annunciare il passaggio in un altro appartamento.

Ma il suo disprezzo per la carta stampata resta intatto. Arrivando a coinvolgere politici incolpevoli. In quell'autunno dice di me: «Pansa si fa leggere sempre, ma ha un difetto: non capisce un cazzo di politica. C'è uno solo in Italia che ne capisce meno di lui: Romano Prodi».

Nel dicembre 1995, Max affida a "Prima Comunicazione" il suo lungo editto contro i giornali. Intervistato da Lucia Annunziata, spiega di sentirsi una vittima: «Due giornalisti mi tengono e il terzo mi mena». «Il livello di faziosità e di mancanza di professionalità è impressionante.» «Non esiste l'indipendenza dell'informazione: i giornali non sono un contropotere, ma un pezzo del potere.» «E come tali sono inattendibili.» «Il loro compito è la destrutturazione qualunquista della democrazia politica. Gli editori si contendono a suon di milioni i giornalisti più canaglia.»

Al termine del colloquio con l'Annunziata, prima

dell'invito a non acquistare i giornali, D'Alema annuncia come si comporterà in futuro: «Se dovrò dire qualcosa di importante, lo dirò alla gente, non ai giornali. Andrò alla televisione. Mi metto davanti a una telecamera con la mia faccia, con le parole che decido di dire, senza passare per nessun mediatore. Se parli con la stampa, sei sicuro di perderci».

Per coerenza, il 5 aprile 1996, alla vigilia delle elezioni politiche, D'Alema va in visita ufficiale a Mediaset. Stando accanto a Fedele Confalonieri, dice: «Questa azienda è una risorsa del paese». E rassicura i dipendenti: «Se vincerà l'Ulivo, non dovrete temere nulla. Mediaset è un patrimonio di tutta l'Italia!».

L'Ulivo vince. Max spiega a Carlo De Benedetti, editore di "Repubblica" e dell'"Espresso": «Hai visto? Abbiamo vinto nonostante i tuoi giornali!». Ma D'Alema si sente prigioniero delle Botteghe oscure, dove siede nella stanza del segretario. Vorrebbe stare al governo. Al posto di Romano Prodi, presidente del Consiglio.

Il Professore e il suo vice Veltroni non gli piacciono. Contro di loro scatena un'ironia corrosiva. Poi la sua ostilità torna a dirigersi sulla stampa. In luglio tuona contro "il giornalismo spazzatura". E alla fine del mese, durante la Festa dell'Unità di Gallipoli, spiega: «Ormai c'è qualcosa di più che il normale pettegolezzo giornalistico, tendente ad alterare la verità. Ci sono lobby, interessi, gruppi che pensano spetti a loro dirigere la sinistra italiana».

Ancora una volta l'accusa è rivolta all'ingegner De Benedetti e alla sua "Repubblica". Ma l'ostilità di Max è a vasto raggio. Come una pioggia acida, cade sulla testa di tutti noi, poveri scribi sempre al servizio di qualcuno. Il 2 agosto 1996, durante la bagarre parlamentare sul finanziamento pubblico ai partiti, D'Alema ringhia ai cronisti: «Scrivete pure quello che vi pare, tanto i giornali non li legge nessuno. E anche voi contate poco:

prima o poi vi licenzieranno». A imbufalirlo è sempre il ricordo di Affittopoli e quel che ritiene di aver subìto dalla carta stampata: «Giornalismo barbarico, cultura della violenza, squadrismo a mezzo stampa».

Perché Max si comporta così? In un'intervista citata dal "Foglio", Veltroni prova a spiegarlo: «Io sono gentile con i giornalisti. Dovrei fare come D'Alema che li chiama somari per ottenere la loro supina benevolenza». Ma forse esiste un problema nascosto: una forma inconsapevole di autolesionismo che spinge Max a cercarsi sempre dei nemici.

Una sera del novembre 1996, dice a Claudio Rinaldi, direttore dell'"Espresso": «Fate una campagna sguaiata contro di me. Vi mancano solo Michele Serra e Curzio Maltese, poi sarete al completo. L'unica critica fondata che potreste farmi è di aver messo Prodi a Palazzo Chigi». Quindi spara su Berlusconi: «Mi sta sul cazzo come tutti i settentrionali. È un coglione ottuso. La sua stagione è finita».

Il 1997 si apre con la causa civile che Max intenta all'"Espresso". Per aver rivelato la piantina della sua nuova casa, chiede un miliardo di lire. Non lo frena neppure l'onore di presiedere la Commissione bicamerale. Il 5 maggio scandisce a Montecitorio un anatema globale: «L'ho detto una volta per tutte, con validità erga omnes, con valore perpetuo: quello che scrivono i giornali è sempre falso».

Alla fine di novembre si scatena contro l'Ordine dei giornalisti. «Bisogna abolirlo» dice Max, «visto che non garantisce la correttezza professionale.» Poi nel gennaio 1998 annuncia di aver scovato l'arma finale per sistemare la carta stampata. È di una semplicità elementare: niente più processi penali ai giornalisti, bisogna instaurare «un sistema che consenta una rapida ed efficace tutela in sede civile e che preveda consistenti risarcimenti patrimoniali».

Detto fatto, ecco in data 10 febbraio 1998 la causa civile di Max al "Corriere della Sera" per quanto ha scritto "su un fantomatico piano D'Alema per il sindacato". Richiesta: due miliardi di lire. La sinistra non va in piazza a protestare. Eppure Max pretende dal "convenuto Ferruccio de Bortoli" anche il giuramento decisorio. Vale a dire che il direttore del "Corriere" deve giurare di aver scritto la verità a proposito delle intimidazioni dalemiane sugli azionisti di via Solferino.

Quale sorte ebbe questa causa? Confesso di non ricordarlo. Ma che importanza ha scoprirlo? D'Alema aveva tracciato un solco che, anni dopo, anche l'odiato Cavaliere avrebbe seguito.

9
Permette una domanda?

Quando ero vicedirettore di "Repubblica", un giorno vidi arrivare nella stanza di Gianni Rocca e mia un redattore del servizio di politica interna. Aveva l'aria molto soddisfatta e mi porse tre fogli, dicendo: «Ho intervistato Pietro Longo, in esclusiva».

Qualcuno ricorderà chi fosse questo Longo: era il leader del Psdi, il partito socialdemocratico. Nato a Roma, nell'ottobre 1978 era diventato il segretario nazionale del suo partito e l'avrebbe poi guidato per parecchio tempo. Aveva la mia stessa età, 43 anni. Lo ricordo come un tipo massiccio e cordiale, con un buon rapporto con i giornalisti.

Stupito, domandai al collega: «Ma chi ti ha chiesto di intervistare Longo?». Lui rispose: «Nessuno. L'ho incontrato a Montecitorio, gli ho domandato se mi concedeva un'intervista e lui mi ha risposto subito di sì». Sempre più meravigliato gli replicai: «Sai bene che le interviste ai politici debbono essere decise da Scalfari. E non mi risulta che il direttore ti abbia incaricato di farne una a Longo». Il collega si strinse nelle spalle e rispose: «Lo so. Però l'ho fatta lo stesso. Eccola qua. Dovete soltanto decidere se pubblicarla o no».

Rocca e io leggemmo il testo del colloquio. L'intervista ci sembrò buona. Densa di concetti, vivace e interessante. Decidemmo di pubblicarla, senza interpellare Scalfari che, del resto, quel giorno era lontano dal giornale. L'indomani mattina, poco dopo le nove, la segretaria addetta al primo turno, mi avvertì: «Ho al telefono Pietro Longo. Chiede di parlare con qualcuno della direzione». Ero l'unico presente e lei me lo passò. E tra il segretario del Psdi e me ebbe inizio un colloquio surreale.

Longo disse: «Ho letto l'intervista stampata su "Repubblica". Mi sembra molto fedele, rispecchia bene il mio modo di considerare il momento politico. Ha soltanto un piccolo difetto: io non ho mai dato nessuna intervista al giornalista che la firma. Insomma, è un'intervista inventata di sana pianta, anche se in modo corretto». Rimasi di sasso e gli domandai: «È sicuro di quel che mi sta dicendo?». Lui rise: «Certo che lo sono, come sono sicuro che mi chiamo Pietro Longo!».

Al giornale scoppiò il finimondo. Non ci era mai successo di stampare un'intervista inesistente, falsa dalla prima riga all'ultima. Scalfari si incavolò come gli accadeva poche volte. Ci trovammo costretti a pubblicare una rettifica penosa. Lì per lì, al finto intervistatore non accadde nulla. Ma in seguito lasciò "Repubblica".

Molti anni dopo, nel 2003, lo vidi riapparire a "Liberazione", il quotidiano di Rifondazione comunista. Il direttore, Sandro Curzi, gli aveva affidato una rubrica impegnativa, *Giornali & tv*. E l'aveva anche spedito a incontrare Giorgio Bocca che sputava veleno contro il mio *Sangue dei vinti*, appena uscito. Ne venne fuori un'intervista furibonda, con il fucile in mano. Ma quella, almeno, era vera.

Oggi mi domando che bisogno ci fosse d'inventarsi un'intervista a un leader politico, per di più di seconda fila come l'incolpevole Longo. L'unica risposta che riesco a darmi è la seguente. Alla fine degli anni Settanta, la televisione era molto meno invasiva rispetto ai tempi odierni. I segretari di partito e lo stesso capo del governo andavano negli studi della Rai soltanto in poche circostanze. Di solito in programmi come *Tribuna politica* o *Tribuna elettorale*. Dove venivano interrogati da un gruppo di giornalisti che avevano il diritto di fare una domanda, al massimo due.

In questo 2011 i telegiornali sono diventati addirittura nove. Quattro della Rai, tre di Mediaset, uno di La7 e uno di Sky. Si rinnovano tutti più volte nel corso della giornata. Quello di Sky, poi, viene trasmesso ogni ora dall'alba alla notte. E tutti ci scaricano addosso un diluvio di interviste o di dichiarazioni sfornate da politici prontissimi a esternare davanti a una telecamera.

Sotto questa grandinata, mi capita di ripensare al mio vecchio binocolo. Oggi non mi servirebbe più. I primi piani televisivi dei big della casta parlano da soli. E rivelano assai di più di qualunque intervista. Quando vedo l'aria tirata di Berlusconi, con gli occhi a fessura e una grinta da molosso infuriato, capisco che sul governo soffia la tempesta. Lo stesso vale per Pier Luigi Bersani: conosco a memoria la sua espressione da cagnaccio bonario con il toscano fra le labbra. Se lo stritola con i denti, significa che per il Pd gli affari vanno male.

Quando il naso di Gianfranco Fini gli scende sulla bocca, è il segnale che il suo nuovo partito futurista incontra più ostacoli del previsto. Anche il viso di Umberto Bossi è un libro aperto. Il capo della Lega ha superato una brutta emergenza di salute e oggi ha un ruggito stanco. Qualche volta sbrocca, come alla fine del settembre 2010 quando disse: «Sono porci questi romani!». Ma da come brandisce il mezzo toscano è facile intuire quale momento stia attraversando la Lega e il governo di centrodestra.

Prima del sabba televisivo, erano soltanto i giornali stampati a offrire uno spazio ai big della casta partitica. Per questo l'intervista era una merce rara che le direzioni dei quotidiani presentavano con una misura oggi impensabile. Tuttavia, a conti fatti, anche allora i politici parlavano al pubblico attraverso il taccuino di un cronista. E se il giornalista risultava in grado di fare bene quel tipo di lavoro, veniva comandato a ripeterlo più e più volte. È accaduto anche a me.

La mia prima intervista a un politico di peso mi trovai a farla nel settembre 1962. Stavo alla "Stampa" di Giulio De Benedetti e avevo appena concluso il praticantato, che allora durava un anno e mezzo, passando alla categoria dei giornalisti professionisti.

Il mitico Gidibì aveva in simpatia un solo leader di partito: Giuseppe Saragat, il numero uno della socialdemocrazia italiana, l'antenato di Pietro Longo. Un giorno decise di intervistarlo e stabilì che il compito sarebbe toccato a me. L'avrei trovato a Saint-Vincent, in Valle d'Aosta, dove passava qualche giorno di vacanza in un piccolo hotel.

Venni preso dal panico. Non avevo mai affrontato un leader così importante, che due anni dopo sarebbe diventato presidente della Repubblica. Per di più, Saragat godeva di una pessima fama. Di lui si diceva che avesse un cattivo carattere. Come succede di solito ai capi politici, era ritenuto, un po' a torto, scontroso, superbo, altezzoso. E una diceria ricorrente sosteneva che amasse poco i giornalisti, considerati in blocco al servizio della Dc e del Pci.

A mettermi tranquillo fu Casalegno. Mi suggerì che cosa chiedere a Saragat. Poi aggiunse: «Comunque tieni conto che con lui le domande non servono. Sa benissimo che cosa dire in un'intervista. Il suo sarà un monologo, recitato con una voce da baritono. Tu sei veloce nel prendere appunti. Ti basterà trascriverli e a quel punto il lavoro l'avrai finito».

Oggi non accetterei più di fare un'intervista così. Senza domande preparate da me, priva di contestazioni, con il giornalista nella parte del registratore. E che sta in ginocchio davanti al potente da interrogare. Se ne leggono o se ne vedono spesso di lavoretti del genere, soprattutto in televisione. A quel punto, volto pagina o cambio canale.

Un esempio di quest'epoca? L'intervista a Fini mandata in onda nell'ottobre 2010 ad *Annozero*, il talk show di Michele Santoro. A interrogare il presidente della Camera c'era la spalla di Santoro, Sandro Ruotolo. Ma aveva l'aria del fedele che si trova di fronte al santo patrono del proprio paese. Le domande venivano presentate con una cautela quasi religiosa. Come se l'intervistatore stesse camminando sulle uova.

Tuttavia, so bene che non è sempre facile fare i ringhiosi davanti a certi leader politici. Vediamo qualche caso, che ricavo dalla mia annosa esperienza di intervistatore. I clienti più difficili erano i capi comunisti. Soltanto Giancarlo Pajetta accettava un confronto duro. Ma lui era un tipo davvero tosto che amava lo scontro. Spesso lo risolveva a proprio favore con una battuta al vetriolo o con una risposta gonfia di sarcasmo.

Enrico Berlinguer, invece, si difendeva con una cautela sospettosa. Per di più, poteva contare sull'assistenza occhiuta del suo portavoce, Antonio Tatò. Come capo dell'ufficio stampa del Pci, Tonino era l'unico a decidere se un giornalista fosse degno di interrogare re Enrico. Inoltre voleva conoscere in anticipo le domande che intendevi rivolgere al suo signore. Gli mostravi l'elenco e lui diceva: questa sì, questa no. Ogni volta dovevi ingaggiare un braccio di ferro per fargli capire che l'intervista eri tu a farla e non lui.

Intervistare Pietro Ingrao era una vera sofferenza. Me ne resi conto nel maggio 1977, quando il leader comunista era da quasi un anno presidente della Camera. Allora lavoravo al "Corriere della Sera" e Ottone mi spedì da lui. Nel primo round tutto andò bene. Mi ero preparato molte domande e Ingrao rispose a tutte. Alla fine del colloquio, m'invitò a cena nell'appartamento di Montecitorio. Una cena frugale con un solo piatto: lo squisito formaggio parmigiano reggiano, ricevuto in regalo dai compagni di Reggio Emilia.

Il secondo round, invece, si rivelò disastroso. Com'era

suo diritto, Ingrao mi aveva chiesto di vedere l'intervista prima della pubblicazione. La scrissi e gliela mandai alla Camera. Lui mi ringraziò e mi fece sapere che il giorno successivo l'avrei avuta di ritorno. Trascorse un giorno, poi due, poi tre, poi quattro. Finalmente Ingrao mi restituì il testo del nostro colloquio.

Era irriconoscibile. Il presidente della Camera aveva cambiato non soltanto le sue risposte, ma pure alcune delle mie domande. Dissi a Ottone che quella non era più una mia intervista, bensì un'articolessa di Ingrao. Per questo mi rifiutavo di firmarla. Morale della favola? Ritornai a intervistare il dirigente comunista. E questa volta Ingrao si limitò a qualche correzione di scarso peso.

Con Giovanni Spadolini non c'erano mai di questi problemi. Come Saragat, anche lui non aveva bisogno di domande. Davanti al giornalista era un fiume in piena. Non ti lasciava respirare. Sapeva sempre che cosa dire e te lo diceva di corsa, parlando come un libro stampato. Era contento se ti presentavi con un registratore. Si rivolgeva a lui e non a te. E la sua pignoleria si spingeva ad avvisare: «Qui ci vuole una virgola. Poi due punti. Quindi un punto e a capo!».

I socialisti erano i più liberali. Pietro Nenni era un narratore. Parlava per immagini, con la perfezione descrittiva del grande giornalista. E non ti chiedeva mai di rivedere il testo da pubblicare. Anche Bettino Craxi si comportava così, almeno con me.

Nel luglio 1976, per il "Corriere", mi aveva concesso la sua prima intervista da segretario del Psi, sulla terrazza dell'Hotel Raphaël, la sua casa romana. Il risultato doveva averlo soddisfatto, perché da allora lo intervistai molte volte. Soprattutto quando ero passato a "Repubblica". Agli ordini di un direttore, Scalfari, che lui non amava per niente e considerava un avversario.

Bettino mi riteneva un giornalista corretto, l'unico che nel giornale di Eugenio non si comportasse da nemico dei socialisti. E in un paio di casi si condusse in modo insolito per un leader politico. Mi disse: «Tu vuoi interrogarmi sulla tale faccenda. Poiché sai già come la penso, scrivila tu l'intervista. Domande e risposte comprese. No, non chiedermi di leggere il testo. So che ci metterai qualche cattiveria, ma andrà bene lo stesso».

I capi democristiani si comportavano in molti modi differenti. Amintore Fanfani scandiva le risposte con precisione didascalica, come se fosse un professore in cattedra e io l'allievo. Arnaldo Forlani, pupillo di Amintore, era intelligente e noioso: le sue interviste risultavano un ottimo sonnifero. Ciriaco De Mita rifletteva ad alta voce, offrendo concetti molto complessi e spesso difficili da chiarire al lettore.

Riccardo Misasi, assai legato a Ciriaco, sfoderava una bella retorica, condita di immagini sorprendenti. A me spiegò che De Mita era uguale a Giulio Cesare e anche lui aveva attraversato il suo Rubicone. Il più abile dei demitiani era il portavoce Clemente Mastella. Sapeva sempre trovare la strada giusta per servire il suo leader e, al tempo stesso, per far capire al cronista come stavano per davvero le cose.

Mariano Rumor parlava con semplicità elegante, da insegnante di liceo dotato di un'ottima cultura classica. Flaminio Piccoli, altro doroteo, si comportava da giornalista e sfoggiava un bla bla superveloce. Toni Bisaglia, allievo di Rumor, badava al sodo: le sue interviste erano atti politici, diretti a uno scopo preciso e mai dichiarato. Antonio Gava si comportava da gattone furbissimo e si scopriva molto di rado. Aldo Moro era di parole oscure, ma se riuscivi a decrittarle ci scoprivi quasi sempre una pepita d'oro. Carlo Donat-Cattin rispondeva da burbero spiritoso e con grande schiettezza.

Tutto l'opposto era Giovanni Gioia, uno dei potenti in Sicilia. Di fronte a un giornalista che lo interrogava, si chiudeva in una difesa stretta. Le sue risposte erano brevi e caute, condite da sguardi freddi. Un altro ras dell'isola, Salvo Lima, sembrava muto. Non sono mai riuscito a fargli una vera intervista. Ma soltanto a ottenere qualche replica gelida, di pochissime parole.

Lima era l'esatto contrario di un altro andreottiano, Franco Evangelisti. Intervistarlo era un piacere. Parlava molto, da simpatico estroverso. Si chiudeva nel silenzio soltanto se lo interrogavi sul suo principale, Andreotti. Il sempiterno Giulio era davvero una volpe, come lo dipingeva Craxi. Impossibile strappargli un'intervista di quelle aspre. Ti mandava sempre al tappeto con una sola battuta.

Un giorno, per ordine di Scalfari, tampinai Andreotti, cominciando dalla mattina presto. Prima sul portone di casa. Poi all'uscita dalla messa quotidiana. Quindi nel Transatlantico di Montecitorio, ancora deserto. Sempre inseguito da me, Andreotti andò alla buvette appena aperta. Qui ordinò un cappuccino e una bustina di crumiri Bistefani, i biscotti della mia città.

Li inzuppava nel caffellatte con cura minuziosa, senza curarsi del sottoscritto. Per attaccare bottone, gli dissi: «Quei crumiri vengono da Casale Monferrato». Andreotti si voltò a guardarmi di sbieco e sibilò: «Ecco una cosa buona che arriva dal suo paese. E non è lei!».

Mi è capitato di fare tante interviste anche a persone lontane dalla casta dei partiti e trascinate alla ribalta da grandi fatti di cronaca. Accadde così dopo la strage di Piazza Fontana, avvenuta nel dicembre 1969. In quel tempo ero rientrato alla "Stampa" per volontà del nuovo direttore, Alberto Ronchey. Alla fine del 1968 mi aveva chiesto di lasciare "Il Giorno" e di ritornare come inviato al giornale dove avevo iniziato il mio percorso professionale.

Allora esisteva una consuetudine ferrea che veniva chiamata "la Legge di mamma Fiat". Sosteneva che chiunque avesse lasciato di propria volontà il colosso dell'auto o le aziende collegate non poteva più ritornarci. Era anche il mio caso, dal momento che mi ero dimesso nel 1964 per passare al quotidiano dell'Eni, diretto da Pietra.

Ma Ronchey mi voleva a tutti i costi. Ero un giovane di 33 anni, ritenuto volenteroso e bravo, con una buona esperienza in due quotidiani. E riuscì a riportarmi a Torino, vincendo l'opposizione dell'amministratore della "Stampa": Carlo Masseroni, professionista di valore e uomo molto cortese anche in quella contesa.

Ronchey aveva deciso che la mia base restasse Milano. Per questo, a partire dalla primavera del 1969, mi trovai a raccontare le prime fiammate dell'estremismo rosso. Dalla bomba ritenuta anarchica esplosa alla Fiera campionaria, all'assassinio dell'agente di polizia Antonio Annarumma, fino all'attentato nella Banca nazionale dell'agricoltura in piazza Fontana.

Dopo la strage mi capitò di fare una lunga intervista a Licia Pinelli, la vedova dell'anarchico morto precipitando da una finestra della questura milanese. Fu un colloquio che rammento con emozione, per la figura della signora Pinelli: una donna semplice, ma di grande coraggio e dignità, che intervistai a lungo nella cucina di casa, alla presenza delle due figlie bambine.

Negli stessi giorni, andai a trovare Cornelio Rolandi, il tassista che sosteneva di aver portato in piazza Fontana l'anarchico Pietro Valpreda, accusato di aver deposto la bomba all'interno della banca. Rolandi era distrutto dalle polemiche rabbiose nate attorno alla sua testimonianza. Mi confermò quello che aveva già detto alla polizia e ai magistrati. Era un uomo a pezzi, ammalato e in preda alla paura. Durante l'intervista, ebbe una crisi. Lo accompagnai nel bagno perché si sentiva soffocato dalla nausea. Gli sostenni la testa mentre stava chino sul water e mi vomitò sui pantaloni.

All'inizio del febbraio 1970, quando emerse la co-
siddetta pista nera di Piazza Fontana, andai a Padova
e conobbi i due sospettati: il procuratore legale Franco
Freda e il libraio editore Giovanni Ventura. Dei due
l'unico spaventato era Ventura, un bamboccione di 26
anni, massiccio e barbuto. Freda, invece, era un uomo
diverso: un vero destrone di 29 anni, freddo, altero, bello, di poche parole. Mi ricevette nel suo studio legale,
piccolo e del tutto sgombro di carte. Qui mi consegnò il
famoso "libretto rosso": un opuscolo di destra estrema,
camuffato da opuscolo di sinistra.

Erano figure più vere rispetto ai politici che avrei intervistato in seguito. Pur essendo molto diverse fra di
loro, appartenevano a una storia estranea a quella dei
partiti. Dove l'umanità combatteva, soffriva, finiva in
carcere, moriva. Mi apparve così anche il vecchio comandante della X Mas, il principe Junio Valerio Borghese.

Lo intervistai nel dicembre 1970, sempre per "La
Stampa" di Ronchey. Prima di rispondere alle domande, mi interrogò per un pomeriggio intero. Voleva capire bene che tipo fossi, come uomo e come giornalista.
Poi mi disse di ritornare da lui il giorno successivo e mi
regalò un colloquio molto lungo, parlando nel mio registratore. Ricordo la sua grande lealtà. Aveva di fronte
un giornalista che era assai lontano dal suo fascismo di
guerra. Ma si comportò con uno stile da gran signore,
generoso e schietto.

Al contrario, non erano per niente facili da intervistare i big dell'economia e della finanza. Roberto Calvi,
il patron del Banco Ambrosiano, parlò con me per un
pomeriggio intero. Ma dopo aver posto una condizione: che non avrei pubblicato nulla di quanto era disposto a dirmi.

Soltanto dopo il suo arresto e, soprattutto, dopo la
sua morte, raccontai su "Repubblica" una parte del

nostro colloquio. Ormai la storia del banchiere si era conclusa e mi ritenni liberato da quell'impegno. Ho sbagliato? Anche oggi non lo so.

Meno difficile, ma ben più faticosa, si rivelò l'esperienza dei libri intervista. Ne scrissi due. Il primo dedicato a Luciano Lama, per quindici anni segretario generale della Cgil: *Intervista sul mio partito*, pubblicato da Laterza nel 1987. Il secondo, molto più ampio, ebbe per protagonista Cesare Romiti, l'amministratore delegato della Fiat: *Questi anni alla Fiat*, stampato da Rizzoli nel 1988.

L'intervista a Romiti mi costrinse a un lavoro lungo e complesso. Millecinquecento domande. Novanta ore di registrazione. Una trascrizione curata da una batteria di impiegate dell'azienda. Un mese per ricavarne un libro di 390 pagine. Volevo intitolarlo *La mia Fiat*, ma Romiti mi obiettò: «Il titolo è bello, però non possiamo usarlo. La Fiat non è mai stata mia, bensì della famiglia Agnelli».

E fu proprio all'interno del clan Agnelli che, dopo l'esame del manoscritto, nacquero dei problemi. A Umberto Agnelli non piacevano per niente le pagine dedicate a lui. Chiese di cancellarle, ma Romiti si rifiutò. La contesa venne decisa da Gianni Agnelli. Dopo una riunione burrascosa, alla vigilia di mandare in stampa il libro, l'Avvocato stabilì che il testo scritto da me poteva essere pubblicato.

Ho narrato storie di un tempo passato. E adesso mi domando se il mestiere di intervistare il prossimo fosse più facile allora oppure oggi. Non ho dubbi: era meglio allora. Vale a dire nella Prima repubblica. In quegli anni, e in tutti i giornali in cui ho lavorato, la domanda che si facevano i direttori non era mai: «Chi ci conviene intervistare?».

La scelta era dettata soltanto dalla convinzione che l'intervista da pubblicare potesse interessare i lettori.

Per conoscere meglio un personaggio, per chiarire una situazione complessa, per rivelare qualcosa di nuovo su un problema o una storia.

Oggi è ancora così? Ne dubito. Sui giornali del 2011 leggo interviste limpide, al servizio esclusivo di chi acquista un quotidiano o un settimanale. Ma sempre più spesso vedo stampati colloqui senza motivo. Anche a personaggi politici di terza o quarta fila.

A volte penso che servano a riempire le tante pagine dei giornali odierni. Oppure che siano decise per convenienza, per faziosità, per motivi strumentali. E di solito diventano vere e proprie armi per la battaglia politica. Grazie alla mia età, non sono più costretto a sedermi di fronte a qualche big per rivolgergli domande banali o insincere, non scelte da me.

10

I bigotti dell'antifascismo

Avevo sentito parlare molto di un film e nel marzo 2009 lo vidi. Era *Katyn*, l'opera di Andrzej Wajda sul massacro degli ufficiali polacchi compiuto dai sovietici nella primavera del 1940. Furono uccisi uno per uno, con il colpo di rivoltella alla nuca. Ancora oggi non si conosce con certezza il numero degli assassinati: si va dai quattromila ai ventiduemila. Molti erano civili chiamati alle armi. In quella strage venne annientata la futura classe dirigente della Polonia.

Il film del grande regista polacco era bellissimo e straziante. Le sequenze finali delle esecuzioni nella foresta destavano un'angoscia profonda. Ma il tema del film era la verità. L'avevano cercata per anni le mogli, le madri e le sorelle degli ufficiali uccisi. A nasconderla erano stati i sovietici che accusavano della strage i tedeschi. Si dovette aspettare il 1990 e il coraggio di Mikail Gorbačiov per avere la conferma che la strage di Katyn era stata voluta da Stalin.

Il tema della verità e della menzogna sul massacro di Katyn riguardava anche il Pci. Nel dopoguerra, i comunisti italiani difesero a spada tratta la versione bugiarda dell'Urss. A Napoli viveva un medico legale che aveva fatto parte della commissione della Croce Rossa Internazionale incaricata di indagare sulla strage. I periti andarono a Katyn nell'aprile 1943. E stabilirono che i cadaveri gettati nelle fosse comuni risalivano ai primi mesi del 1940, quando la zona era controllata dall'Armata rossa.

Il rapporto della commissione venne respinto dai sovietici. Mosca continuò a negare anche dopo la fine del conflitto, con l'aiuto dei partiti satelliti dell'Urss. Il Pci e "l'Unità" scatenarono una violenta campagna di discredito contro il medico napoletano, Vincenzo Maria Palmieri. Fu insultato, minacciato, boicottato dai burocrati del Partitone rosso e dagli studenti comunisti. Il linciaggio durò a lungo. Palmieri si vide costretto a rinunciare alla cattedra universitaria.

Un giorno qualcuno ha scritto: "Quando inizia una guerra, la prima vittima è la verità". Ma spesso la vittima non ritorna in vita neppure se le armi cessano di sparare. È accaduto anche in Italia, a guerra civile finita. E continua ad accadere oggi, seppure in misura minore. La sinistra non ha mai voluto la verità su quanto era avvenuto dal 1943 sino al 1948. Non la voleva perché la "sua" verità, gonfia di menzogne, l'aveva già imposta in tutte le sedi: la cultura, la ricerca storica, i testi scolastici, il cinema, i giornali.

A volere la verità era invece la destra postfascista. Costretta per anni al silenzio preteso dall'antifascismo vittorioso. Nel marzo 2009, la destra, quella che stava nel Msi e poi in Alleanza nazionale, si sciolse nel nuovo Popolo della Libertà e sparì come partito. Molti pensarono: non essendoci più, smetterà di cercare la verità. Ma io non ho mai creduto che sarebbe andata così.

Ero convinto che la destra italiana, con la tessera di An o senza, sarebbe esistita sempre. La incontravo e la incontro di continuo. Nei dibattiti sui miei libri revisionisti. Nelle tante lettere che seguitano ad arrivarmi. Nelle persone che mi fermano per strada e mi ringraziano di quanto ho scritto. Erano italiani che non conoscevo. Forse non andavano a votare. O forse non votavano per la nuova parrocchia di Silvio Berlusconi. Ma erano e continuavano a essere la destra.

Sto parlando di gente che ancora oggi, nel 2011, aspetta una parola di verità sulla guerra civile. Persone che hanno nel cuore il dolore e la rabbia delle protagoniste di *Katyn*. Anche in Italia ci sono state tante fosse comuni, piene di fascisti sepolti di nascosto e senza nome. Pure da noi, migliaia di donne hanno cercato invano di capire se i padri, i figli, i mariti, i fratelli, le sorelle fossero vivi o morti. E dove i vincitori ne avessero celato i corpi.

I partigiani comunisti si sono comportati come i sovietici in Polonia: occultando la verità. E rifiutando di rivelare dove fossero stati gettati i cadaveri. Ecco l'offesa più grande: negare la pietà. Ricordo una lettera ricevuta da una signora: "I partigiani rossi si sono condotti come i mafiosi. Si dice che la mafia nasconda i corpi delle vittime nelle fondamenta dei palazzi che costruisce con le fortune ricavate dal traffico della droga. La Resistenza ha fatto come Cosa nostra". Un'altra lettera diceva: "Chi ha ucciso a guerra finita è stato crudele. Ma chi ha deciso di tenere segreto il luogo dove sono stati sepolti gli assassinati lo è stato ancora di più".

Nel 2009, con *Il revisionista* pubblicato da Rizzoli, raccontai quello che avevo visto crescere attorno ai miei libri sulla guerra civile. La mia descrizione era rivolta anche a Gianfranco Fini e al suo stato maggiore, mentre entravano nel nuovo partito di centrodestra fondato da Berlusconi.

Già allora s'intuiva che Fini aveva lo sguardo rivolto al futuro, come diceva lui. E non voleva più saperne del fascismo, della Repubblica sociale, della guerra civile, dei morti ammazzati. Guardare al futuro è cosa buona. Ma quale futuro si può costruire senza aver cura del proprio passato?

Mi auguravo che Fini evitasse questo errore. Non esiste una storia lontana e senza più importanza. La storia ritorna sempre. E pone problemi a tutti. La sinistra italiana non partorirà di sicuro un Gorbačiov nostrano con il coraggio di quello russo. La destra dovrà cercarsela da sola la verità. È una luce di cui ha bisogno. Per non sparire davvero.

Non accadde nulla. Nel 2010, Fini lasciò il Pdl dopo mesi e mesi di guerriglia contro Berlusconi. I suoi scudieri sostennero che era stato espulso perché non accettava le arroganze del Cavaliere. La verità stava nel mezzo. Ma la conseguenza fu una sola: come nel film di Wajda, le famiglie dei fascisti uccisi non ebbero più un partito che potesse difenderle. E fosse tanto generoso da parlare con loro e di loro.

Sul campo erano rimasti soltanto i maledetti revisionisti. Autori testardi, ma isolati. Senza potenze politiche alle spalle. Uno di questi ero io.

Dall'uscita del *Sangue dei vinti* in poi, sono stato intervistato più volte a proposito dei miei libri sulla guerra civile. Ma il mio ritratto più completo è emerso grazie alle domande che nel novembre 2006 mi rivolse Alberto Benzoni per il mensile "Mondoperaio". La rivista fondata da Pietro Nenni e oggi pubblicata da un gruppo di intellettuali socialisti, con la direzione di Luigi Covatta.

Benzoni iniziò chiedendomi che cosa mi avesse spinto a scrivere i miei libri revisionisti. Il desiderio di ricordare i vinti? O l'irritazione per i silenzi e le rimozioni dei vincitori? O che altro ancora?

Gli risposi che quei libri erano il seguito, quasi obbligato, di tanti miei lavori precedenti. Avevo cominciato nel 1959, quando andavo per i 24 anni, con la tesi di laurea sulla guerra partigiana tra Genova e il Po, poi pubblicata da Laterza. Raccontavo della Resistenza in quel territorio, ma senza mai dimenticare gli "altri", i fascisti sconfitti. Del resto, le guerre si combattono in due. Una verità banale che avevo constatato da bambino, nella mia città piemontese sul Po.

Nel 1961 iniziai a fare il giornalista e avrei potuto finirla lì. Ma la guerra civile stava nei miei ricordi d'infanzia e sentivo che non potevo fermarmi a una tesi di laurea. Il motivo profondo non lo conosco. C'è chi fa il medico e nei momenti liberi dipinge. Un altro insegna greco al liceo e di sera suona il sassofono. Io lavoravo nei quotidiani, eppure continuavo a studiare la storia della seconda guerra mondiale e soprattutto della guerra civile.

Se ci rifletto, penso fosse anche un modo indiretto di impegnarmi in una militanza politica diversa dal solito, perché quella tradizionale, in un partito, non mi ha mai attratto. Per una questione di carattere. Non mi è mai piaciuto né obbedire né comandare. Sono un anarchico alla buona, un individualista abbastanza solitario. Mai scontroso, e anzi capace di avere buoni rapporti con il prossimo. Ma pronto a stare per conto mio. Anche per questo ho sempre rifiutato di dirigere un giornale.

Per di più, avevo iniziato presto a fare l'inviato di cronaca politica. E quanto andavo scoprendo sui boss di partito della Prima repubblica non mi piaceva per niente. Vedevo dappertutto troppa mediocrità, un opportunismo eccessivo, molte clientele e pure tanta corruzione. Mi sono impegnato, e anche divertito, a raccontare quel mondo. Sui giornali e in parecchi libri. Ma non ho mai voluto farne parte. Quando mi è stato offerto di entrare in Parlamento come indipendente di sinistra, ho subito detto no.

Nel 1968 scrissi *L'esercito di Salò*. Quel libro rappresentò il primo passo, ancora incompleto e impacciato, per avvicinarmi alla storia dei vinti. Il passo successivo lo tentai nei miei romanzi degli anni Novanta, tutti pubblicati da Sperling & Kupfer. Era fatale che di lì in avanti iniziassi a occuparmi di chi aveva perso la guerra civile. Prima di me ne aveva scritto un giornalista fascista che aveva combattuto nella Rsi, Giorgio Pisanò.

Adesso toccava a me, di nuovo un giornalista, ma che veniva dalla cultura opposta alla sua.

Libro dopo libro, avendo narrato le tragedie di molti dei vinti, ho cominciato a pormi una domanda: la storia della Resistenza, raccontata dal più forte tra i vincitori, il Pci, aveva bisogno di una revisione critica? La mia risposta è stata: sì, e in molte parti. Insomma, ho messo il dito in una piaga aperta, anche se nascosta. Questo ha scatenato un piccolo finimondo che continua ancora.

A darmi addosso sono stati quelli che io chiamo i bigotti dell'antifascismo. Per costoro, l'antifascismo non è un'esperienza storica ancora valida nei suoi connotati positivi: la ricerca della libertà, il rifiuto dei totalitarismi, la tensione verso la democrazia e il pluralismo politico. No, per loro è come una religione intoccabile, da opporre all'autoritarismo fascista, mai a quello comunista.

I bigotti rossi combattono una guerra santa, o una sua caricatura, non soltanto con le parole, ma pure con le aggressioni violente. Ne ho fatte le spese anch'io per *La grande bugia*. In questo modo, risultano uguali ai fascisti del regime di Mussolini.

L'aveva già spiegato un grande storico, Renzo De Felice: "Il fascismo ha fatto infiniti danni. Ma uno dei danni più grossi è stato quello di lasciare in eredità una mentalità fascista ai non fascisti, agli antifascisti delle generazioni successive. Una mentalità di intolleranza, di sopraffazione ideologica, di squalificazione dell'avversario per distruggerlo".

Benzoni mi domandò ancora: «Si moltiplicano un po' in tutto il mondo le rivisitazioni del cosiddetto "fronte antifascista". Dalla guerra civile spagnola al dopoguerra italiano. A detta di alcuni, tutto ciò non è né normale né casuale: saremmo, invece, dinanzi a un disegno volto a "rovesciare i verdetti". Lei si sente un complice, magari oggettivo, di questo disegno, ammesso che esista?».

Risposi che non credevo a un complotto per rovesciare le sentenze della storia del Novecento: la Spectre esisteva soltanto nei romanzi di Ian Fleming, l'inventore di James Bond, l'agente 007. Stava invece accadendo qualcosa di molto più semplice. Dopo tanti anni, la storia dell'antifascismo europeo presentava molte crepe e tante bugie. E soprattutto le lingue tagliate cominciavano a parlare.

Anche l'antifascismo italiano, quello fondamentalista e bigotto, era in crisi per il suo incauto connubio con il comunismo filosovietico. Lo riconosceva persino Sergio Luzzatto, uno storico di sinistra sempre contrario ai miei libri revisionisti. Prendeva piede la convinzione che la storia non poteva essere scritta soltanto dai vincitori. O, peggio, dal vincitore più forte: in casa nostra dal Pci.

Anche Clint Eastwood e Steven Spielberg avevano girato due film sulla battaglia di Iwo Jima: il primo dal punto di vista degli americani, il secondo dei giapponesi. Ma nessuno si era scagliato contro il regista e il produttore. L'Anpi non li aveva bollati come servi dell'imperialismo di Tokyo. Non si erano visti partitini della sinistra presidiare le sale cinematografiche.

Conclusi ricordando che avevo passato i settant'anni. E scrivevo sulla guerra civile da mezzo secolo. Avevo visto la memoria storica cambiare, prima con lentezza, quindi più in fretta. L'interpretazione comunista della Resistenza persisteva ancora, però in ambienti via via più ristretti. Alle masse, per usare una parola vecchia, non importava più nulla dei partigiani e dei fascisti. Ma alle minoranze che volevano conoscere la storia vera del nostro paese, la leggenda imposta dai politici e dagli storici comunisti era sempre meno credibile.

Un racconto equilibrato della guerra civile era dunque destinato ad affermarsi. Ma non immaginavo una battaglia facile. Il bigottismo aveva ancora molti alleati, nelle scuole, nelle università, nei partiti e nei giornali. Ma l'alleato più importante era il media più potente: la televisione di Stato. Dentro la Rai, pochi imponevano a tanti la loro leggenda storica. L'avevo constatato dalle enormi difficoltà di varare una fiction tratta dal *Sangue dei vinti*. Una via crucis per un produttore coraggioso, Alessandro Fracassi.

Questa era l'aria che avvertivo nel 2006. Tre anni dopo, nell'estate del 2009, il clima era già cambiato a favore dei revisionisti anarchici come me. Me ne resi conto da una serie di segnali.

Il primo fu che vedevo gli antirevisionisti ammosciati, con la grinta dimezzata, persino lamentosi. Non avevano più l'arroganza di quando mi attaccavano ogni volta che usciva un mio libro. Adesso, quel po' di boria che ancora possedevano non osavano mostrarla in pubblico con l'alterigia di un tempo.

Il motivo era semplice. I bigotti avevano scoperto che la loro merce era passata di moda. Un pubblico sempre più ampio di lettori stava con il Pansa di turno. Per questo si sentivano soli e anche un po' abbandonati. L'applauso dei trinariciuti rossi gli arrivava ancora, ma non era forte come una volta. La crisi culturale della sinistra, un anticipo della crisi politica che poi sarebbe esplosa, li aveva travolti. E non potevano contare su una sponda sicura, come gli accadeva prima.

Di chi era la colpa della decadenza che li angosciava? Gli ostinati se la prendevano con il mercato culturale che esigeva un pensiero sempre più leggero. E rimpiangevano i tempi del pensiero pesante, anche sotto la forma del pensiero unico. Una testimonianza di come stessero le cose nel loro campo la trovai il 14 marzo 2009, leggendo un numero di "Tuttolibri", il supplemento letterario della "Stampa".

Quel sabato "Tuttolibri" si apriva con un intervento di Giovanni De Luna, docente di Storia contemporanea a Torino. De Luna era stato uno dei miei critici più aggressivi, a partire dal *Sangue dei vinti*. Il titolo del suo lamento diceva: *Il pensiero è sempre più leggero*. E l'occhiello recitava: "Si è sciolto il rapporto tra ricerca ed editoria, cultura e politica, per inseguire il mercato. Mentre più che mai servirebbe una saggistica 'pesante' (e pensante)".

A giudizio di De Luna, se il pensiero si era troppo alleggerito la colpa era certamente dei revisionisti come il sottoscritto. Non venivo indicato per nome, perché i docenti universitari citano soltanto i loro pari grado. E hanno imparato a lasciarmi in pace per paura di qualche replica sarcastica. Ma era chiaro che il professore si riferiva soprattutto ai miei libri.

"Il successo del revisionismo ha fatto scuola" si lagnava De Luna. Con le sue "migliaia e migliaia di copie vendute". E tutte di libri colpevoli di tante nefandezze. Libri "che programmaticamente rifiutano di fornire le 'prove' delle loro argomentazioni". Libri "che si affidano a modelli narrativi (lo pseudo romanzo o il finto dialogo) che nascondono l'inconsistenza delle tesi storiografiche proposte". Libri "che si sottraggono al confronto con la verità (o con la verosimiglianza), per inseguire i clamori del successo mediatico e obiettivi immediatamente e squisitamente politici".

"A questo si aggiunge" continuava il professore, "la frattura che si è consumata tra il mondo della politica e quello della cultura accademica, quella storica in particolare. La storia non appartiene più ai percorsi di formazione della nostra classe politica."

Tralascio il seguito del piagnisteo delunesco. Rivolto ai capi della sinistra, ieri diessina e oggi democratica. Costoro erano politici incapaci di affidarsi "alla Storia", con l'iniziale maiuscola. Tanto è vero che i primi due segretari del Partito democratico, Veltroni e Dario Franceschini, si erano presentati al loro pubblico con due romanzi, "e non è un caso".

Di quell'intervento mi colpì una cosa non detta. Il professor De Luna non spendeva una parola per spiegarci i motivi del silenzio suo e di molti dei suoi colleghi universitari a proposito della guerra civile. Non ne scrivevano quasi mai. Non la studiavano. Non se ne curavano, se non per replicare a chi non stava agli ordini delle eccellenze rosse.

Insomma tacevano, come si fossero resi conto che i loro vecchi schemi non reggevano più alla prova dei fatti. Tanto è vero che l'ultima indagine generale sulla Resistenza, quella di Santo Peli pubblicata da Einaudi, risaliva al marzo 2004, ben sette anni fa rispetto a oggi.

Ma adesso smetto di parlare del professor De Luna e degli storici che la pensano come lui. Anche perché ho imparato a conoscerli bene e so quanto valgano. Nel mio lavoro ho incontrato di continuo commissari politici travestiti da intellettuali, affiancati da boriosi professori nullascriventi. Tutti pronti a muoversi da giudici spocchiosi dell'Inquisizione antifascista. Con un solo chiodo in testa: punire anche il più timido revisionismo come un'eresia maledetta e pericolosa, da soffocare.

Parlo delle revisioni che non tornavano comode alla cultura comunista. E che dunque non dovevano essere ammesse. Questi parrucconi fingevano di dimenticare che le sinistre italiane erano sempre state iper revisioniste, ogni volta che gli era convenuto esserlo. Pensiamo a Stalin, prima grande padre buono di tutti i popoli della terra e poi despota feroce. Oppure al maresciallo Tito. Dipinto dal Pci come un eroe della libertà, poi sputacchiato dopo la rottura con l'Unione Sovietica e infine di nuovo esaltato.

Li ho visti in azione i parrucconi. Ma pur non avendo un partito che mi difendesse, non mi sono spaventato. Ho tirato i sassi contro i padroni postcomunisti della storia italiana. Ho provato a scrivere le pagine lasciate in bianco da loro, per calcolo politico. Li ho sbugiardati. Li ho costretti a replicare spacciando altre bugie. Ho contribuito a svelare la loro mediocre doppiezza. Mi sono fatto dei nemici. Ma ho incontrato molti amici: italiani per bene, stanchi di troppe menzogne e alla ricerca della verità.

Nello scoprire questi tanti amici, libro dopo libro mi sono reso conto di una realtà che prima non vedevo con chiarezza. In Italia esiste un'opinione pubblica moderata, di centrodestra, di destra o semplicemente liberale, che per anni ha faticato a emergere sul terreno della cultura diffusa.

All'inizio era un'opinione "povera" perché non poteva contare sull'apparato culturale a disposizione della sinistra. I partiti che aveva alle spalle erano scomparsi nel gorgo di Tangentopoli. E l'unico rimasto in piedi, il Movimento sociale, stava cambiando pelle e natura.

Senza rendermene conto, ho contribuito a liberare questa opinione. Dopo *I figli dell'Aquila* dedicato a chi aveva combattuto per la Rsi, dopo *Il sangue dei vinti* e per arrivare a *I vinti non dimenticano*, ho ricevuto sino a oggi almeno diecimila lettere. Scritte da persone che non conoscevo. E che mi ringraziavano per avergli dato il coraggio di parlare della loro storia, dopo decenni di silenzio obbligato.

Il maledetto revisionismo ha fatto cadere un altro piccolo muro di Berlino. Era quello del bavaglio imposto dalla cultura e dalla storiografia comuniste a tanti italiani esuli in patria. I paria, i reprobi, gli sconfitti che l'arcigno Arco costituzionale, fondato sulla Dc e sul Pci, non voleva riconoscere come cittadini con pari dignità. Un lettore mi ha scritto che, con i miei libri, non ho soltanto liberato la memoria dei morti, ma anche quella dei vivi, dei loro figli, dei loro nipoti.

Adesso l'opinione pubblica fatta emergere dal revisionismo sulla guerra civile è meno povera di prima. Ma si scontra ancora con due grandi difficoltà. La prima è rivelata dal paradosso che connota l'Italia di oggi. Il vecchio Pci è scomparso da più di vent'anni, dopo la fine dell'Unione Sovietica. E i partiti nati dalle sue ceneri sono sempre più deboli. Eppure l'egemonia culturale rossa resiste ancora. Perché è un'egemonia proprietaria. E sta in piedi grazie a quel che possiede e usa di continuo.

L'elenco delle sue proprietà è lungo. Le cattedre di storia contemporanea in molte università. L'insegnamento della storia nelle scuole medie superiori. Una catena di case editrici. I tanti festival del libro. I premi letterari. I convegni culturali in centri grandi e piccoli. Tanti giornalisti. E parecchi quotidiani. A cominciare da "Repubblica", un giornale-partito dalla pedagogia autoritaria.

Ho descritto una struttura difficile da sgretolare. E che resiste quasi intatta a ogni crisi. È vero che conta meno di un tempo. Però seguita a rimanere in piedi. Assomiglia a un gigante sempre più confuso, ma tuttora in grado di far pesare la propria forza. Ha dalla sua anche una quota della televisione pubblica: la Rete 3 della Rai, il suo telegiornale, il tg di Rai 2, i programmi culturali annessi.

Mi è andata meglio con la carta stampata. Molti quotidiani mi offrono uno spazio che anni fa non mi concedevano. È la conferma che il revisionismo ha aperto una breccia impossibile da chiudere. E che i bigotti della mitologia resistenziale non possiedono argomenti in grado di convincere chi non lo è già.

Ogni volta che parlano, i bigotti dell'antifascismo sono sempre più mogi. Qualcuno di loro ammette la sconfitta. Debbo citarne uno? Michele Serra che su "Repubblica" del 4 novembre 2010 ha scritto addirittura che siamo di fronte a "una egemonia culturale revisionista". Un po' esagerato? Lo penso anch'io.

11
Caccia all'uomo

Il 30 settembre 2010, qualcuno cercò di uccidere Maurizio Belpietro, il direttore di "Libero". Racconterò in seguito di questo tentativo d'omicidio. Qui voglio rammentare una delle conseguenze di quell'aggressione. Di un'altra, più nefanda, parlerò nel capitolo dedicato a Belpietro e al suo giornale.

Sui quotidiani ci fu un gran parlare dell'aria fetida che si respirava in Italia. In molte città emergeva una violenza politica sempre più difficile da prevenire e da reprimere. Una violenza rossa, attuata da gruppi dell'antagonismo di sinistra, incontrollabili da chiunque, a cominciare dai politici di opposizione.

Quel dibattito aveva un difetto: restava sul vago. Senza mai precisare i fatti che rendevano insopportabile il clima cattivo. E senza mai ricordare quanto era accaduto non secoli prima, ma soltanto un anno prima.

Fu allora che decisi di offrire al "Riformista" un piccolo contributo alla concretezza: un diario alla buona dell'autunno-inverno 2009. Nel quale apparivano personaggi diversi. Da politici e giornalisti di fama sino a militanti violenti, sconosciuti al pubblico, però molto aggressivi.

Alla fine del settembre 2009, Antonio Di Pietro, l'ex magistrato leader dell'Italia dei Valori, ci offrì un'ennesima sceneggiata: si fece fotografare davanti a Montecitorio con la coppola in testa e le smorfie di un boss di Cosa nostra, per dire che in Parlamento c'erano troppi mafiosi. Negli stessi giorni, Eugenio Scalfari, diventato un maestro fazioso, sempre pronto a far lezione al mondo, si fece intervistare dall'"Espresso" e dipinse l'editore di "Libero" come un servo di Berlusconi. Il motivo? L'aver messo a dirigere il giornale Belpietro, «emissario del Cavaliere, una specie di commissario politico».

Sempre a fine settembre, morì per infarto Maurizio Laudi, uno dei magistrati che avevano sconfitto le Brigate rosse e Prima linea. I muri di Torino si coprirono di scritte insultanti, opera di qualche pattuglia anarchica: "È morto un boia: Laudi", "Finalmente Laudi è morto", "Dio esiste, è morto Laudi". A Pistoia, invece di scritte, le botte. Squadre antagoniste devastarono la sede di Casa Pound, un circolo di destra. Era la quarta aggressione in meno di una settimana. Le altre erano state compiute a Napoli, Verona e Torino.

A metà ottobre, Alessandro Campi, in seguito consigliere culturale di Fini, scrisse sul "Riformista": "È sufficiente navigare in rete, fare un giro tra blog e siti, per capire quale magma di odio e pregiudizio si trovi addensato nelle viscere della nazione, pronto a esplodere in qualsiasi momento".

Detto fatto, Matteo Mezzadri, coordinatore dei giovani del Partito democratico di Vignola (Modena), domandò su facebook: "Santo cielo, possibile che nessuno sia in grado di ficcare una pallottola in testa a Berlusconi?". Il giovane dirigente, studente di Ingegneria, venne cacciato dalla sua parrocchia. Schiaffato sui giornali, si sarà consolato pensando di non essere il solo in Italia a sperare che qualcuno accoppasse il Cavaliere.

Negli stessi giorni, le Brigate rivoluzionarie per il comunismo spedirono ai giornali un comunicato che intimava: "Berlusconi, Fini e Bossi devono dimettersi e il primo deve consegnarsi alla giustizia comunista. La sentenza è inevitabile". Lo slogan era "No al colpo di stato, sì alla rivoluzione". Il 19 ottobre, a Torino, un gruppo che si firmava Br con la stella a cinque punte, minacciò un delegato della Fiom-Cgil nella Flexider, azienda metalmeccanica. Un'altra follia.

Nella seconda metà di ottobre, si fece vivo il Comitato Anna Maria Mantini del nuovo Partito comunista italiano. Lei era una terrorista anni Settanta, sorella di Luca, un militante fiorentino dei Nuclei armati proletari ucciso durante una rapina per finanziare la banda. Anche Anna Maria sarebbe poi caduta in uno scontro con l'antiterrorismo. Il nuovo comitato annunciava di entrare in clandestinità. Con l'aiuto dei Carc, i Comitati di appoggio alla Resistenza per il comunismo.

Il 21 ottobre si scoprì su facebook che il gruppo "Uccidiamo Berlusconi" contava ben 12.333 iscritti. Quello stesso giorno, nel giro di un'ora, se ne aggiunsero altri seicento. Nel frattempo, una casa editrice di Chieti lanciò il concorso "Descrivi la morte del Cavaliere e sarai pubblicato". Per contrappasso, sempre su facebook nacque il gruppo intitolato: "A morte Marco Travaglio", la star del "Fatto Quotidiano".

Sabato 24 ottobre a Torino, in piazza San Carlo, i centri sociali assaltarono un presidio di Casa Pound e un banchetto della Lega. E si scontrarono con la polizia per tre ore. Il 31 ottobre, nel carcere romano di Rebibbia, s'impiccò la brigatista Diana Blefari. Aveva indicato alla polizia dove stavano nascoste le armi del suo gruppo, ma l'arsenale non era stato più trovato. La Blefari aveva pedinato Marco Biagi, poi ucciso dalle Br nel 2002. Si era espressa così: «Fosse stato per me, Biagi l'avrei torturato prima di giustiziarlo».

Sabato 7 novembre, a Roma, i centri sociali andarono in corteo per protestare contro la morte in carcere di Stefano Cucchi, fermato per una questione di droga. Anche qui scontri con la polizia, lanci di petardi e bottiglie, cassonetti rovesciati e dati alle fiamme. Lo stesso giorno a Firenze quattrocento antagonisti marciarono chiedendo la scarcerazione di un loro compagno, arrestato con l'accusa di aver messo una bomba all'Agenzia delle entrate. Fumogeni, petardi e scritte sui muri. Due giorni prima si era tentato l'assalto a un circolo di Forza nuova, gruppo di destra.

A metà novembre del 2009, comparvero i Nat, i Nuclei di azione territoriale, sempre legati alla memoria dei fratelli Mantini. Avevano cinque cellule a Milano, Torino, Lecco, Bergamo e Bologna. Minacciavano politici e giornalisti. Milano era la città più a rischio. Gli investigatori dissero: «Siamo molto vicini a un salto di qualità».

Il 20 novembre a Torino, gli autonomi diedero la caccia al ministro dell'Istruzione, Mariastella Gelmini, arrivata in città. Poi assalirono la sede del Pdl, in corso Vittorio Emanuele. Volevano occuparla. Non ci riuscirono, ma ci furono scontri con la polizia, feriti e devastazioni. Nel frattempo, all'Università Statale di Milano continuavano le aggressioni agli studenti di Comunione e Liberazione. E su facebook nacque un gruppo che inneggiava alle Brigate rosse.

Il 13 dicembre, a Milano, ci fu l'attentato a Berlusconi. Tre giorni dopo un ordigno esplosivo distrusse un sottopasso dell'Università Bocconi. La firma era "Federazione anarchica informale". Stessa bomba e stessa sigla al Centro raccolta di immigrati clandestini a Gradisca d'Isonzo.

In previsione del Natale, a Firenze ci furono incursioni contro i negozi di via Tornabuoni e di via degli Strozzi. E il sabato 19 dicembre, a Torino si vide un altro corteo violento di anarchici, centri sociali e squatter, gli abitanti abusivi di alloggi. Ancora devastazioni e scritte contro il sindaco di centrosinistra: "Chiamparino boia, speriamo che tu muoia".

Bastava così? Sì, per l'autunno-inverno 2009 poteva

bastare. Ma come andò un anno dopo, ossia nell'autunno-inverno 2010? Peggio, molto peggio.

Nel settembre 2010, tornò di moda una vecchia figura della storia italiana: lo squadrista. Dopo la prima guerra mondiale, era stato l'emblema del fascismo nascente. Un tipo pronto a menare le mani e armato di manganello. Ai giorni nostri, lo squadrista presentava una faccia diversa. Poteva anche essere un leader politico, un parlamentare, il capo di un partito.

Se mi chiedete un nome, eccolo: Antonio Di Pietro, il numero uno dell'Italia dei Valori. Aitante, sfrontato, con l'oratoria da balcone e il piglio ducesco. Senza una divisa paramilitare, senza manganello né pistola, ma capace di mettere in mostra un animo violento. E tra un momento spiegherò il perché.

Era da mesi che scrivevo su "Libero" e sul "Riformista" della guerra di parole dilagante in Italia. E del rischio di passare dalle parole ai fatti. Qualche amico mi rimproverava un eccesso di pessimismo. Invece, accidenti a me!, avevo ragione. Nella pigra indifferenza di gran parte della casta partitica, e anche di non pochi giornali, era iniziata un'altra caccia all'uomo, al malvagio da bruciare, al mostro da punire. Tutti gli squadrismi cominciavano così. E alla fine dell'agosto 2010 fu individuata la prima vittima: Marcello Dell'Utri, senatore del Pdl e amico personale di Berlusconi.

Di Dell'Utri sapevo poco. A Palermo aveva subìto una condanna per concorso esterno in associazione mafiosa, confermata nel giudizio d'appello. E stava aspettando l'esito del ricorso in Cassazione. Nel frattempo, aveva continuato a coltivare la passione del bibliofilo. E sosteneva di aver scoperto una serie di diari scritti da Benito Mussolini, ancora inediti.

Di queste agende sapevo ancora di meno. Qualcuno,

a cominciare da Dell'Utri, le riteneva vere. Ma qualche storico del fascismo le giudicava false. Tuttavia, non erano le agende a interessarmi. Mi interessava, e mi preoccupò, quel che accadde a Como il lunedì 30 agosto 2010.

Dell'Utri doveva presentare i manoscritti di Benito in una rassegna libraria. Ma non fu in grado di farlo per l'assalto di un gruppo di antagonisti, appoggiati dall'Anpi, il club degli ex partigiani rossi. Sopraffatto da una tempesta di "mafioso, mafioso", non riuscì ad aprir bocca e fu costretto ad andarsene.

È inutile sprecare parole sulla gravità di quell'attacco. Un vero schifo, ma prima ancora un gesto sedizioso. In spregio alla Costituzione che tutela la libertà di espressione per tutti, compresi i presunti mafiosi. Tanto più sovversivo se ricordiamo che Dell'Utri era un parlamentare. E dunque un eletto dal popolo. La polizia lo difese come doveva? Le forze dell'ordine erano preparate a evitare l'incidente? Confesso che le cronache dei giornali non mi chiarirono del tutto l'accaduto.

Ben più grave è quel che avvenne dopo l'assalto di Como. A salire sulla ribalta fu Di Pietro. Lui non perse tempo e diffuse subito un proclama gonfio di violenza. Invitando a dare la caccia al mostro Dell'Utri. Cito i suoi ordini dalla cronaca di Maurizio Giannattasio apparsa sul "Corriere della Sera" del 1° settembre: «Iniziamo a zittire quelli come Marcello Dell'Utri in tutte le piazze d'Italia, perché non è lì che dovrebbero stare, ma in galera... I fischi sono segnali positivi. Se personaggi come Dell'Utri vengono cacciati a suon di fischi dalle piazze, forse il risveglio sociale non è poi così lontano. C'è ancora un'Italia capace di indignarsi».

Qualcuno potrà osservare che si trattava soltanto di parole. E che Di Pietro era un politicante abituato a spararle grosse. Ma io non la vedevo così. Spesso le parole, come i fischi, diventano pietre. O petardi. Uguali a quelli che vennero lanciati a Milano contro la Biblioteca di via Senato, la sera di mercoledì 1° settembre. I compagni milanesi degli assaltatori comaschi erano convinti che in quello studio ci fosse Dell'Utri. Ma il senatore stava a Roma e, questa volta, il secondo attacco fallì.

Era stato preparato con cura, per mettere in pratica il proclama dipietrista. Non mancava uno striscione che diceva: "Dell'Utri, altro che diari del Duce, vogliamo leggere i tuoi dal carcere". Sotto lo striscione, petardi e un coro di insulti: «Mafioso, ladro, infame, vogliamo le manette, Dell'Utri non deve parlare a Milano». Una serata allucinante, ben descritta da un cronista di "Libero", Lorenzo Mottola.

Lo stesso successe alla fine del novembre 2010. Dell'Utri presentava il suo libro sui diari mussoliniani a Torino. Secondo "il Fatto", trovò che a bloccare l'ingresso della libreria c'erano "oltre un centinaio di persone, tra giovani delle Agende rosse, del Popolo viola e dei centri sociali" . Insieme a loro c'era Salvatore Borsellino, fratello di Paolo, il magistrato ucciso nel 1992 a Palermo. Disse: «Sono qui per vedere un condannato che ha la faccia tosta di fare il senatore».

La caccia a Dell'Utri aprì la campagna d'autunno della sinistra squadrista. Mentre imperversava, venni interpellato da Giovanni Fasanella, di "Panorama", che preparava un'inchiesta su quanto stava accadendo. Gli dissi che chiamare squadristi certi gruppi mi sembrava riduttivo. Era meglio definirli nuclei di preterroristi. Infatti non si ponevano il problema di un limite per le loro azioni, e neppure quello dei metodi da usare.

Anche per questo, bisognava riflettere su una questione assai più grande della somma di tanti singoli assalti. Era in gioco la tenuta liberale dell'intero sistema: «Se oggi si incita alla violenza contro Dell'Utri o Schifani, domani lo si farà con tutti coloro che i preterroristi ritengono giusto colpire». Era una storia che avevamo già visto tanti anni prima. Ma accadde di nuovo.

Il presidente del Senato, Renato Schifani, venne assalito il 4 settembre a Torino, prima ancora che iniziasse un dibattito alla Festa nazionale del Partito democratico. La truppa d'attacco era di militanti del Movimento 5 Stelle di Beppe Grillo, del Popolo viola e di altri gruppi. Il loro striscione gridava: "Baciamo le mani". E poi slogan come: "Schifare Schifani non è reato". O più semplicemente: "Mafia, mafia!".

L'8 settembre, sempre alla Festa del Pd sotto la Mole, toccò a Raffaele Bonanni, segretario generale della Cisl. Gli spararono addosso un fumogeno. Poteva sfigurarlo per sempre. O magari accopparlo. La fortuna lo soccorse: il petardo gli bucò soltanto il giubbotto. A lanciargli il candelotto era stata una ragazza bruna di 24 anni, Rubina Affronte, figlia di un magistrato. Da spavaldi, lei e i suoi compagni dissero subito: «Un fumogeno non ha mai ucciso nessuno».

Rubina militava nel centro sociale Askatasuna, un gruppo che da tempo teneva in scacco Torino. Era una boriosa squadra antagonista che concedeva interviste ai giornali. Al "Corriere" spiegarono: «Di giacche Bonanni se ne può comprare altre. Non piangiamo certo per un pezzo di stoffa». Qualche settimana dopo, Rubina dichiarò alla "Stampa" che era importante non far parlare Bonanni.

Erano parole avventate perché non mettevano in conto un'ipotesi molto realistica: l'insorgere di una violenza uguale e contraria. Convinti di avere il monopolio dello scontro fisico, i gruppi come Askatasuna non prevedevano la possibile discesa in campo di bande capaci di fare peggio di loro. Lanciando ordigni ben più pesanti dei petardi torinesi. Con guasti irrimediabili al bel faccino di Rubina.

Anche non pochi media facevano finta di niente. Come se non esistesse il rischio di un conflitto coperto di sangue. Dei partiti meglio non parlare. Volete un esempio della loro imprevidenza? Intervistato dalla "Stampa", Piero Fassino, uno dei big del Pd, spiegò le aggressioni di Torino così: «Chi ha fischiato lo ha fatto indignato per l'arroganza con cui la destra governa, per l'affarismo di cui ha dato tante prove in questi anni. Quei fischi sono anche la conseguenza dell'imbarbarimento della vita politica, dell'incanaglimento della destra e per capirlo basta guardare che cosa è "il Giornale"...».

Insomma, era tutta colpa di Berlusconi e di Vittorio Feltri. Forse era gente al loro servizio quella che scrisse subito "Dieci, cento, mille fumogeni" su un muro della sede Cisl di Torino, in via Madama Cristina. O i fanatici che la sera del 13 settembre contestarono Pietro Ichino, senatore democratico, alla festa del Pd milanese. O ancora i violenti che, il 16 settembre, impedirono al ministro Gelmini di partecipare a un dibattito sull'università previsto al "Corriere della Sera". Erano un centinaio. Sfoggiavano striscioni che urlavano: "Gelmini, Milano ti ripudia!".

Il 18 settembre, a Bologna, sempre a una festa del Pd, venne contestato il ministro leghista Roberto Calderoli. Gli slogan ringhiavano: "Lega vergogna, via da Bologna" e "Lega ladrona, stai bene a Roma". A Milano, il 10 ottobre, apparvero le prime scritte murali contro Sergio Marchionne, il capo della Fiat, accusato di essere uno sfruttatore. La firma era una stella a cinque punte. Affiancata da una falce e martello.

In ottobre vennero prese di mira le sedi della Cisl in diverse città italiane. Accadde a Treviglio, a Merate, a Livorno, a Terni e a Teramo. Dovunque minacce scritte sui muri e lanci di uova. Poi fu la volta della sede nazionale del sindacato di Bonanni, in via Po a Roma. Il 13 ottobre a Padova il centro sociale Pedro occupò per un'ora gli uffici della Confindustria. Dieci giorni dopo, a Vicenza, il ministro Gelmini fu costretta a disdire un comizio per le minacce ricevute.

La sera del 26 ottobre, a Roma, Daniele Capezzone, il portavoce del Pdl, venne picchiato da uno sconosciuto mentre usciva dalla sede del partito, nel centro della città, in via dell'Umiltà. Non era notte fonda, bensì poco prima di cena, verso le 19.30. L'aggressore lo colpì con un pugno alla tempia, poi fuggì.

Non fu l'ultimo episodio di violenza dell'autunno 2010. Ma l'agguato teso da uno sconosciuto a Capezzone, un uomo mite, senza scorta, abituato a girare in autobus, mi obbligò a riflettere su quanto stava accadendo in casa nostra.

Un imperativo del giornalismo americano recita: "Nessun articolo deve puzzare di io l'avevo detto". Dunque non starò a ripetere quanto avevo scritto più volte sul rischio sempre più grave rappresentato dall'odio politico che soffiava in Italia. Meglio ragionare con calma su un fatto certo. E sotto gli occhi di tutti.

A partire dall'autunno 2010, c'era stata una svolta nella lotta politica. Qualcuno aveva cominciato a picchiare o a minacciare di farlo. Lo confermavano non soltanto gli episodi che ho citato. Accanto a questi ne esistevano altri che non avevano meritato l'onore delle cronache.

I casi che mi venivano raccontati erano molti. E descrivevano il network dell'odio ricordato da Fabrizio Cicchitto dopo l'aggressione a Capezzone. Quei casi erano minutaglia? Mica tanto. Stavo osservando il diffondersi di un andazzo maligno che in tanti anni di mestiere non avevo mai registrato.

Negli anni Settanta e Ottanta, le Brigate rosse ammazzavano o gambizzavano i servi dello Stato imperialista delle multinazionali. Avevano di certo una truppa di tifosi che esultava a ogni delitto. Quando spararono a Indro Montanelli, non ancora santificato come avversario di Berlusconi, molti brindarono. Ma i simpatizzanti del terrorismo rosso erano una cerchia ristretta. Non la folla che nel 2010 avrebbe voluto linciare il presidente del Consiglio. E, insieme a lui, chi stava dalla sua parte.

Ai giorni nostri chi non affiancava le tante sinistre rischiava di continuo insulti, minacce, aggressioni, botte. Di solito accadeva per motivi assurdi. Perché leggevi un giornale piuttosto che un altro. Perché scrivevi cose di destra invece che di sinistra. Perché reagivi, con le parole, agli eccessi verbali e maneschi che ti arrivavano addosso nei momenti e nei luoghi più impensati.

Era una strategia malvagia messa in atto da uno dei tanti partiti rossi o rossicci? Credo di no. Magari lo fosse stata. Gli strateghi potevano fermarla o impedire che andasse oltre i limiti stabiliti. Purtroppo la verità era assai peggiore. In una parte dell'opinione pubblica di sinistra stava crescendo una nevrosi molto rischiosa. Fondata su un principio autoritario: chi non la pensa come me, è un nemico da colpire. In qualsiasi modo e in ogni circostanza. E quasi sempre con la certezza dell'impunità.

Nel registrare la crescita impetuosa dell'odio politico e degli episodi di violenza, di contestazione aggressiva e di minacce, fu naturale porsi una domanda: esisteva il rischio di trovarsi di fronte a un nuovo terrorismo?

A partire dal 2009, si aprì un dibattito che non si è ancora chiuso. Emersero tre schieramenti. I giornali di centrodestra ritenevano che il rischio fosse reale. Quelli senza un profilo politico preciso apparivano incerti. Le testate di sinistra sostenevano che il pericolo non esisteva: il clima cattivo che si respirava in Italia non era in nulla paragonabile all'ariaccia degli anni Settanta. E aveva origine nella figura del premier. Quando Berlusconi fosse stato cacciato da Palazzo Chigi, le acque si sarebbero calmate.

Nel tardo autunno del 2010 il dibattito si spense, davanti a quanto avveniva in tante città. All'inizio di dicembre esplose un'ondata di ribellismo fatta crescere su un pretesto: la riforma dall'università proposta dal ministro Gelmini. Quanto accadde fu la prova che il rischio di una violenza in grado di andare al di là di ogni limite poteva emergere da tantissimi gruppi. E non più, o non ancora, da strutture centralizzate, come era accaduto al tempo delle Brigate rosse e di Prima linea.

Nel passaggio fra il 2010 e il 2011 eravamo di fronte a una violenza sbriciolata, frammentata, parcellizzata. In grado di esplodere da molte situazioni diverse. Ecco che cosa temevo: un microterrorismo spontaneo e diffuso. E soprattutto casuale. Che poteva sfociare in un incidente grave non previsto da nessuno, una tragedia improvvisa e non calcolata.

A essere presa di mira fu soprattutto il ministro Gelmini. Nella notte fra il 6 e il 7 dicembre, un centro sociale di Bergamo attuò un'incursione contro la casa che riteneva abitata da lei. Di fronte all'ingresso, fu gettato un carico di sterco. E venne appeso uno striscione contro la riforma dell'università. Ma gli stercorari avevano commesso un errore. Il ministro non viveva a Bergamo, bensì a Brescia. E quella era la vecchia casa del marito.

Qualche giornale non diede peso all'assalto. Il più incurante fu "Il Sole-24 Ore". Il quotidiano della Confindustria vi dedicò soltanto poche righe e un titoletto a una colonna. Tanto che mi domandai quanto avrebbe strillato il suo direttore, Gianni Riotta, se il carico di sterco fosse stato gettato contro la casa di Emma Marcegaglia, leader degli industriali.

In quei giorni aspettavo invano di leggere sulla carta

stampata un'analisi dei gruppi sempre più inclini alle contestazioni violente. Da quel che si capiva, mi sembravano spartiti in due aree. La prima era costituita dai movimenti anti-Cav: i militanti delle 5 Stelle di Beppe Grillo, il cosiddetto Popolo viola e i tanti che avevano dato vita ai No B Day, dove la lettera "B" stava per Berlusconi.

La seconda area appariva molto più vasta e assai più complessa. Ed era quella dei centri sociali, i gruppi che siamo soliti definire antagonisti. Risultavano tantissimi e diffusi in cinquantacinque città italiane. Un censimento reperibile su Google ne elencava addirittura centosessantatré. Soltanto a Roma erano ventotto, a Milano venti e a Torino quindici.

Chi era in grado di tenerli sotto controllo, per arginare la loro inclinazione a una politica manesca? Mi proposi la domanda. Però non fui in grado di trovare una risposta.

Parte terza

12
Paura di morire

Il mercoledì 1° aprile 2009 apparve su "Repubblica" una lunga intervista a un giornalista americano, molto noto e anche di fama controversa. L'intervista l'aveva scritta Mario Calabresi, in quel momento capo dell'ufficio di New York del quotidiano diretto da Ezio Mauro. L'intervistato era Seymour Hersh, un signore di 72 anni, già Premio Pulitzer per aver scoperto nel 1969 la strage di civili innocenti compiuta dagli americani a My Lai, in Vietnam. Uno scoop che ebbe un bis trent'anni dopo, con il racconto delle nefandezze commesse sempre dai soldati americani nel carcere di Abu Ghraib, in Iraq.

Per l'età e per i tanti servizi scritti sui giornali Usa, Hersh era il testimone giusto per rispondere alle domande di Calabresi a proposito della grande crisi che, sul finire del 2008, aveva investito la stampa americana. Hersh disse di non credere alla scomparsa della carta stampata, un evento che a molti sembrava possibile e a qualcuno addirittura imminente. Spiegò: «I grandi giornali esisteranno ancora a lungo. In America ci saranno sempre il "Wall Street Journal" e il "New York Times". E là dove chiudono i quotidiani locali, nasceranno settimanali o piccoli giornali che li rimpiazzeranno».

Calabresi osservò che quasi ogni giorno, in America, un grande quotidiano chiudeva o dichiarava bancarotta. Hersh gli replicò: «È vero. Ci sono la crisi economica, il crollo della pubblicità e il cambio d'abitudini dei giovani. Ma il problema è cominciato una quarantina d'anni fa. Allora le grandi corporation si sono comprate i giornali che facevano utili a palate e hanno preteso ricavi del 20 per cento. Adesso che li vedono annaspare, li buttano via...».

Hersh disse altre cose ragionevoli e si meritò la prima pagina della sezione cultura di "Repubblica". Anche perché in quegli stessi giorni sarebbe stato uno degli ospiti d'onore del Festival internazionale del giornalismo a Perugia. Per lo stesso motivo, il venerdì 3 aprile anche "Il Foglio" pubblicò una paginata su di lui. Ma di tono del tutto diverso poiché offriva ai lettori del quotidiano di Giuliano Ferrara un ritratto terrificante dello stesso Hersh.

A scriverlo era Christian Rocca, un giornalista esperto di questioni americane. Già il titolo a piena pagina non lasciava dubbi: *Il cantastorie Hersh. Il grande giornalista celebrato domani a Perugia ha costruito su uno scoop di 40 anni fa una carriera di complotti dietrologici smentiti anche dai liberal.*

Come sempre, Rocca si dimostrò molto minuzioso nel descrivere il personaggio. Cominciava rivolgendosi ai lettori del "Foglio" così: "Voi non lo sapete, ma ormai sono tre o quattro anni che l'America cattiva di George W. Bush ha segretamente cominciato a bombardare l'Iran. Se non ne avete avuto notizia, se non avete sentito nessuna protesta iraniana, se non avete visto né un morto né un edificio in macerie, non vuol dire affatto che non sia successo niente. Anzi è la prova della complicità e della corruzione della stampa di tutto il mondo...".

"Il prosatore di tali fantasie" continuava Rocca, "è il formidabile e stagionato cronista investigativo Seymour Hersh, celebrato in Italia come un gigante della professione giornalistica e un modello da insegnare nelle scuole di giornalismo. Malgrado in patria sia decisamente meno rispettato e credibile."

Già, a proposito di credibilità, a chi dovevo prestar

fede? A Calabresi o a Rocca? Conoscendo da anni come funziona la carta stampata, conclusi che potevo fidarmi di tutti e due. Avevo imparato da tempo che gli esseri umani hanno più facce. Si rischia sempre di descrivere appena il lato Uno oppure soltanto il lato Due. Senza per questo incappare nell'accusa di essere poco cauti, faziosi o, addirittura, bugiardi.

Tuttavia il sottoscritto era, come si usa dire, uno del ramo. Ossia abituato non soltanto a scrivere sui giornali, ma pure a leggerli. Per questo mi domandai: come reagirà un lettore qualunque che il mercoledì abbia avuto sott'occhio "La Stampa" e il venerdì "Il Foglio"? Non ci avrà capito niente. E forse si sarà deciso a non acquistare più nessuno dei due giornali.

Ecco raccontata l'origine della Grande crisi che, sul finire del 2008, folgorò la carta stampata nell'intero Occidente democratico. Una crisi che innescò un timore mai provato: la paura di morire. Con un motore iniziale dalla semplicità terribile: la mancanza di fiducia nei giornali.

Tutto il resto venne dopo. Gli effetti della crisi finanziaria sui bilanci degli editori e i loro investimenti. La concorrenza di internet. La pubblicità a picco. Il calo delle copie vendute. La necessità di operare tagli pesanti. Risparmi su tutte le spese, a cominciare da quelle per il personale, con il licenziamento o il pensionamento anticipato di migliaia di giornalisti. O nel caso migliore la riduzione degli stipendi dei redattori e dei compensi ai collaboratori.

Proprio mentre Hersh veniva omaggiato a Perugia, negli Stati Uniti saltava per aria il quinto editore di giornali. Soltanto a Chicago, la città del presidente Barack Obama, i due quotidiani risultavano in regime di protezione dai creditori, ossia in amministrazione controllata. In altre parole, erano falliti.

Tra i giornali già morti c'era un foglio storico: il "Rocky Mountain News", pubblicato a Denver, la capitale del Colorado. E la sua fine venne narrata con toni epici da Vittorio Sabadin, vicedirettore della "Stampa" e autore di un ottimo libro sul futuro dei giornali di carta: *L'ultima copia del "New York Times"*, pubblicato da Donzelli Editore.

Sulla "Stampa" del 4 marzo 2009, Sabadin scrisse: "Nell'aprile del 1859 un carro trainato da buoi si era fatto largo tra i cavalli dei cow-boy e dei cercatori d'oro che affollavano le polverose strade di Denver. Aveva trasportato per mille chilometri, da Omaha, nel Nebraska, una macchina da stampa usata che nel giro di pochi giorni avrebbe impresso la prima copia di uno dei più antichi quotidiani americani, il 'Rocky Mountain News'. Molti anni dopo, venerdì scorso, il giornale ha dedicato l'intera prima pagina all'ultimo scoop: la notizia della sua chiusura". Il titolo del commiato diceva: *Final edition. Goodbye, Colorado.*

Poi la Grande crisi dei giornali si estese dagli Stati Uniti all'Europa e dunque anche all'Italia. Le prime falle si videro già nel dicembre 2008. Le grandi testate italiane registravano flessioni importanti delle copie diffuse rispetto a quelle del dicembre 2007.

Chi stava messa peggio era "Repubblica", con una perdita del 15,2 per cento. Quella del "Corriere della Sera" risultava inferiore, meno 8 per cento, mentre per "La Gazzetta dello Sport" era del 6,2 per cento. Non si salvavano i quotidiani principali di centrodestra: "il Giornale" (meno 6,4 per cento) e "Libero" (meno 4,6). L'unica testata in salute era "Avvenire", il quotidiano cattolico, in crescita dell'1,8 per cento. Quando si passava dalle percentuali ai volumi reali, certe flessioni apparivano davvero vistose. In un anno "Repubblica" aveva perso 91 mila copie e il "Corriere" 53 mila. Anche per questo, nell'aprile 2009 l'assemblea annuale della Fieg, la federazione degli editori di giornali, si rivelò una cerimonia non ancora funebre, ma di certo lugubre. Il presidente, Carlo Malinconico, spiegò che le perdite della carta stampata erano cresciute del 100 per cento, mentre gli utili erano saliti appena del 30 per cento.

Anche il calo della pubblicità era stato molto forte soprattutto nel terzo trimestre del 2008 (meno 65 per cento) e nel quarto, che comprendeva il periodo natalizio (meno 12). Infine era diventata drammatica la flessione delle vendite dei cosiddetti prodotti collaterali, ossia i libri, i dvd e i cd abbinati ai quotidiani e ai settimanali. Ad avere la peggio erano stati i libri venduti insieme ai quotidiani: meno 59 per cento.

A raccontare questa disfatta ci pensò un quotidiano: "ItaliaOggi", sempre molto accurato negli articoli e nelle tabelle pubblicate sulle sue pagine dal colore giallo. Nella seconda metà del maggio 2009, la testata diretta da Franco Bechis sino all'agosto 2009 e poi da Pierluigi Magnaschi, segnalò che il calo nelle vendite delle testate più diffuse si accentuava. Nel confronto fra l'aprile 2008 e l'aprile 2009, il "Corriere" stava a meno 15,2 per cento, "la Repubblica" a meno 12,1, "La Gazzetta dello Sport" a meno 12,3. La perdita più vistosa era quella del "Sole-24 Ore", meno 15,8. Sul versante del centrodestra "il Giornale" accusava una flessione del 15,5 per cento e "Libero" del 7,9. Il solo "Avvenire" era in crescita (più 2,8 per cento), mentre "La Stampa" risultava stabile (più 0,1).

Davanti a queste cifre da funerale, gli editori cercarono di correre ai ripari. Prima di tutto, tagliando le copie che da tempo venivano inviate gratis nelle scuole, negli hotel, allo stadio, negli ospedali e persino nelle carceri. Poi decidendo piani ferrei per il contenimento delle spese.

All'inizio del luglio 2009, il solo Gruppo Espresso-

Repubblica varò un maxipiano di risanamento incentrato su 140 milioni di risparmi. Diretti a ridurre del 22 per cento le spese industriali e del 15 per cento tutte le altre spese: redazionali, commerciali e di distribuzione.

Ebbe inizio una fase negativa che nella carta stampata non si vedeva da anni. Quella dei licenziamenti, dei prepensionamenti e della cassa integrazione. Venne messa fuori dai giornali una generazione di giornalisti spesso non ancora sessantenni e in grado di dare molto alla professione e alle testate di appartenenza. Nel settembre 2010, "ItaliaOggi" pubblicò un'analisi di Claudio Plazzotta che rivelava un dato ancora sconosciuto: fra il 2009 e il 2010, la crisi dell'editoria aveva colpito non meno di settecento redattori.

Plazzotta affiancò al suo articolo una tabella fornita dal sindacato dei giornalisti della Lombardia. Era la regione più coinvolta nella crisi, dal momento che a Milano avevano sede le testate principali. Ne ricordo qualche dato. All'Agenzia Italia 19 esuberi. All'"Unità" 17 in cassa integrazione speciale. A "Repubblica" 84 esodi nell'arco di dodici mesi. Al "Corriere" 47 esodi. All'Arnoldo Mondadori editore 82 esuberi. Alla "Gazzetta dello Sport" 20 tagli. Alla Rizzoli periodici 34 in cassa integrazione e poi prepensionamenti. All'Agenzia Ansa 55 esuberi.

Il 13 novembre 2010, sempre su "ItaliaOggi", Marco Livi descrisse il quadro della crisi tracciato dalla Federazione nazionale della stampa, il sindacato unico dei giornalisti. Erano in crisi novanta testate, "tra quotidiani, periodici cooperativi, giornali di idee, fogli no profit e di partito". I giornalisti in disoccupazione risultavano 1.370, i cassintegrati 384, e 450 sotto contratto di solidarietà. Morale della storia? La Fnsi denunciava "un vero e proprio collasso dell'informazione".

Di fronte a tanti che uscivano, ci furono anche degli

ingressi. Quelli dei nuovi direttori messi in sella al vertice di alcune fra le testate più importanti.

La Grande crisi poteva essere arginata da un Grande cambio? Ecco una domanda senza risposta. Forse sì, forse no. Comunque il cambio ci fu, fra la primavera e l'estate del 2009. Con un succedersi di nuove nomine.

Il 31 marzo, Ferruccio de Bortoli (56 anni) lasciò la direzione del "Sole-24 Ore" per ritornare al vertice del "Corriere", al posto di Paolo Mieli (60 anni). Lo stesso giorno venne annunciato che al quotidiano economico-finanziario della Confindustria si sarebbe insediato Gianni Riotta (55 anni), che per questo lasciava la direzione del Tg1. Passata ad Augusto Minzolini (51 anni).

Un mese dopo, il cambio arrivò anche alla "Stampa". Qui, al posto di Giulio Anselmi (64 anni), venne insediato Mario Calabresi (39 anni) che in quel momento lavorava a New York come corrispondente di "Repubblica". Era lui di gran lunga il più giovane nell'infornata dei nuovi direttori. La scelta fu un atto di grande coraggio della Fiat, proprietaria del quotidiano. Ben ripagata dalle qualità poi dimostrate da Calabresi, alle prese con la sua prima direzione.

Nel corso di quell'estate mutarono anche i direttori delle due testate di centrodestra. Al "Giornale", Vittorio Feltri (66 anni) prese il posto di Mario Giordano (43 anni), lasciando la direzione di "Libero". Qui si insediò Maurizio Belpietro (51 anni), fino a quel momento direttore di "Panorama". Al vertice del settimanale della Mondadori arrivò Giorgio Mulè (41 anni), già direttore di Studio aperto, il telegiornale di Italia 1.

Il nuovo direttore che suscitò più curiosità fu Riotta. Conosceva bene la carta stampata per aver lavorato in testate importanti, ma in quel momento era alla guida del Tg1. Scelto per quell'incarico quando il centrosinistra aveva la maggioranza e a Palazzo Chigi sedeva Prodi. Non era un esperto di giornalismo televisivo. Tuttavia, per quel che ricordo, mi pare facesse onore al proprio ruolo.

Oltretutto, Riotta mi stava simpatico. E penso che lo fossi anch'io a lui. Poi temo di essermi giocata la sua benevolenza il giorno che ci trovammo faccia a faccia in un programma di Sky, *Controcorrente*, condotto da Corrado Formigli. Riotta era collegato con noi dall'ufficio di Saxa Rubra. Indossava la solita divisa: niente giacca, camicia bianca, cravatta nera.

Stavamo parlando dei politici che volevano mettere le mani sull'informazione. Su quella stampata e, soprattutto, su quella televisiva. A un certo punto, Riotta disse che, da quando guidava il Tg1, non aveva mai ricevuto una telefonata da un big di partito. Ero da sempre un imprudente al cubo. E gli replicai, ridendo: «Ma vallo a raccontare a tua nonna!».

Riotta se la prese? Penso di sì. Comunque, arrivato al vertice del quotidiano della Confindustria si trovò subito alle prese con fastidi assai più grossi della mia battuta. Anche il gruppo editoriale 24 Ore avvertiva il peso della Grande crisi. Aveva chiuso il 2008 con una perdita secca di profitti. Scesi dai 22,7 milioni di euro del 2007 ai 16,1 dell'anno successivo.

Ma si trattava di un guaio comune a quasi tutti i grandi quotidiani. Non credo che Riotta si sia angosciato per questo. Anche al "Sole-24 Ore" rivelò di essere un direttore dotato di grande sicurezza. Cominciò subito a fare un giornale molto contrario a Berlusconi e molto in sintonia con un leader rosso-rosa, Walter Veltroni.

Anche il più distratto fra i lettori del quotidiano economico lo comprese da un piccolo fatto. La domenica 13 settembre 2009 apparve sull'inserto domenicale una stroncatura dell'ultimo libro di Walter, *Noi*, scritta da Giovanni Pacchiano. Maltrattare l'amico Walter? Non fosse mai detto. Tre domeniche dopo, il 4 ottobre, comparve sul "Domenicale" del "Sole-24 Ore" un altro pezzo dedicato al *Noi* veltroniano, scritto dall'amico Gianni. Una controrecensione di zucchero filato.

Comunque sia, Riotta non durò molto al vertice del giornale. A metà del marzo 2011 venne sostituito da Roberto Napoletano, 50 anni, direttore del "Messaggero".

13
La grinta fa bene

Anche in Italia la Grande crisi del 2008 mise il terrore in corpo a molti editori e direttori di giornali. Come si poteva sopravvivere a quello che sembrava un annuncio di morte per la carta stampata? La paura di tirare le cuoia e chiudere bottega aiutò a trovare una risposta: quotidiani e settimanali sarebbero rimasti in vita a due sole condizioni.

La prima era di essere meno elitari e di rivolgersi al lettore qualunque, all'uomo della strada si sarebbe detto un tempo. E non soltanto al lettore di prima fila, quello colto, con la laurea, abituato a cercare nel giornale il pensoso articolo di fondo, le opinioni raffinate, la terza pagina grondante cultura. Questo cliente non sarebbe bastato a garantire l'esistenza della carta stampata. Bisognava volare basso e non in alto.

La seconda condizione derivava dalla prima. I giornali dovevano diventare sempre più simili all'Italia del Duemila. Un paese diviso in fazioni politiche, che si combattevano all'arma bianca. Dominato dallo scontro fra due blocchi, il centrodestra e il centrosinistra. Alle prese con una rabbiosa contesa quotidiana sul numero uno della politica di quel tempo: Berlusconi è un diavolo, Berlusconi è un dio in terra.

Alcune testate furono più rapide di altre nel rendersi conto che per salvarsi non esisteva una via diversa. A sinistra lo comprese subito "Repubblica" che accentuò la grinta cattiva di giornale partito, diventando un quotidiano di guerriglia. E proponendosi un obiettivo perseguito con ferrea tenacia: distruggere Berlusconi.

Su questo versante, nacque una testata nuova, "il Fatto Quotidiano", tanto fazioso da apparire l'organo di una setta infuriata. Una setta che esisteva e che gli garantì subito un imprevisto, e meritato, successo editoriale.

Lo stesso accadde sul fronte opposto, a destra. Qui erano attestati tre quotidiani: "il Giornale", "Libero" e "Il Tempo". Anche loro furono prontissimi a capire qual era la strada da prendere. Era quella di rivolgersi a un pubblico sempre più vasto, ma con un connotato politico preciso. Sino a diventare le testate leader dell'opinione moderata, liberale e avversaria delle sinistre. Giornali tanto forti da poter parlare ai partiti di quell'area da protagonisti. E non da organi di stampa al servizio del blocco politico guidato dal Cavaliere.

Fu "Il Tempo" di Mario Sechi a teorizzare per primo questo rovesciamento delle parti. Sechi, un sardo di Cabras, 42 anni, aveva alle spalle una buona carriera professionale: direttore dell'"Unione Sarda" di Cagliari, poi vicedirettore del "Giornale", di "Panorama" e di "Libero".

Dopo aver lasciato il quotidiano diretto da Belpietro, nel gennaio 2010 era passato a guidare "Il Tempo", lo storico quotidiano romano. Dimostrando di essere un direttore all'antica. Tutti i giorni al lavoro per fare il giornale. E tutti i giorni a scrivere l'articolo di fondo.

Sechi mise nero su bianco la nuova rivoluzione dei giornali. Per cominciare, i partiti erano sempre più deboli. Mentre la carta stampata, nonostante la crisi, mostrava una forza insospettabile. Per di più all'interno di un sistema dei media dove, in apparenza, dominava la tv. I giornali potevano essere sempre più forti se riuscivano a darsi un'identità politica e culturale molto chiara, ben definita e senza incertezze.

Non serviva più sembrare ecumenici, generalisti, disposti a ospitare un modo di vedere le cose e pure il suo opposto. Il mercato imponeva di diventare fogli di battaglia. Era una scelta obbligata, anche a rischio di trovarsi contro non soltanto il partito che appoggiavano, bensì l'intero arco politico. Ormai identificato con una parola breve, ma sprezzante: la Casta.

Il 9 ottobre 2010, Sechi scrisse sul "Tempo": "La verità è che i giornali che hanno una forte identità culturale e il gusto per l'inchiesta oggi sono i protagonisti della politica italiana. Dettano l'agenda. Sono diventati veri giornali-partito perché, a differenza della politica, esprimono idee forti. Sono quasi sempre fastidiosi per il potere. E non inquadrabili, a destra e a sinistra, nella logica dell'establishment. Che ha un obiettivo contrario: sopire, silenziare, imbavagliare" la carta stampata.

E il 10 ottobre, Sechi, nel rievocare l'estate del 2009, quella di Silvio "papi" e delle escort a Palazzo Grazioli, aggiunse: "Quello è stato il momento che ha cambiato in modo irreversibile il giornalismo d'inchiesta italiano. Se 'Repubblica' decide di guardare sotto le lenzuola del premier e può passare all'incasso del Premio Pulitzer, allora gli altri giornali possono fare altrettanto. È la stampa, bellezza. Solo che alcuni vorrebbero che questa regola fosse valida a senso unico. A sinistra".

Ma per un giornale stare a destra non era facile. Anche l'avere un profilo netto e un'indipendenza confermata di continuo, numero dopo numero, non difendeva dall'accusa di essere al servizio di Berlusconi. La presenza straripante del Cavaliere, l'enorme ricchezza personale e il suo modo d'interpretare il ruolo del premier stravolgevano tutto.

Al punto di sostenere, come di solito facevano molti politici dell'opposizione, che anche "Libero" era una testata di sua proprietà. Era un falso totale perché apparteneva a un editore indipendente. Ma le sinistre non andavano per il sottile. E fingevano di non conoscere l'arte del distinguere, tranne nei casi che andavano a loro vantaggio.

Me ne resi conto anche sul piano personale nell'agosto 2010 quando sul "Riformista" apparve una lettera firmata Gianni Tirelli. Era un signore a me sconosciuto e diceva: "Trovo alquanto singolare (visto il contrasto logico) che un quotidiano che si chiama 'Libero' sia diretto da un 'servo'.".

L'insulto, sia pure provvisto di ipocrite virgolette, era rivolto a Belpietro. E per connessione a tutti i giornalisti che lavoravano con lui. Compreso il sottoscritto, collaboratore di quella testata, oltre che del "Riformista". Lì per lì, mi incavolai. Poi iniziai a riflettere sulla parolaccia. E mi resi conto che il lettore Tirelli era stato sbadato, poiché non aveva espresso in modo compiuto il proprio pensiero.

Servo di chi? Credo che intendesse di Berlusconi. Infatti era questa l'accusa che veniva scagliata di continuo dalle tante sinistre contro chi non la pensava come loro sul conto del Cavaliere. E non si uniformava al Pensiero unico dell'opposizione. Ormai i "servi di" grandinavano tutti i giorni sulle teste dei refrattari. Ma erano grandinate che conoscevo da tempo, perché tra i molti difetti delle sinistre c'è quello di ripetere sempre le stesse maledizioni.

Nel 2003, quando pubblicai *Il sangue dei vinti*, parecchi sedicenti intellettuali rossi dissero che l'avevo scritto per fare un piacere a Berlusconi o addirittura dietro sua richiesta. Gli stessi continuarono a ripeterlo per i miei libri revisionisti successivi. Allora ero più ingenuo di adesso. E mi affannai a smentire. Poi cominciai ad alzare le spalle e decisi di lasciarli dire, senza replicare. Non ne valeva la pena. I loro insulti erano una corda a cui s'impiccavano da soli.

A pensarci bene, era lo stesso spettacolo che avevo già visto negli anni della Prima repubblica. I comunisti non riuscivano mai a sconfiggere nelle urne la Democrazia cristiana. Per questo sfogavano le loro nevrosi dando del servo a chi non li aiutava a mandare all'inferno gli odiati dicì. I giornalisti non subalterni al Pci erano i primi a beccarsi l'insulto. Servi di Piazza del Gesù. Servi della Balena bianca. Servi di questo o di quel ras democristiano.

Se non scrivevi che Andreotti era il capo occulto di Cosa nostra significava che ti eri messo al servizio del Gobbo. Se non sputavi veleno contro De Mita, il motivo era uno solo: avevi incassato una mazzetta dal suo portavoce, Clemente Mastella. Il quale Clemente, peraltro, di mazzette non si sognava di darne a nessuno. Al massimo ti mandava una scatola di torroncini a Natale.

Persino Eugenio Scalfari si beccò l'accusa di essere al servizio di De Mita. Accadde nella primavera del 1983, vigilia elettorale. "L'Unità", diretta da Emanuele Macaluso, e "Rinascita", il settimanale culturale del Pci, scatenarono una campagna violenta contro "Repubblica" e il suo direttore. La grandine rossa cadde sulla testa di tutti noi, sotto forma di lettere arrivate dalla base. Erano una valanga. E diedero vita a una campagna di boicottaggio. «Non comprate più il fogliaccio della ditta Scalfari & De Mita» predicavano dal Bottegone.

Venne preso di mira Carlo Caracciolo, l'editore di "Repubblica", imputato di trafficare con Flavio Carboni, suo socio nel quotidiano "Nuova Sardegna". Eugenio fu sbeffeggiato pure con le vignette. In una faceva il gioco delle tre carte con le schede elettorali. Affiancato da un De Mita vestito come un gangster degli anni Venti, ghette comprese.

Anch'io presi la mia rata di insulti. Ero un servo di casa De Mita come Scalfari e altri di "Repubblica". Ma ci fu pure chi scrisse di peggio. Peppino Fiori, in corsa per un seggio senatoriale comunista a Oristano, usando una vecchia citazione di Emilio Lussu, stampò sull'"Unità" che rischiavo di morire non da uomo, bensì da macchina per scrivere.

Nel 2010 poteva beccarsi del servo anche qualche eccellenza democratica. Accadde a Sergio Chiamparino, sindaco di Torino. Aveva protestato per l'esclusione del leghista Sergio Cota, governatore del Piemonte, dalla Festa nazionale del Pd che si teneva sotto la Mole. E il presidente della provincia di Roma, Nicola Zingaretti, suo compagno di partito, l'accusò subito di "subalternità culturale alla destra".

Insomma, il lettore Tirelli era soltanto un banale imitatore. Mi domandai per chi avrebbe votato nel caso di elezioni anticipate. E mi risposi: forse per Nichi Vendola. Un personaggio sugli scudi come possibile leader dell'ammucchiata di sinistra, progettata per sconfiggere Silvio il Caimano o Silvio il Satrapo, secondo due dei tanti sberleffi dipietristi.

Perché proprio Vendola? Perché il governatore della Puglia era il politico giusto per gli elettori alla Tirelli, pronti all'insulto, alla cattiveria gratuita, al disprezzo riservato ai presunti servi del Caimano.

Come molti esseri umani, anche Nichi aveva due volti. Quello messo in mostra fra il 2010 e il 2011 era davvero seducente. Un signore di 52 anni, ma dall'aspetto assai più giovane, parlatore fervido, il capo e l'uomo immagine del movimento Sinistra Ecologia Libertà. Insomma, un piacione al cubo, un mago dell'armonia, capace di suscitare un consenso molto largo.

Poi esisteva un secondo Vendola. Un politico aspro, di sostanza maligna, pronto a disprezzare gli avversari. Anche queste erano doti preziose nella guerra politica in corso. Un conflitto dove nessuno andava per il sottile. Che rendeva obbligatoria la pazienza di assorbire i colpi dei nemici e, al tempo stesso, l'astuzia di ribattere senza misurare le parole.

Del resto, nella Prima repubblica un altro politico pugliese, il socialista Rino Formica, uomo di grande schiettezza, aveva messo sull'avviso noi cronisti, dicendo: «Ricordatevi che la lotta politica è fatta di sangue e di merda».

Nichi non aveva bisogno dell'avvertimento di Formica. Per capirlo, una dozzina di anni fa, bastava leggere la sua rubrica su "Liberazione", il quotidiano di Rifondazione comunista. S'intitolava *Il dito nell'occhio*. Una bella insegna, ma alquanto riduttiva. Un dito? Diciamo unghiate, ceffoni e calci nelle parti basse. Il deputato Vendola sfoggiava una qualità rara nei politici italiani di allora: il giudizio al curaro sui big della casta che non poteva soffrire.

Prendiamo un'annata a caso, il 1999. Un tempo feroce. Con la guerra della Nato contro la Serbia di Slobodan Milošević. E con l'Ulivo al governo, presidente Massimo D'Alema. Come tutti i militanti di Rifondazione, anche Vendola era un pacifista integrale. Voglioso di dimostrarlo in ogni puntata del suo *Dito nell'occhio*.

L'obiettivo preferito era, fatalmente, il D'Alema premier. Nichi lo bollava così: "grevemente atlantico", "cinicamente spoglio di dolore", "goffamente demagogico", "con una spocchia da statista neofita", "con la disinvoltura di un giocoliere", "con un parlare frigido e maestoso".

Insomma, un D'Alema "livido come i neon del metrò". Mentre Piero Fassino, ministro per il Commercio con l'estero nel governo di Max, "blaterava scempiaggini cingolate e mortali". E Umberto Ranieri, sottosegretario agli Esteri, "parlava come un caporalmaggiore della Nato". Era meglio il graduato Ranieri "o quel caporalmaggiore di se stesso che è diventavo il derelitto Marco Rizzo?".

La frecciata al comunista Rizzo oggi va spiegata. Nell'ottobre 1998, Armando Cossutta, il leader di Rizzo, era uscito da Rifondazione per costituire il Partito dei comunisti italiani. E stava fra gli alleati di D'Alema. Questo aveva eccitato la verve rabbiosa di Vendola contro l'Armando.

Per Nichi, l'ex compagno Cossutta era diventato "un cappellano militare", "un esempio di cinismo incarnato nella liturgia levantina del mentire", "l'ipocrisia eletta a scienza, a metodo, a progetto politico", "una maschera che non fa ridere". Nessuno come lui sapeva "tradire se stesso, la propria storia, i propri compagni, senza neppure inarcare il sopracciglio, senza abbassare il volume della tromba". Cossutta "si dice la verità da solo, si mente da solo, si celebra da solo, si seppellisce da solo".

La battuta finale del pacifista Nichi restò indimenticabile per l'assurdità velenosa: "Armando, voce del verbo armare". Di conseguenza, il suo fedele Rizzo, "già esimio studioso dei Bignami del marxismo leninismo", si era convertito "alle citazioni di Nostradamus": "Domani vedrete che citerà Padre Pio e la Madonna di Lourdes: certi peccatori sono capaci di tutto".

Era davvero rovente il dito vendolista nell'occhio. Antonio Di Pietro aveva "una caratura mussoliniana". Lamberto Dini, ministro degli Esteri con D'Alema, era "un noto venditore di tappeti". Carlo Scognamiglio, ministro della Difesa, sembrava "un bismarckiano in guanti bianchi che vive con eccitazione il suo ruolo involontariamente storico". Oliviero Diliberto, ministro della Giustizia, prendeva "le distanze dalla guerra senza prendere le distanze dalla sua poltrona".

Ma la furia di Vendola era diretta contro l'intera sinistra schierata con D'Alema: "Se metto insieme i volti di questa sinistra di guerra e le immagini delle terre slave incendiate dai bombardamenti atlantici, mi viene in testa un libro cult della mia generazione: *Porci con le ali*. Questo establishment sinistro, al governo e alla Rai, ha portato i porci e le ali nelle basi Nato e poi nei cieli adriatici. Verso la conquista di un posto al sole o perlomeno all'ombra delle nuove piramidi americane".

Tuttavia, anche Nichi era un bombardiere, sia pure soltanto con le parole. E si scatenò contro un obiettivo speciale: la radicale Emma Bonino, commissario europeo agli aiuti umanitari. Per prima cosa, la trasformò in un maschietto: *Un uomo chiamato Emma*, diceva il titolo della rubrica l'11 aprile 1999. "Emma è un uomo di rara furbizia e di rocambolesco cinismo." "Si veste come un monaco tibetano, ma ragiona come un funzionario modello della Cia." "Lui, il Bonino, ama la guerra, condita con ironiche citazioni di Gandhi."

E ancora: il Bonino "commissario della polizia europea, predica la non violenza degli aerei Mirage e B52". "Gli piacciono le stragi ornamentali e le carneficine umanitarie." "È un sacerdote dell'idillio atomico." "È un terrorista dell'Uck o della Casa Bianca, travestito da carmelitano scalzo con il paracadute." "Una vipera con la faccia di colombella, il soldato Emma Bonino. Con l'elmetto in testa, con la tessera della Nato in tasca, con il cuore nel portafoglio."

Dodici anni fa, il deputato Vendola era anche così: un polemista dal pensiero violento e dal linguaggio stridulo. Sarà uno spettacolo vedere che cosa accadrà se Nichi sarà il candidato leader della coalizione rossa. Emma Bonino lo sosterrà? Questo resta da vedere. Ma di certo dovrà lavorare per lui il livido D'Alema. Lo stesso dovranno fare il cingolato Fassino, il mussoliniano Di Pietro, il caporalmaggiore Ranieri. E i tanti della sinistra guerrafondaia. Quella di *Porci con le bombe*.

Forse sarò davvero un servo del Caimano, ma non ho mai visto un polemista dei giornali di centrodestra usare lo stesso linguaggio. Certo, Vittorio Sgarbi non le manda a dire, però è un signore che fa razza a sé. "Il Giornale", "Libero" e "Il Tempo" erano diventati aggressivi per le notizie pubblicate, per le loro inchieste, per i titoli e per i commenti. Però non ricordo che dispensassero insulti ai politici non graditi. E meno che mai ricorrendo alla volgarità trucido-surreale di un Vendola.

La grinta delle tre testate aveva anche un motivo che devo ricordare: l'isolamento rispetto al coro imponente dei media in battaglia contro Berlusconi. L'ho già detto: gran parte della stampa italiana stava e sta a sinistra. Il suo colore preferito è il rosso. È questo il tono dominante nelle redazioni. Tanto acceso da imporsi anche alle direzioni.

Pure questo era un regalo, involontario e tuttavia consistente, offerto dal fallimento dell'ultimo Cavaliere. E dal suo crac d'immagine. Una disfatta che tra l'autunno 2010 e il 2011 raggiunse un culmine mai toccato. Con la storia di Ruby Rubacuori, la minorenne marocchina, il bunga bunga nella villa di Arcore, la telefonata di Silvio alla questura di Milano per raccomandare la finta nipote di Hosni Mubarak, il capo di Stato egiziano. Una trovata grottesca, indegna di un premier.

Essere delle mosche bianche su un terreno rosso non è una condizione sempre favorevole. Nell'autunno del 2010 lo constatarono i tre direttori di destra. Il loro giornalismo aveva molti lettori, proprio per una diversità che il mercato premia sempre. Ma era un successo pagato da quel che accadeva attorno a loro.

Feltri lo disse il 21 ottobre, in una puntata della sua rubrica sul "Panorama" diretto da Mulè. Spiegò: "Se fai parte del club antiberlusconiano hai diritto di dire e di scrivere ciò che ti pare. Se invece sei schierato sull'altra sponda, ogni tuo pensiero è indegno, e quindi da condannare, o quantomeno da disprezzare".

E ancora, sempre Feltri: "Quando 'Repubblica' si accanisce su personaggi di centrodestra, Berlusconi in particolare, fa il suo mestiere, forte della libertà di stampa. Se invece la stessa attività è svolta dal 'Giornale', da 'Panorama', dal 'Tempo', da 'Libero', allora i cronisti sono bastonatori, killer e fanno del dossieraggio mirato a distruggere gli avversari del premier. E i direttori sono servi del padrone".

Sempre su "Panorama", il 28 ottobre, Giuliano Ferrara raccontò della caccia al giornalista di destra, restio a uniformarsi al pensiero autoritario della sinistra: "Ha le mani in pasta nella macchina del fango messa su da Silvio Berlusconi, è un servo del potere, scrive su giornali urlati, è socialmente impresentabile, il suo stesso appeal populista lo condanna al giudizio di gusto delle élites, deve restare fuori dal circuito televisivo che conta".

Il giornalismo militante, quello rosso, continuava Ferrara, "ci ha convinto della divisione del mondo in buoni e cattivi secondo linee di moralismo ideologizzato. Cattivi sono i ricchi, gli americani, i potenti, il popolino xenofobo, i preti. Buoni sono i poveri del Terzo mondo, gli emarginati, i deboli, le forze della solidarietà sociale e della lotta di classe, le loro guide illuminate, le star mediatiche del firmamento benpensante. La libertà di stampa così connotata riserva ai cattivi di turno un piccolo ghetto. E vorrebbero che loro stessero al gioco e non varcassero mai le mura di cinta. Non accade più, per fortuna".

D'accordo, certe misure di igiene politica la sinistra, in combutta con il futurismo finiano, non riusciva più a imporle, almeno nell'autunno del 2010. Però ci provava. E adesso vedremo come.

14

Chiacchiere da bar

Per capire quanto Feltri, Belpietro e Sechi stessero sui santissimi alla sinistra vecchia e nuova, bisognava seguire le orme e gli scritti del signor Rossi. Qualcuno dei lettori si chiederà: «Rossi e poi? Vorremmo sapere nome di battesimo, età, professione, perché di Rossi, in Italia, ce ne sono milioni». Risposta del Pansa: «Un attimo di pazienza e ci arriveremo».

Per il momento dirò soltanto che nell'agosto 2010, il signor Rossi l'aveva fatta grossa. Si era dimenticato della prima regola per chi si mette in politica: non aizzare, non incendiare gli animi, non eccitare la rabbia della gente.

È una norma sacrosanta che dovrebbe valere sempre. E necessaria ancora di più in tempi perigliosi come quelli d'oggi. Quando la casta dei partiti, invece di governare o di fare opposizione, si sta incartando in una guerra civile di parole. Poco rischiosa per loro, però densa di pericoli per gli italiani senza potere.

Ma chi è allora il signor Rossi? Potrei rispondere: soltanto un giornalista, come me del resto. Per di più in un quotidiano con pochi lettori, anche se interessante e fatto con dedizione: il "Secolo d'Italia". Un tempo era il giornale del Msi, poi di Alleanza nazionale, quindi una testata "nel Pdl". Infine anche questa dicitura, quasi invisibile nell'angolo in alto a sinistra della prima pagina, scomparve. Dal momento che era ormai diventato un foglio integralmente finiano.

Nell'agosto del 2010, come aveva sempre fatto, il "Secolo d'Italia" si prese quasi un mese di ferie e scomparve dalle edicole. Ma chi non andò in vacanza fu il web magazine di Farefuturo, la fondazione di Gianfranco Fini. Lo dirigeva, e lo dirige tuttora, il signor Rossi, ossia Filippo Rossi.

Non mi è facile parlare di lui perché l'ho sempre considerato un amico. Un collega ancora giovane, 46 anni, intelligente, dal carattere ferreo. Un volontario pronto alla battaglia, un combattente come pochi. Sia pure con il rischio di diventare un pasdaran, un miliziano in servizio permanente effettivo.

Il nostro primo incontro avvenne nel 2008, a Viterbo, nel corso di una festa del libro, da lui inventata e allestita: Caffeina. Poi nel 2009, ci rivedemmo di nuovo a Caffeina e quindi in un dibattito su un mio libro ad Anzio. Ogni volta lo scoprivo sempre più ostile al cavalier Berlusconi. Pur essendo quest'ultimo, almeno in teoria, il suo leader di riferimento.

Era davvero speciale, Filippo. A cominciare dall'aspetto: alto, barbuto, sempre scravattato, un po' sciamannato, noncurante di qualsiasi formalità nel vestire, l'esatto contrario di tanti fighetti di destra. Aveva un sorriso allegro e possedeva un'ottima cultura che per modestia non sfoggiava. Insomma, un bel tipo, con una vita normale, sposato e padre.

La normalità di Filippo spariva quando iniziava a parlare di Berlusconi e del partito berlusconiano, che fra il 2008 e l'inizio del 2009 non era ancora il Pdl. Ascoltavo i suoi giudizi al veleno sul Cavaliere e restavo sbalordito. Avevo di fronte un intellettuale di destra che ragionava, criticava e inveiva come un militante della sinistra più radicale.

Non credo che sia stato lui a spingere Fini verso le terre incognite del futurismo anti-Cav. Ma qualche volta mi è venuto il sospetto che Filippo, in qualche modo, lo abbia preceduto nella corsa a dar vita a Futuro e Libertà. Ecco un merito che non gli verrà mai riconosciuto. O una colpa che non gli sarà mai addossata. Ma il giorno che qualcuno scriverà la vera storia della scissione finiana, un posto per Filippo Rossi ci dovrà essere senz'altro.

Dopo l'incontro di Anzio, non ci siamo più rivisti. Ma per me Filippo è sempre stato una presenza professionale. Come direttore del giornale web di Farefuturo, veniva citato di continuo dalla carta stampata. Sia pure in una condizione anomala per un giornalista: senza mai essere indicato con nome e cognome. Infatti, a interessare i quotidiani non era il signor Rossi, bensì l'onorevole Fini. In qualche modo l'editore o il santo patrono di Farefuturo online.

A questo punto, il discorso si estende al sistema dei media italiani. È un mondo a volte brutale, ma di solito fatto da gente capace di arrivare al sodo. Nel nostro caso al personaggio di Fini. Da mesi, il cofondatore del Pdl, nonché ex leader di An e sempre presidente della Camera, spiccava ogni giorno sulle prime pagine dei quotidiani. Ed era fatale che accadesse perché Fini è sempre stato un esternatore indefesso.

Le poche volte che Gianfry taceva, parlavano per lui i suoi luogotenenti. A cominciare da Italo Bocchino, il politico più verboso d'Italia. Un formidabile Parolaio nero, lui direbbe tricolore, in grado di annullare il ricordo del fantastico Parolaio rosso, Fausto Bertinotti. E se non esternavano i luogotenenti, ci pensavano i giornali finiani, sia quello stampato che quello su internet.

Se il parlamentare X o il giornalista Y, legati a lui, dicevano o scrivevano qualsiasi cosa, la cosa qualsiasi veniva considerata come se uscisse dalla bocca o dalla penna del presidente della Camera. Anche questo fatto inevitabile avrebbe dovuto indurre alla prudenza gli uomini e le donne di Futuro e Libertà. Ma in politica, purtroppo, la prudenza non è ritenuta una virtù.

Il giovedì 19 agosto 2010, il signor Rossi non fu per nulla prudente. Sul sito web che dirigeva scrisse un editoriale di fuoco contro Berlusconi e il Pdl. Li dipinse come una banda di gangster, pronta a qualsiasi nefandezza: "Dossieraggio. Ricatti. Menzogne. Assalto agli avversari. Killeraggi mediatici. Attacchi sguaiati alle istituzioni. Propaganda stupida e infondata. Relazioni internazionali di dubbio gusto".

Era una reazione all'inchiesta del "Giornale" e di "Libero" sulla casa di Montecarlo, una vicenda che tra poco rievocherò. Ma era pure un cazzotto di durezza inusitata. Al confronto, le requisitorie di Di Pietro suonavano come prediche di un don Abbondio qualunque. Anche i giornali di sinistra schierati contro il Caimano non erano mai arrivati a tanto.

Il sistema dei media fece il resto. La sera di quel giovedì, la nube velenosa scaturita dall'editoriale di Rossi invase i telegiornali e i giornali radio. Per ripresentarsi il giorno successivo su tutta la carta stampata. L'effetto negativo si rivelò talmente forte da spingere i due capigruppo parlamentari di Futuro e Libertà a prendere le distanze da Rossi. Con una sentenza pesante: un editoriale "fuori misura".

Anche Fini espresse lo stesso giudizio? Non lo so. Provai a chiederlo, per telefono, all'autore fuori misura. Ma Rossi, una volta tanto prudente, preferì non rivelarmi nulla. Per questo motivo, fui costretto ad affidarmi al mio intuito. Credo che il presidente della Camera abbia annuito soddisfatto, anzi molto soddisfatto, nel leggere la requisitoria di Filippo. Per una ragione banale: all'origine di quell'assalto c'era proprio lui, il leader futurista.

In quel momento, era il silenzio di Fini ad autorizzare qualsiasi bravata dei suoi. Il gallo non cantava? Allora cantava il pollaio. Ma il risultato non mutava. Quando arrivava il momento, anche il borbottio del pollo più loffio veniva attribuito a lui. Così va il mondo. Il presidente della Camera lo sapeva di sicuro. Però non credo che ne fosse infastidito. Ormai aveva iniziato una guerra totale al Caimano. E nella sfida a Berlusconi aveva messo in gioco tutto se stesso, il personale e il politico, come si diceva un tempo.

Ma il buon Filippo Rossi era un vero irriducibile. Ed essendo un giornalista gli stavano sul gozzo i quotidiani di destra che non avevano seguito Fini nella corsa a sinistra. Per sfogare la sua rabbia, ritornò alla carica il 17 ottobre 2010, sull'edizione domenicale del "Secolo d'Italia". Con un atto d'accusa di ben sei pagine e a più voci, dedicato alla banda Feltri & Belpietro. Come definirla quella grandinata di bastonate? Arrogante, volgare, surreale? Direi surreale. A cominciare dai titoli. Le prime due pagine scritte da Rossi venivano presentate così: *Giornalismo di destra: come si è trasformato in un film dell'orrore.*

A Filippo non piaceva nulla dei fogliacci di Feltri e di Belpietro. A cominciare dal modo di presentare gli articoli: "I titoli sono urlati, a centro pagina, con i caratteri grandi, come nei volantini. E anche il contenuto è quello degli slogan".

Ma l'accusa vera era un'altra: "'Libero' e 'il Giornale' non rappresentano nessuna cultura politica, se non un residuo di berlusconismo puro. Hanno dimenticato quel ventaglio di pensieri e di stili che caratterizzava il giornalismo moderato. Orientandosi esclusivamente sulla virulenza da pamphlet, sulla retorica e sulla demagogia più spicciola... Fanno un giornalismo che cela disprezzo per i lettori, li considera incapaci di ragionamento e inadatti alla riflessione".

Per trovare sostegno alla propria tesi, il dossier di Rossi venne integrato da due interviste a giornalisti estranei alla destra. Il primo fu Scalfari, con un lungo colloquio scritto da Luciano Lanna. La sacra barba di Eugenio spiccava su due pagine, incorniciata da un titolissimo che diceva: *"Repubblica" non ha mai pubblicato pizzini mafiosi.*

Il titolo era un derivato della risposta di Scalfari a proposito della lunga campagna di "Repubblica" contro Silvio il Caimano. Con una marmorea faccia tosta, Barbapapà sostenne: certo, abbiamo fatto dieci domande a Berlusconi, stampandole a ripetizione per settimane, "ma non abbiamo mai recapitato qualche pizzino. Per il resto, mi lasci dire: loro fanno un libello, noi facciamo un giornale".

Gli innominati libellisti, definiti in modo sprezzante "loro", erano sempre Feltri, Belpietro e le rispettive bande. Per dare addosso a questo clan di malvagi, venne intervistato pure un inviato del "Corriere della Sera", Aldo Cazzullo. Il titolo che lo presentava diceva: *Cari colleghi di destra, fate chiacchiere da bar.* Ma che cosa c'entravano i bar nella battaglia ingaggiata dal signor Rossi per conto del signor Fini?

Cazzullo illuminò così le menti dei tardi di comprendonio: "Al conformismo di sinistra, dominante nelle redazioni vent'anni fa e non certo scomparso, fa da contraltare un conformismo di destra. È la retorica del 'fuori dal coro', dei 'pochi ma buoni', di chi va sempre controcorrente e si oppone al politicamente corretto. Con questo artificio retorico, vengono spacciate magari le cose ascoltate al bar o al mercato".

Conclusione patriottica di Cazzullo: "Oggi mi godo il lusso che abbiamo al 'Corriere' di non giudicare a priori una cosa giusta o sbagliata solo perché la dice Berlusconi. Purtroppo non sono mai riuscito a intervistarlo. Forse perché preferisce il monologo...".

Qui l'inviato di via Solferino avrebbe dovuto aggiungere: come Fini, il vostro principale, restio a qualsiasi vera intervista. Ma Cazzullo, da vero signore, si guardò bene dal dirlo.

Se la coppia Feltri & Belpietro era al servizio di Berlusconi, il "Corriere della Sera" che ospitava Cazzullo era sempre stato un giornale illibato, senza nessuna contaminazione con la politica? Direi proprio di no.

Per limitarci a questo dopoguerra, con le direzioni di Mario Missiroli e di Giovanni Spadolini, il "Corrierone" si era dimostrato un baluardo del centrismo politico. Ottone, invece, ne aveva fatto un giornale d'assalto, senza riguardi soprattutto per la Balena bianca.

Se ripenso alle mie inchieste sui ras democristiani, ho già rammentato che anch'io venivo accusato di essere un killer, addetto alle bastonature mediatiche ordinate dal direttore. Fu quello che urlò Ciriaco De Mita dopo un mio articolo sulle sue clientele in Irpinia. Per non parlare delle mie cronache irrispettose dei congressi Dc.

Dopo Ottone, il "Corriere" divenne il giornale della Loggia P2 di Licio Gelli e precipitò in un abisso nel quale accaddero nefandezze troppo note per essere riassunte qui. Sotto la direzione di Paolo Mieli, via Solferino si schierò con il centrosinistra. E alla vigilia delle elezioni politiche dell'aprile 2006, si pronunciò in modo aperto per Romano Prodi contro il Cavaliere. Dicendo di Berlusconi: "Lui non può fare il presidente del Consiglio".

È rimasto famoso questo editoriale di Mieli a favore del centrosinistra, "una scelta inusitata nel panorama dei media italiani". La definisce così Massimo Mucchetti, vicedirettore ad personam del quotidiano di via Solferino, nel suo libro *Il baco del Corriere*, stampato da Feltrinelli nel novembre 2006. Fu una scelta disastrosa perché, così scrive Mucchetti, causò al giornale una perdita di 40 mila copie. Era il risultato della fuga di tanti lettori moderati. Incavolati neri per quella che ritenevano una svolta a sinistra di via Solferino.

Sul finire del 2010, il "Corriere" di De Bortoli si guardava bene da scelte come quella di Mieli. Ma non nascondeva una sfiducia sempre più forte nei confronti del Cavaliere e del suo governo. Non era l'unico a pensarla così, avevo anch'io dei dubbi sempre più netti. Però non pensavo di leggere sul "Corrierone" l'editoriale uscito il venerdì 15 ottobre 2010.

Lo firmava Beppe Severgnini, un collega molto contrario al Cavaliere, come si vedeva dal suo ultimo libro e dalle comparsate in tv per presentarlo. Ricordo di averlo sentito obiettare con forza contro il Berlusca, in una puntata delle *Invasioni barbariche* su La7. Ma il suo articolo di fondo volava assai più alto e prendeva di mira "il neogiornalismo".

Il Cavaliere era un fenomeno orrendo che indignava il ragazzo di Crema. Accanto a lui c'era questo nuovo demonio di carta stampata, che aveva un'infinità di colpe. Praticava la rissa invece della discussione. Rivelava il disprezzo per le opinioni altrui e la paura del diverso. Riteneva l'aggressività una prova di virilità professionale. Usava toni più adatti alla curva balcanica di Marassi, lo stadio di Genova devastato dagli ultrà serbi, che al dibattito di un paese civile. E se ne vantava pure.

Sempre a sentire Severgnini, il neogiornalismo era una sentina strapiena di vizi. Chiamava pavidità il rispetto, coraggio l'arroganza, franchezza l'insolenza, coerenza l'insolenza preventiva. Infine la scelta di non avere nemici a scatola chiusa non veniva giudicata onestà intellettuale, bensì ipocrisia. Ecco un mostriciattolo alla ricerca continua della rissa. Per soddisfare la propria ossessione di avere un nemico, di stanarlo e di stangarlo. Sempre a vantaggio del Caimano.

Ma di chi stava parlando, Severgnini? Anche il più

distratto dei suoi lettori avrebbe subito capito che se la prendeva, anche lui!, con "il Giornale" e con "Libero", vale a dire con la trucida coppia Feltri & Belpietro. Erano di certo loro due i malvagi inventori del nuovo giornalismo. Però nel proclama stilato a Crema di nomi non se ne facevano. A scanso di repliche.

Parte quarta

15
I due mastini

All'inizio del 2009 esistevano due mastini che combattevano separati. Uno era Vittorio Feltri, direttore di "Libero", e l'altro Maurizio Belpietro, che guidava "Panorama". Poi le circostanze li avvicinarono. E alla fine li portarono a lavorare insieme.

Ho parlato in modo generico di circostanze. Dunque mi corre l'obbligo di precisarle. La prima ebbe origine nell'ambiente opposto ai due mastini: il quotidiano che più li osteggiava, "la Repubblica" diretta da Ezio Mauro. Racconterò in seguito di questo giornale guerrigliero, superaccanito contro Berlusconi. Ma fu proprio la sua battaglia all'ultimo sangue per demolire il Caimano a causare l'incontro fra i due mastini.

Come dicevano le nostre madri? Chi la fa, l'aspetti. Se tu mi perseguiti, io ti renderò pan per focaccia. E comincerò a fare la stessa cosa a te. È il principio base di tutte le guerre civili. A ogni azione corrisponde una reazione. A una rappresaglia verrà risposto con un'altra rappresaglia. Sangue chiama sangue. È una verità che in Italia conosciamo bene.

Di solito, le guerre civili vengono combattute con le armi vere, per uccidere. Ma si possono ingaggiare anche con i media. E prima di tutto con la carta stampata, con i giornali. È quel che stava accadendo in casa nostra e sarebbe accaduto sempre più spesso. Il mezzo televisivo è importante, orienta il pubblico, costruisce carriere. Tuttavia erano i giornali il mezzo più adatto ad aggredire l'avversario.

Non sto scoprendo l'acqua calda. Mi limito a ricordare quanto allora si vedeva da mesi. Verso la fine dell'aprile 2009, "Repubblica" iniziò una guerra senza quartiere contro il presidente del Consiglio. A partire dall'affare Noemi e dall'immagine grottesca di Silvio chiamato "papi", Mauro e la sua squadra non lasciarono passare giorno senza assalirlo.

Vennero usati tutti i mezzi possibili. Le inchieste, le interviste, le fotografie, le registrazioni telefoniche effettuate dai magistrati. L'obiettivo era dimostrare che Berlusconi non meritava di rappresentare l'Italia, si comportava da puttaniere, organizzava festini a Palazzo Grazioli e a Villa Certosa, in Sardegna. E inoltre era un bugiardo, la colpa più grave per un leader politico.

A chi toccava replicare all'assalto dei centurioni repubblicani? Soprattutto alla prima fra le testate di centrodestra: "il Giornale", diretto da Mario Giordano. La replica arrivò, ma al Cavaliere non sembrò adeguata alla forza dell'assalto. Per di più condotto da un quotidiano capofila di un gruppo editoriale di grande forza, quello di Carlo De Benedetti, il suo avversario storico. In grado di dettare la linea all'"Espresso" e a molte testate provinciali.

Giordano era un bravo direttore di 41 anni, alessandrino di nascita, cattolico convinto, in grado di scrivere ottimi articoli di fondo e di costruire ogni giorno un quotidiano interessante. Però non possedeva il cinismo duro di Mauro. Dunque non era ritenuto l'uomo adatto ad applicare la vecchia regola delle guerre politiche: a brigante, brigante e mezzo.

Immagino che sia stato questo il motivo principale che spinse il Cavaliere a sostituirlo. Il secondo motivo era di natura finanziaria. "Il Giornale" aveva un deficit storico che risaliva all'epoca di Indro Montanelli. Nel fondare il quotidiano, nato nel giugno 1974, il grande Cilindro non aveva badato a spese. Con il passare degli anni, il deficit era cresciuto a livelli robusti. Dunque occorreva un direttore capace di impugnare la scure e tagliare tutte le spese tagliabili.

La decisione di Berlusconi fu inappellabile. Anche perché l'editore del "Giornale" era il fratello Paolo. Al posto di Giordano, il Cavaliere volle Feltri. E non credo che, per almeno un anno e mezzo, si sia pentito di quella scelta. Decisa alla fine del luglio 2009, ma diventata operativa solo dopo qualche settimana, una volta passato Ferragosto.

In quel momento Feltri aveva compiuto da poco 66 anni. Poteva vantare una lunga carriera e aveva diretto otto testate. Tra queste, "L'Europeo", "L'Indipendente", "il Giornale", il "Quotidiano Nazionale" e infine "Libero", fondato da lui nel luglio del 2000. Era considerato un primo della classe con un carattere da bergamasco duro. Nel nostro ambiente pochi gli assomigliavano. In molti, compresi i tanti che non potevano soffrirlo, gli invidiavano la capacità di scrivere chiaro e con asprezza. Oltre all'abilità di saper governare redazioni non sempre facili.

Nell'ottobre 2009, intervistato per "First" da Andrea Marcenaro, Feltri disse qualcosa di sé, rivelando un aspetto del suo carattere che ho sempre apprezzato: lo humour sarcastico. Quando Marcenaro gli chiese dove stava la nobiltà del lavoro di giornalista, rispose: «Di nobile c'è poco. Può essere divertente, persino appassionante, ma di nobiltà non parlerei. Lo dico per me e per gli altri. Ma di solito gli altri sono disinteressati, altruisti, imparziali, santi. E indipendenti. Mi raccomando: scriva che sono indipendenti, non servili come me...».

Marcenaro gli citò il profilo che Gad Lerner aveva tracciato di lui: «È il senso comune conservatore, politicamente scorretto, con le dovute spruzzatine reazionarie». Feltri replicò: «Perfetto. Mi riconosco». Poi disse di sé: «Non lancio mai messaggi mafiosi. I bergamaschi ruvidi, teppisti e bestie come me, non conoscono i ghirigori del messaggio obliquo. Siamo gente che urla».

Non si riteneva secondo a nessuno. A Gianna Fregonara, del "Corriere della Sera", spiegò: «Non sono io a essere berlusconiano, è Berlusconi a essere feltriano». Insomma un osso da mordere, ben dipinto nel libro intervista *Il Vittorioso*, scritto da Stefano Lorenzetto e pubblicato da Marsilio nel novembre 2010.

A un direttore fatto in quel modo, che cosa chiese Berlusconi nell'insediarlo al "Giornale"? Qui entriamo nel campo delle congetture, sia pure non del tutto campate in aria. Per prima cosa, gli diede il mandato di irrobustire "il Giornale" in termini di copie vendute, portandole via soprattutto a "Libero" che Feltri aveva appena lasciato. Trovare più lettori voleva dire veder crescere la pubblicità e diminuire un passivo pesante. Il secondo mandato, di certo il più importante sotto l'aspetto politico, fu quello di organizzare una risposta adeguata all'assalto di "Repubblica".

Conosco Feltri quel tanto che basta per dire, con certezza, che non è mai stato un esecutore di ordini al servizio di un editore. Molto orgoglioso, sicuro delle proprie capacità, signorile nei modi, ma anche pronto a incavolarsi, Vittorio ha sempre obbedito soltanto a se stesso. Ma se l'editore gli proponeva un lavoro congeniale al proprio carattere, si poteva star certi che l'avrebbe svolto al meglio delle sue capacità. E così avvenne.

La notizia che Feltri lasciava "Libero" per ritornare al "Giornale" apparve il 30 luglio 2009 sul "Corriere della Sera" e su "Repubblica". Giampaolo Angelucci, proprietario della testata di "Libero", non ebbe esitazioni: bisognava trovare un direttore all'altezza di Vittorio.

I motivi erano due. Il primo aveva a che fare con

l'immagine del quotidiano. Il secondo, molto più pratico, era non soffrire le conseguenze dell'uscita di Feltri. E resistere alla prevedibile forte concorrenza che "il Giornale" avrebbe fatto a "Libero". Tutti sapevano che Vittorio era sempre stato un competitore pericoloso. Per di più, conosceva come nessuno i lettori del quotidiano che aveva fondato.

Angelucci offrì la direzione di "Libero" a Belpietro. Anche lui era un giornalista di centrodestra, con una lunga carriera alle spalle. Pur avendo soltanto 51 anni, quindici meno di Feltri, aveva guidato più di una testata, compreso "il Giornale" e "Il Tempo" di Roma. E presentava un profilo professionale e umano adatto all'impegno che l'editore si aspettava da lui.

Nato nel 1958 a Castenedolo, in provincia di Brescia, anche nell'aspetto fisico Belpietro ricordava un mastino, persino più di Feltri. Sotto un tratto molto cortese, celava un carattere di ferro, proprio dei direttori di un tempo. Ne avevo conosciuti di uguali a lui, veri comandanti in capo. Giornalisti capaci di entrare in sintonia con la redazione. Ma consapevoli di un diritto-dovere sempre uguale nel succedersi dei tempi.

Lo ricordo con l'aiuto di una vecchia immagine. Il direttore di un giornale ha tutti i poteri del comandante di una nave, tranne due: sposare i passeggeri e seppellire in mare chi tira le cuoia durante il viaggio. Per dirla in un altro modo, il capo di una testata doveva avere la forza del leader solitario. In grado di meritarsi tutti gli elogi, ma anche di prendersi tutte le colpe.

E pure "Libero" e Belpietro erano odiati a sinistra. Il giornale risultava insopportabile ai nuovi trinariciuti perché si permetteva di essere di destra senza avere per padrone Berlusconi. Il fastidio era così forte che i cronisti cosiddetti democratici spesso lo citavano come una testata di proprietà della Fininvest. Rivelando al tempo stesso faziosità e ignoranza.

Del resto, il Cavaliere non sempre apprezzava la libertà un po' anarchica delle due testate. La favola che le controllasse, o le facesse sorvegliare da qualche suo commissario politico, era buona soltanto per le sinistre più zotiche.

Lo confermò una battuta che sfuggì al Berlusca verso la fine del settembre 2010, in un momento di difficoltà per il governo. Disse: «I giornali più vicini a noi forse ci fanno più male che bene». Una sciocchezza che gli meritò l'immediata risposta di Feltri: «Se Berlusconi me lo chiede, tolgo il disturbo domani mattina. E senza fare conferenze stampa».

L'avversione rossa o rossiccia per Belpietro era dettata da due motivi: era un giornalista di destra e scriveva con schiettezza ciò che pensava. Scalfari non poteva soffrirlo forse perché vedeva in Maurizio certi tratti duri che appartenevano anche a lui. Ne aveva pure Barbapapà, posso ben dirlo per i tanti anni di lavoro insieme.

In una delle sue faziose omelie domenicali su "Repubblica", il 22 novembre 2009, Scalfari fu tanto volgare da descriverlo come un animale: "L'ideale di Berlusconi è Belpietro, un alano da riporto. Non so se ne esistano in natura, ma lui lo è ed è prezioso". Un anno dopo, Michele Serra sentenziò: "La destra italiana oggi non è Longanesi o Montanelli, è Emilio Fede e Belpietro. Chi è causa del suo mal, pianga se stesso".

Di solito, Maurizio non replicava mai alle offese personali. Nell'ottobre del 2010, dopo il tentativo fallito di spargargli, venne intervistato da Marcenaro per "Panorama". Gli fu chiesto se anche la destra fosse una fabbrica di odio, Belpietro rispose: «Per me uno di sinistra resta un signore che non la pensa a modo mio e al quale riconosco onestà intellettuale. Ma la reciprocità non esiste a sinistra».

Poi aggiunse: «Per molti colleghi e molti politici, io sono un servo, uno che si è venduto l'anima al diavolo ed è disposto a tutto. Del resto alcuni lo scrivono, facendosi vanto del proprio disprezzo. La faziosità è una cosa, l'odio un'altra. Negli occhi di alcuni, leggo soltanto il desiderio di annientarmi. È un livore che non si ferma davanti a nulla».

Era una condizione che si adattava anche a Feltri. Entrambi poi possedevano un connotato in comune: non avevano mai cambiato casacca. Erano sempre stati giornalisti di destra. E tali erano rimasti, anche quando non pochi direttori di grandi testate stavano sul versante opposto, per convinzione o per opportunismo.

Nessuno dei due aveva seguito il percorso di un altro giornalista moderato-conservatore, il più grande di tutti: Montanelli. Il suo itinerario lo ricorderanno di certo i lettori di questo libro. Partito da destra, come fondatore e direttore del "Giornale", era poi approdato a sinistra, guidando una nuova testata dalla vita effimera: "La Voce". E aveva raccolto il consenso di due aree opposte. Dapprima quella moderata e poi quella di sinistra, in orgasmo per la guerra esplosa fra Indro e Silvio.

A modo loro, tanto Feltri che Belpietro erano comunque montanelliani. Eredi indiretti della lunga fase destrorsa di Indro. Nessuno dei due si era mai rammaricato di non piacere all'opinione pubblica rossa. Anzi, penso fossero felici di avere come avversario un ambiente politico che non stimavano. E che avevano sempre combattuto.

Quando ricevette l'invito a guidare "Libero", Belpietro dirigeva "Panorama", il settimanale di punta della Mondadori. Nel luglio 2009, doveva aver voglia di cambiare giornale un'altra volta. E di affrontare una nuova sfida.

Non sto usando un'immagine eccessiva. Restare a Segrate e continuare a fare "Panorama" non sarebbe stato per nulla rischioso e avrebbe richiesto meno fatica. Lo stesso desiderio aveva il suo capo dell'ufficio romano, Mario Sechi, che in seguito sarebbe diventato direttore del "Tempo". Anche lui accettò la proposta di Angelucci.

Belpietro iniziò a guidare "Libero" il 13 agosto 2009. E si trovò subito alle prese con un fatto che forse aveva previsto, ma pur sempre molto spiacevole: il livore di una parte dell'opinione pubblica di sinistra.

Ho conosciuto bene la sinistra italiana, tanto nella Prima che nella Seconda repubblica. L'avevo raccontata in moltissimi articoli e non pochi libri. Nel corso degli anni era abbastanza cambiata, si era divisa e spesso le diverse fazioni si combattevano con asprezza verbale.

Ma nel suo corpaccione era rimasto intatto un grumo di cattiveria settaria: l'ostilità profonda per lo schieramento avversario. Era un connotato allarmante? Di per sé no. In tutte le democrazie bipolari, è inevitabile che i due blocchi si guardino in cagnesco, ringhiando l'uno contro l'altro.

Tuttavia, la vittoria di Berlusconi nelle elezioni del 2008, dopo appena due anni di governo Prodi, aveva reso più avvelenato il confronto. Per una parte della sinistra, il trionfo del Cavaliere sembrò un'offesa inaccettabile. E fece emergere uno spirito maligno che almeno io non avevo mai conosciuto. Tranne che in un caso: dopo l'uscita del *Sangue dei vinti*, il capofila dei miei libri sulla guerra civile.

I cronisti con i capelli bianchi spesso possiedono antenne più sensibili di quelle dei giovani colleghi. È uno dei pochi vantaggi dell'età. Diventi debole, ma in compenso molto attento a quanto accade attorno a te. Per questo, forse, compresi prima di altri che, a sinistra, troppa gente era furiosa per le continue sconfitte. E stava diventando isterica. Per questo cercava qualcuno o qualcosa su cui sfogare la propria nevrosi politica.

L'obiettivo ideale era Berlusconi, il Caimano, il Tiranno, il nuovo Mussolini, l'erede di Videla e di Pinochet, i due macellai sudamericani. Però il premier non era a portata di mano della rabbia rossa. Come racconterò, nel dicembre 2009 qualcuno riuscì a colpirlo alla testa con un oggetto pesante. Ma non sempre chi lo odiava era in grado di avvicinarsi per aggredirlo.

Tuttavia, qualcosa si poteva fare. L'isteria aveva a disposizione un obiettivo secondario. Erano gli italiani qualunque che tifavano per Berlusconi e che l'avevano votato. Come riconoscerli? Esisteva un sistema quasi sempre infallibile: individuarli dal giornale che leggevano. E di solito i quotidiani rivelatori erano due: "il Giornale" e "Libero". Brutta storia quella di prendersela con chi sta in basso e rivalersi su di lui perché non si può assalire chi sta in alto. Ma accadde anche questo.

I primi indizi di questa stolta avversione li trovai sul "Giornale", quando era ancora diretto da Giordano. Il 1° luglio 2009 pubblicò due lettere che venivano da Milano. La prima era di un signore insultato in treno da un passeggero che l'aveva visto leggere "il Giornale". Il tizio gli aveva gridato: «Odio quelli che leggono questo fogliaccio!». Subito dopo era arrivato un altro urlo di rabbia: «Non posso sopportare la vista dei fascisti!».

La seconda lettera narrava quanto era successo a Milano su un filobus. E la scena era identica a quella già descritta. Passeggero che legge "il Giornale". Signora che gli urla: «Lei mi fa venire il voltastomaco!». Nuovi insulti: «Lei ragiona come il suo capo, il Berlusconi!». Un giovanotto che dà manforte alla donna. Poi la coppia scende dal filobus gridando al passeggero: «Sei un servo di Berlusconi! E fai davvero schifo!».

La risposta di Giordano fu intelligente e pacata. Si limitò a dire che a nessuno dei lettori del "Giornale" sarebbe mai venuto in mente di insultare chi leggeva "Repubblica". Poi rivelò che gli stavano arrivando molte lettere dello stesso tenore. Segno che gli isterici si andavano moltiplicando. E infatti pochi giorni dopo, un terzo lettore del "Giornale" si sentì dire all'edicola: «Presto vinceremo noi e ti appenderemo a piazzale Loreto».

Il signore aggredito sul filobus ricordò a Giordano che cosa succedeva negli anni Settanta a Milano. Anche allora, acquistare "il Giornale" diretto da Montanelli poteva essere pericoloso: «Si rischiavano le bastonate. Di solito si comprava un altro quotidiano che serviva a nascondere il primo».

Rammento anch'io che accadeva così. In quell'epoca, l'aria di Milano era orrenda. La sinistra ultrà picchiava e qualche volta sparava. Indro era ritenuto un fascista come i suoi lettori. E infatti venne gambizzato dalle Brigate rosse. Come vedremo, a Belpietro poteva succedere ben di peggio.

Grazie a Dio, non eravamo ritornati all'indietro nel tempo. Ma all'inizio di luglio, una signora emiliana mi scrisse al "Riformista". E raccontò che mentre stava alla stazione di Latina in attesa del treno, stava leggendo uno dei miei libri sulla guerra civile, *La grande bugia*. Un tizio di passaggio l'aveva aggredita a male parole. E un altro isterico si era permesso di insultarla sul treno, sempre a causa del mio libro.

Nello stesso periodo, ben più pesanti erano diventate le contestazioni violente a Berlusconi. E un osservatore attento, Claudio Tito di "Repubblica", ci spiegò che per il Cavaliere erano diventate "un vero e proprio incubo". Tanto che i servizi di sicurezza gli avevano raccomandato di non esporsi in pubblico, neppure per fare quattro passi in una via affollata del centro di Roma.

Come non capirli? Avevo visto alla tv la contestazione di Viareggio, dopo il terribile incidente ferroviario alla stazione, l'ultimo giorno del giugno 2009. Gli urlatori non erano una folla sterminata. Ma li muoveva una furia cieca che spaventava. Tanto che mi chiesi: e se qualcuno avesse sparato a Berlusconi?

Anche i due mastini, Feltri e Belpietro, erano costretti a muoversi su auto blindate e protetti dalla scorta. Avevano gli stessi nemici e correvano i medesimi rischi. Ma dovevano farsi concorrenza e non si risparmiarono.

Belpietro era obbligato a giocare in difesa, per impedire che il nuovo "Giornale" di Feltri gli portasse via gran parte dei lettori di "Libero", quelli che Vittorio si era conquistato. Ci contava anche Paolo Berlusconi. Secondo "ItaliaOggi", lui era convinto che nessun direttore avesse "la forza commerciale" di Feltri: «Soltanto lui è capace di spostare 50 mila copie, è un vero animale editoriale».

Sempre secondo il fratello del Cavaliere, l'arrivo di Feltri al "Giornale" produsse subito «un balzo di 70-80 mila copie», poi assestato su una media di 50 mila in più. Ma "Libero" non venne spiantato. Registrò una flessione nelle vendite all'incirca identica a quella delle altre testate nazionali. Però seguitò ad avere molti lettori e un bilancio a posto.

Era una scommessa che a molti sembrava persa in partenza. La domenica 18 luglio 2010, nel celebrare il decimo compleanno di "Libero", Belpietro scrisse: "Quando ne ho assunto la direzione, mi tremavano le gambe. Per tutti 'Libero' era spacciato e non sarebbe sopravvissuto all'uscita del suo fondatore... Invece il venduto supera le 100 mila copie medie. Se il trend positivo continuerà, chiuderemo il bilancio in pareggio. Mettendo nel conto pure una sorpresa che, per scaramanzia, preferisco non rivelare".

La sorpresa emerse dopo che Feltri venne sospeso dalla professione per tre mesi. L'Ordine lombardo dei giornalisti gli aveva comminato sei mesi, per gli articoli sul caso Boffo. Quello nazionale li ridusse a tre, dopo un dibattito fra tutti i consiglieri dell'Ordine. Si divisero a metà: 66 per la punizione più dura e altri 66 per la sanzione più mite, quella che rimase.

La notizia comparve sui giornali di venerdì 12 novembre 2010. Quella sera Scalfari stava pontificando in una trasmissione di La7, *Le invasioni barbariche*, condotta da Daria Bignardi. A una domanda su Feltri, rispose con la tigna cattiva che ormai gli era abituale: «Mi aspettavo che fosse espulso dall'albo vita natural durante».

Il giovedì 2 dicembre, un ufficiale giudiziario notificò la sentenza a Feltri. E da quel momento divenne esecutiva. Vittorio non avrebbe potuto pubblicare neppure una riga sino all'inizio del marzo 2011. Nemmeno nella nuova veste di direttore editoriale del "Giornale", passato sotto la guida di Alessandro Sallusti.

Poi arrivò la sorpresa annunciata da Belpietro. Nel dicembre 2010, Feltri lasciò "il Giornale" e ritornò a "Libero" come direttore editoriale. Belpietro e lui divennero anche azionisti della società, con due quote identiche, il 10 per cento ciascuno. E ripresero a lavorare insieme.

16
A tutto sesso

Il grande Axel Springer, il pioniere del giornalismo popolare tedesco, aveva una convinzione indistruttibile. Sosteneva che la carta stampata doveva reggersi su tre parole: sesso, sangue e soldi. A sentir lui, un quotidiano o un settimanale capace di occuparsi a fondo di scandali sessuali, di delitti e di quattrini era destinato ad avere un successo sicuro. Garantendo al proprio editore fatturati importanti e ottimi guadagni.

Nell'estate del 2009 mi mancava poco più di un anno per arrivare al mezzo secolo di giornalismo. E prima di allora non avevo mai visto la stampa italiana mettere in pratica per intero la linea Springer. Soprattutto riguardo al suo primo caposaldo: il sesso. E a proposito di vip della casta politica o sociale.

Nella Prima repubblica si mormorava molto sulle tendenze e le avventure sessuali dei personaggi più in vista. Un presidente del Consiglio era sospettato di essere gay. Di un altro premier si diceva che sniffasse cocaina. Su un altro ancora, tutto casa e chiesa, si sosteneva che avesse una passione segreta per una giovane cantante di musica leggera.

A un quarto, anche lui capo del governo, si attribuiva un'attrazione fatale per una bellona. La signorina spasimava di entrare nel mondo della tv. E quel premier l'aveva accontentata, regalandole una piccola emittente televisiva.

Ma dopo lo scandalo legato alla morte di Wilma Montesi, una ragazza trovata morta sulla spiaggia di Torvajanica nell'aprile 1953, dentro la casta dei partiti si era raggiunto il tacito accordo di escludere il privato dalla contesa politica. I servizi di sicurezza continuarono a compilare dossier sui vizi della nomenklatura, però smisero di diffonderli. Soltanto piccole testate di estrema destra seguitarono a non attenersi al protocollo Montesi. Ma erano poco lette e non influivano sull'opinione pubblica.

Il vento girò fra il 2008 e il 2009. E a farlo girare fu la nuova vittoria elettorale di Berlusconi nelle elezioni del 2008. Per di più con una maggioranza straripante. Gli avversari del Cavaliere non accettarono la sconfitta. E decisero di usare tutte le armi possibili per mandarlo al tappeto, nella speranza di obbligarlo alle dimissioni. Andò così che la prima parola del comandamento di Springer, il sesso, conquistò la ribalta anche su giornali che non ne avevano mai fatto una bandiera di guerra.

Tutto cominciò nella primavera del 2009 con lo scoop di una brava cronista della redazione napoletana di "Repubblica", Conchita Sannino. La giornalista scoprì che il presidente del Consiglio si era recato a visitare una famiglia di Casoria, nelle vicinanze di Napoli. Per fare cosa? Per partecipare alla festa di compleanno di una bella ragazza diciottenne. La fanciulla conosceva da tempo Berlusconi, tanto da chiamarlo "papi", ossia paparino.

Qual era il legame tra i due? Presa dalla sua missione di distruggere il Cavaliere, "la Repubblica" guidata da Ezio Mauro si impadronì della storia, ricca di sottintesi maliziosi. E la fece diventare l'arma numero uno contro il Cavaliere, descrivendolo come un malato di sesso e voglioso soprattutto di fanciulle minorenni ed emancipate. Iniziò allora una guerra senza esclusione di colpi. Culminata nelle dieci domande a Berlusconi, ripresentate ogni giorno e per molte settimane dal quotidiano di Mauro.

Nella campagna di stampa sulle abitudini sessuali del

premier s'inserì anche il "Corriere della Sera", diretto da Ferruccio de Bortoli. Grazie a un altro scoop di una formidabile giornalista di giudiziaria, Fiorenza Sarzanini, via Solferino soffiò a "Repubblica" l'intervista a una piacente dama barese, Patrizia D'Addario.

La signora, definita una escort, ossia un'accompagnatrice a pagamento, aveva partecipato a un festino nella casa romana di Berlusconi, Palazzo Grazioli. Portando con sé un piccolo registratore e un telefono cellulare in grado di fare fotografie. Per documentare la sua notte d'amore con il Cavaliere, nel famoso lettone donato dal presidente russo Vladimir Putin.

Da quel momento, il tormentone legato alle performance sessuali di Berlusconi dilagò come un fiume in piena. "Repubblica" vi dedicò pagine su pagine. Il suo obiettivo era politico, ma anche editoriale. A somiglianza di quasi tutti i quotidiani, il giornale di Mauro stava perdendo lettori e profitti. La campagna contro il Cavaliere poteva fermare la crisi. Lo stesso fecero altri giornali. Tutti seguaci improvvisati della formula Springer.

Ma poteva esserci un attacco senza un contrattacco? Certo che no. E le rappresaglie arrivarono, messe in atto da Feltri, il nuovo direttore del "Giornale" che abbiamo appena descritto. Come sappiamo, la testata apparteneva a Paolo Berlusconi, fratello di Silvio. Tuttavia escludo che, nel caso che vedremo e in altri, Feltri sia stato un esecutore di ordini impartiti dal Cavaliere.

Arrivato al "Giornale", Feltri si mosse subito come aveva sempre fatto. Cercava uno scoop che fosse anche un'occasione di scontro con il fronte avversario, il centrosinistra. Dopo averlo intravisto, vi si gettò a capofitto, senza perdere un giorno. Diciamo la verità: la stessa cosa avrebbe fatto qualunque direttore simile a lui, rosso, bianco o nero che fosse.

Chi non ha lavorato nella carta stampata non può immaginare quanto piacere dia fare uno scoop. Trovare una notizia che gli altri non hanno è il sogno di tutti i giornalisti. Ti fa sentire più bravo di tanti colleghi. Accresce la tua autostima. Obbliga i concorrenti a seguirti. Se poi lo scoop riguarda un giornale situato in un'area politica opposta alla tua, il piacere diventa ancora più grande.

Negli stessi giorni del caso che fra poco rievocherò, "il Giornale" stampò una notizia che aveva come protagonista Mauro, il direttore di "Repubblica". Feltri la ricorderà così nel libro intervista scritto da Lorenzetto. Nel 2000, Mauro aveva acquistato una casa del valore di due miliardi e 150 milioni di lire. Versando 850 milioni in assegni da 20 milioni ciascuno più uno da 10 milioni, "non dichiarati negli atti ufficiali". Era un caso di evasione fiscale? «Dalle mie parti si chiama così» disse Feltri a Lorenzetto.

Ma il primo, vero bersaglio del "Giornale" guidato da Feltri fu Dino Boffo, il direttore di "Avvenire", il quotidiano della Cei, ossia dei vescovi italiani. Boffo aveva censurato più volte i costumi sessuali del premier? Bene, avrebbe ricevuto pan per focaccia. Se al Cavaliere piacevano le ragazzine, al direttore di "Avvenire" forse piacevano i ragazzi? Vero o non vero che fosse, andava descritto come un omosessuale. Protagonista di una storiaccia legata al sesso, finita dinanzi al magistrato.

Per non affrontare un processo penale nel quale era accusato di molestie a una donna allo scopo di farle lasciare il fidanzato, Boffo aveva accettato un patteggiamento. Il giudice per le indagini preliminari del tribunale di Terni, con un decreto penale, lo aveva condannato a pagare una sanzione pecuniaria di 516 euro. Rinunciando a fare ricorso, Boffo l'aveva pagata il 7 settembre 2004. E in questo modo, aveva riconosciuto di accettare l'accusa.

Era una vicenda con più di un lato oscuro. Che però diede modo al "Giornale" di stampare il 28 agosto 2009 un titolone beffardo: *Il supermoralista condannato per molestie.* L'occhiello diceva: "Incidente sessuale del direttore di 'Avvenire'". E il catenaccio, ossia la scritta sotto il titolo, spiegava: "Dino Boffo, alla guida del giornale dei vescovi italiani e impegnato nell'accesa campagna di stampa contro i peccati del premier, intimidiva la moglie dell'uomo con il quale aveva una relazione".

In realtà, a essere molestata non era una moglie, bensì una fidanzata. Ma il succo della storia non cambiava. Soprattutto per la vittima dello scoop. In quel momento, Boffo, trevigiano di Asolo, aveva compiuto da poco 57 anni e dirigeva "Avvenire" dal 1994. Come vedremo, la fase rovente della campagna del "Giornale" contro di lui durò davvero pochi giorni, dal 28 agosto al 4 settembre 2009.

All'inizio Boffo si difese dalle accuse del "Giornale" negando tutto. Parlò di una vicenda «inverosimile, capziosa, assurda». Gridò alla «barbarie e al killeraggio giornalistico allo stato puro». I vescovi gli confermarono piena fiducia come direttore di "Avvenire", giornale da lui guidato «con indiscussa capacità professionale e prudenza». Il presidente della Cei, il cardinale Angelo Bagnasco, bollò l'assalto di Feltri come «un fatto disgustoso e molto grave». Lo stesso Berlusconi si dissociò dall'attacco del "Giornale": «Il principio del rispetto della vita privata è sacro e deve valere sempre e comunque per tutti».

Erano reazioni scontate e non fermarono Feltri. In seguito si seppe che il documento all'origine della campagna era un'informativa falsa, che aveva lo stesso valore di una lettera anonima. Offerta al "Giornale" da chissà chi, forse da qualche ambiente cattolico che non amava Boffo e la linea di "Avvenire", ritenuta troppo ostile a Berlusconi. Ma i cronisti di Feltri, gente sveglia e capace, scoprirono una serie di fatti tutti veri.

Questi fatti stavano descritti anche nel fascicolo processuale legato alla condanna di Boffo per molestie. La magistratura ternana aveva secretato quelle carte e nessun giornale riuscì a consultarle. Ma Terni è un piccolo capoluogo di provincia e non fu difficile scovare chi fossero i protagonisti della vicenda. Erano una coppia di fidanzati della borghesia cattolica cittadina, vittime di molestie telefoniche dirette alla ragazza per imporle di abbandonare il moroso. Molestie numerose e ripetute, dall'agosto 2001 al gennaio 2002.

Chi aveva fatto quelle telefonate? Esistevano due sole certezze: il molestatore era un uomo e le telefonate provenivano da un'utenza del quotidiano "Avvenire" a disposizione di Boffo. Chi lo difendeva sostenne che era stata utilizzata da un giovane assistente, gay e tossicodipendente, poi morto per un'overdose.

Si disse che Boffo non aveva voluto farne il nome al magistrato. Accettando di essere condannato per molestie, allo scopo di non infangare la memoria del ragazzo. Ma i genitori del presunto molestatore, interrogati dai cronisti, sostennero che il figlio non era né gay né drogato. E che non essendo un tossico era stato ucciso dalla prima sniffata di cocaina.

Feltri disse a Lorenzetto: «Se avesse voluto provare la propria innocenza, Boffo poteva chiedere una perizia audiofonica sulle telefonate, in modo da escludere che quella voce fosse la sua. Ma non lo fece».

All'inizio della vicenda, scrissi un *Bestiario* uscito sul "Riformista" del 30 agosto 2009. Vi raccontavo il mio punto di vista sull'affare Boffo, come appariva all'interno di una questione assai più grande: la crisi della casta politica italiana, già drammatica in quella fine estate.

I due blocchi erano divisi al loro interno. Il centrosinistra aveva le sue rogne. Ma il centrodestra non stava meglio in salute. Lo dimostrava la guerra senza quartiere che si era aperta fra Berlusconi e Gianfranco Fini, un conflitto dall'esito imprevedibile. In quel terremoto, qualche giornale si era dato il compito del giustiziere. Aveva iniziato "Repubblica", con la storia di papi Silvio, provocando la discesa in campo del "Giornale" e di "Libero".

Molti, e non soltanto i politici, se ne lamentavano. Sostenendo che un certo tipo di giornalismo era indecente, vergognoso, da non praticare, da vietare. Ma io non la pensavo così. Ritenevo che dal male presunto potesse venire un bene quasi certo. Il bene era scoprire che nessun big poteva sperare di farla franca se esisteva qualcosa di guasto nella sua vita privata. Chi aveva detto: il privato è politico? Adesso il principio veniva messo in pratica. Poteva essere molto spiacevole, ma piangerci sopra non serviva a niente.

Quel mio articolo mi procurò una telefonata di Boffo. Entrambi non avevamo l'abitudine di cercarci. Gli avevo parlato qualche volta, per ringraziarlo dell'attenzione che il suo "Avvenire" riservava ai miei libri revisionisti sulla guerra civile. Però la sera di domenica 30 agosto, poco dopo l'ora di cena, il mio cellulare squillò. Risposi e mi trovai alle prese con un colloquio surreale.

Boffo mi spiegò che condivideva il mio *Bestiario* dalla prima riga all'ultima. Ma ci tenne a spiegarmi di non essere tra i big che descrivevo: signori importanti che speravano di farla franca se nella loro vita privata c'era qualcosa che non andava. Mi precisò: «Credimi, Pansa. Io non appartengo a quella categoria». La sua voce aveva un tono fra l'arrabbiato e il melanconico. Pensai che il suo umore non poteva essere di certo lieto, visto che si trovava sotto le bordate del "Giornale".

Fu allora che dissi a Boffo quanto ritenevo giusto.

Per il ruolo che ricopriva come direttore di un quotidiano importante, espressione del mondo cattolico, aveva un dovere al quale non poteva sottrarsi. Era di raccontare la verità sulla faccenda delle molestie rivolte alla ragazza di Terni. Erano venute da lui o dall'assistente che utilizzava il cellulare della direzione?

La risposta di Boffo mi lasciò di sasso: «Chiarirò tutto a tempo debito, quando sarà il momento». Gli replicai che, se mai quel momento fosse arrivato, probabilmente sarebbe stato troppo tardi: «A quel punto, la tua figura sarà già stata fatta a pezzi». Lui mi rinnovò quanto mi aveva appena detto: «Lo farò quando sarà il momento». Confesso che provai una gran pena. Il tono della voce era già cambiato. Boffo mi sembrò un uomo distrutto e messo alle corde.

Dopo di allora arrivarono giorni infernali. Boffo decise di lasciare la direzione di "Avvenire". In seguito, chi gli era vicino sostenne che aveva fatto questa scelta per un motivo: voleva fosse chiaro che in quella vicenda lui era la vittima.

La sua sterminata lettera di dimissioni, diretta al presidente della Cei, il cardinale Angelo Bagnasco, apparve sulla prima pagina del quotidiano il venerdì 4 settembre 2009. Sotto un titolo che diceva: *Direttore galantuomo*. In tutto, la campagna del "Giornale" di Feltri era durata appena sette giorni.

A continuare fu la guerra civile di carta. Boffo avrebbe potuto contribuire a spegnerla almeno in parte. Era sufficiente che spiegasse in modo convincente perché si era deciso ad accettare un patteggiamento, per evitare di essere processato a Terni. Però non l'aveva fatto. Forse aspettava davvero il momento giusto che, tuttavia, non arrivò mai. Né allora né dopo.

L'unica spiegazione fornita da Boffo la scoprii nella

sua lettera di dimissioni. Sostenne di trovarsi al centro di "una piccola vicenda". E di essere incorso, da giornalista e direttore, "in un episodio di sostanziale mancanza di vigilanza, ricondotto poi a semplice contravvenzione".

Poi aggiunse: "Mi si vuole a tutti i costi far confessare qualcosa. E allora dirò che, se uno sbaglio ho fatto, è stato non quello che si pretende con ogni mezzo di farmi ammettere. Bensì il non aver dato il giusto peso a un reato 'bagatellare'. Travestito oggi con prodigioso trasformismo a emblema della più disinvolta immoralità".

Nella tarda estate del 2009, andò a finire che la figura di Boffo sparì nel grande polverone fabbricato dalla casta partitica per dare addosso ai giornali. Soprattutto a quelli che non volevano sottostare agli ordini della politica. Giornali di sinistra, come "la Repubblica" di Mauro. Ma soprattutto giornali di destra, come quello di Feltri e "Libero", passato sotto la direzione di Belpietro.

La rabbia eruttata dalle tante sinistre contro Feltri e Belpietro non mi stupì. Erano gli stessi insulti che avevano sputato contro di me per i miei libri revisionisti. Mi avevano dipinto così: fascista, servo di Berlusconi, bugiardo, diffamatore della Resistenza, venduto in cerca di soldi. Le loro urla non mi facevano più né caldo né freddo. Ero soddisfatto di aver svelato le menzogne spacciate per sessant'anni da un club di bugiardi rossi. E tanto mi bastava.

Mi sorprese di più un ras della destra: Gianfranco Fini. Lui strillò subito: basta con il killeraggio dei giornali. Doveva piacergli quella parola, che evoca assassini armati di carta stampata, omicidi compiuti con i giornali. Come vedremo, la usò anche in seguito, imitato dai suoi scudieri. Ma di Fini non m'importava nulla. Lo avevo già misurato su un terreno che avrebbe dovuto essere caro alla sua memoria: la guerra civile.

Su questo fronte, lo smemorato di Collegno era un

dilettante rispetto a lui. Se avessi dovuto interpretare gli umori di Fini, non avrei scritto una riga dei miei libri revisionisti. Raccontare dei morti fascisti lo infastidiva. Rendeva meno facile il suo revisionismo personale, diretto a lasciare il Cavaliere per dirigersi a sinistra. C'era anche un suo parente tra quei morti? Al diavolo anche il parente!

Tuttavia, la posizione di Fini mi aiutò a comprendere bene che cosa pretendeva l'intera casta dei partiti. Aveva difeso a spada tratta il silenzioso Boffo, anche se di lui non gli importava un fico. Era stato soltanto un espediente per mandare ai giornali un messaggio minaccioso: non scrivete di noi, guai se osate mettere il naso nelle nostre faccende.

In quei giorni, qualcuno della casta, proprio uno di centrodestra, inventò una formula: il Metodo Boffo. Per dire la bastonatura mediatica, l'aggressione vigliacca, l'uso volgare del manganello fatto di carta stampata. Questa immagine la vedremo spuntare in altri casi. Ma senza il successo che i ras politici immaginavano.

C'è un ultimo dettaglio. Nel dicembre 2009, Feltri e Boffo in qualche modo si riconciliarono. Il direttore del "Giornale" riconobbe che l'informativa alla base dell'inchiesta era fasulla. Ma non mi risulta che Feltri abbia rinnegato l'inchiesta dei suoi cronisti.

Infine, nell'ottobre 2010 la Cei designò Boffo a dirigere la potente televisione dei vescovi, Tv 2000. "Avvenire" commentò: "Una ricchezza umana e professionale come quella di Dino Boffo doveva tornare a essere spesa".

17

Il muto di Montecarlo

Confesso di non aver mai avuto molta stima di Gianfranco Fini. Parlo del Fini politico, non di quello privato, che non conosco. Una delle prime volte che ne scrissi fu sull'"Espresso" dell'11 marzo 1994, alla vigilia del voto che spalancò le porte del governo a Berlusconi. In quel momento Fini aveva 42 anni e, come segretario del Msi, veniva considerato l'alleato più fedele del Cavaliere. Anche Berlusconi non mi piaceva. Ma Fini mi piaceva persino meno di lui.

Per cominciare, aveva una faccia sbirola, stramba, da seminarista frustrato. Con quel naso a proboscide che sembrava sempre sul punto di staccarsi. Il suo lento accento bolognese mi ricordava il "lasagne, lasagne!". Era la cantilena che, un tempo, alla stazione di Bologna accoglieva i viaggiatori affamati di pasta al ragù.

Diffidavo dei suoi doppiopetto di sartoria e delle cravatte rosa. Del suo look politico da giscardiano nazionalpopolare. Del suo dichiararsi liberaldemocratico. Sotto queste spalmate di cerone, mi pareva di scorgere l'arroganza mentale del presuntuoso che si ritiene il meglio fico del bigoncio.

Fini si rivelò così nel corso della campagna elettorale del 1994. Durante un dibattito in tv, ringhiò a Marco Pannella: «Sei un travestito della politica!». Il 2 marzo, in una puntata del talk show *Milano, Italia*, bastonò persino un alleato, Umberto Bossi, il capo della Lega. Lo dipinse così: «Mi ricorda Hitler chiuso nel bunker di Berlino: delirio di onnipotenza e propensione al suicidio».

Questa sprezzante visione del mondo che non somigliava a lui si scioglieva come una lasagna al sole in un caso soltanto: davanti a Berlusconi. Nella campagna del 1994, Fini si rivelò più berlusconiano di Emilio Fede. Tanto che pensai: se non sta attento, "Lasagne" si farà la pipì addosso per la felicità di poter stare al fianco del Cavaliere. Pipì gioiosa. Pipì di gratitudine per il Padreterno di Arcore che lo aveva tirato fuori dal sepolcro del neofascismo.

Sedici anni dopo, la storia politica di Fini si capovolse. Accaddero eventi imprevedibili. La guerra dichiarata a Berlusconi, giorno dopo giorno, con un'ostinazione senza pause. La sua inevitabile espulsione dal Pdl. La nascita di un nuovo partito, Futuro e Libertà per l'Italia. L'inizio di un cammino verso l'ignoto, ma fatalmente rivolto a un'alleanza con i suoi avversari storici, le tante sinistre italiane.

Mentre lo seguivo passo dopo passo, compresi di Fini più di una cosa. La prima era che Lasagne aveva la stoffa non dell'ideologo o dello stratega, bensì soltanto del tattico. Capace di marciare con un ritmo costante, ma senza correre a rompicollo. E soprattutto senza avere ben chiaro il traguardo.

Me ne resi conto nel marzo del 2009, quando scrissi per "Il Riformista" un ampio ritratto di Fini. A cominciare dai primi passi, quelli che a molti apparvero azzardati: il distacco dal mondo fascista in cui pure era cresciuto, sino a diventarne il leader dopo Giorgio Almirante.

Sto parlando del fascismo condotto al suo tragico epilogo: la Repubblica sociale italiana e la sconfitta nella guerra civile. Il padre di Fini, Argenio, classe 1923, era stato un volontario della Divisione San Marco. Un marò del generale Amilcare Farina, il comandante di una delle quattro grandi unità addestrate in Germania e poi inviate in Italia, soprattutto per combattere i partigiani. Argenio Fini era scampato alle mattanze dei vincitori comunisti nel dopoguerra. Chi non aveva avuto la stessa fortuna era stato un cugino del padre.

Quel parente si chiamava Gianfranco Milani e aveva vestito la divisa della Guardia nazionale repubblicana a Bologna. Il 26 aprile 1945 venne sequestrato dai partigiani rossi a Monghidoro, un comune della provincia. Da allora sparì nel nulla, come tanti altri militi fascisti. Aveva compiuto vent'anni da pochi giorni. E quando il futuro presidente della Camera nacque a Bologna, il 3 gennaio 1952, fu chiamato Gianfranco in memoria di quel ragazzo assassinato. Senza interrogatori, senza processo, senza niente di niente. Con una rivoltellata alla nuca e via.

Le mie ricerche sulla guerra civile mi hanno insegnato che, nel mondo dei vinti, non succede quasi mai che le vicende famigliari vengano cancellate. È una costante che vale non soltanto per i genitori, i fratelli e le mogli di chi ha perso la vita, ma anche per i figli, i nipoti, i pronipoti.

Il sangue versato e il silenzio imposto dai vincitori rendono la memoria uno scudo. I vinti non dimenticano. E quasi mai cambiano campo, anche quando arrivano a pensare che i loro morti abbiano pagato per una causa sbagliata.

Fini non apparteneva a questa etnia. Da leader politico aveva imparato presto a conoscere due verità: il cinismo è una virtù e la gratitudine un peccato imperdonabile. Lo conferma il suo rapporto con Berlusconi, l'uomo che lo aveva sdoganato, avviandolo sulla strada del successo. Anche qui siamo alla preistoria del presidente della Camera. E vale la pena di spendere qualche riga su quanto accadde la bellezza di diciotto anni fa.

Era il martedì 23 novembre 1993. Due giorni prima, a Roma si era votato per il sindaco. Fini, in quel tempo leader del Msi, al primo turno aveva raccolto 619 mila voti, il 35,8 per cento, un record per il suo partito. Ma il candidato di centrosinistra, Francesco Rutelli, l'aveva superato, sia pure di poco: 684 mila voti, il 39,6 per cento. Dunque si doveva andare al ballottaggio.

Quel martedì arrivò a Casalecchio di Reno, siamo sempre nella provincia rossa di Bologna, Berlusconi. Doveva inaugurare un supermercato, roba sua. Il Cavaliere aveva compiuto da poco 57 anni e vantava un fisico asciutto, non inquartato come oggi. Un cronista gli chiese per chi avrebbe votato al ballottaggio fra Rutelli e Fini.

Silvio si aspettava la domanda. Non per nulla, erano presenti i tre telegiornali della Fininvest e un pattuglione di giornalisti. Senza esitare rispose: «Se abitassi a Roma, voterei per Fini. Il segretario del Msi rappresenta bene i valori dell'area moderata nei quali io credo: il libero mercato, la libera iniziativa, la libertà d'impresa. Insomma, il liberismo». Subito dopo, Silvio preannunciò la propria discesa nel campo della politica: «Se le forze moderate non si uniranno, dovrò bere io l'amaro calice».

Cominciò a Casalecchio di Reno la seconda vita politica di Fini. Sempre meno fascista, sempre più antifascista. Grazie a una sequenza incalzante di strappi successivi che ho già rievocato più volte. Nel luglio 2010 li ho visti rammentati sul "Sole-24 Ore" da un eccellente storico, Miguel Gotor. Lui osservava, con ragione, che Fini aveva cannibalizzato più di un'idea guida della cultura progressista italiana. Dall'immigrazione all'integrazione degli extracomunitari, dall'antifascismo alla Resistenza.

Nel marzo 2009, quando pubblicai sul "Riformista" il suo lungo ritratto, Fini mi cercò al telefono per farmi un rilievo cortese. Allora gli dissi: «Non capisco, presidente, dove stia andando, strappo dopo strappo». Fini mi diede una risposta che mi lasciò di stucco: «Le confesso che non lo so neppure io».

Mentre Fini, a forza di strappi, procedeva verso l'ignoto, inciampò in un guaio imprevisto: la casa di Montecarlo. Sull'origine del guaio e dello scandalo che ne seguì, sono nate molte favole. Ma come spesso succede con gli scoop dei giornali, anche in quella vicenda il passo d'avvio fu assai più semplice.

Il 21 luglio 2010, Livio Caputo, un giornalista di grande serietà, tra i fondatori del "Giornale nuovo" di Indro Montanelli e poi senatore di Forza Italia, ricevette la telefonata da un amico che veniva dal Principato di Monaco. Lui gli riferì quel che aveva saputo a Montecarlo: la storia di una casa donata da una vedova italiana al partito di An e diventata la residenza di un cognato di Fini, Giancarlo Tulliani. Caputo raccontò tutto a Feltri, che non esitò a muoversi.

Il caso Montecarlo scoppiò il 28 luglio sul "Giornale", subito affiancato da "Libero" di Belpietro. Qui non starò a rievocarlo perché la storia è recente e molto nota. Mi fermerò, invece, sul comportamento di Fini. Che in quel momento, non dimentichiamolo, era il presidente della Camera, vale a dire il numero tre nella gerarchia delle istituzioni repubblicane. Dopo il presidente della Repubblica, Napolitano, e il presidente del Senato, Schifani.

Tutti ci aspettavamo che Fini replicasse subito alle prime bordate dei due quotidiani. E infatti due giorni dopo, il venerdì 30 luglio, convocò i giornalisti al Grand Hotel Minerva di Roma. L'incontro era previsto per le quindici, ma il salone dell'hotel era già strapieno un'ora prima. I media pensavano che Fini avrebbe detto la sua sul caso Montecarlo. Per poi rispondere alle domande dei cronisti.

Fini, invece, fece scena muta. Parlò per quattro minuti esatti. Con una voce bassa e rauca, scuro in volto. Per la verità non parlò, ma si limitò a leggere un comunicato di un foglio solo. Disse che, essendo stato espulso dal Pdl, aveva deciso di formare due gruppi autonomi in Parlamento. Aggiunse che non avrebbe lasciato la presidenza della Camera. Quindi si alzò e scomparve. Senza consentire nessuna domanda.

Al Grand Hotel Minerva, Fini si era ben guardato dal fare il minimo cenno alla faccenda di Montecarlo. Si decise a parlarne nove giorni dopo. Ma anche allora guardandosi bene dall'incontrare la stampa. La domenica 8 agosto fece recapitare alle agenzie e ai quotidiani una nota scritta, suddivisa in otto punti. Doveva essere la risposta definitiva alla "ossessiva campagna mediatica dei giornali berlusconiani".

La nota fu pubblicata il lunedì 9 agosto. Ma si rivelò soltanto un chiodo da succhiare, con ben poco gusto. Che cosa diceva? Banalità reticenti. Non mi sono mai occupato dell'appartamento di Montecarlo. Ignoravo che l'avesse preso in affitto Giancarlo Tulliani, qualche tempo dopo la vendita a una società di cui non conosco assolutamente nulla. L'ho saputo più tardi da Elisabetta Tulliani. Con mia sorpresa e disappunto. Fine della nota.

Come definire il nuovo rifiuto di Fini ad affrontare i giornalisti? Un espediente suicida, dettato dal terrore di dover rispondere ai media? Per semplicità, dirò soltanto che fu una mossa sbagliata, un errore pesante per un leader politico nonché presidente della Camera. Con un esito fatale: eccitare la curiosità della stampa e rendere più aspre le opinioni dei giornali.

Due giorni dopo, l'11 agosto, si mosse persino "Repubblica" che, di solito, trattava Fini con i guanti bianchi. Dal momento che era diventato l'avversario numero uno di Silvio il Caimano. Ma questa volta il breve articolo di fondo scritto da Mauro aveva un titolo duro: *Il dovere della chiarezza*. Era un testo assai più breve delle lunghe articolesse che di solito compaiono sul quotidiano di largo Fochetti: appena quarantacinque righe, però dal tono molto secco.

Mauro avvertiva Fini che aveva "un'unica strada per sfuggire alla guerra mortale" scatenata contro di lui da Berlusconi. Ed era "la strada della chiarezza e della trasparenza che coincide con i suoi doveri verso la pubblica opinione".

Sempre rivolto a Fini, il direttore di "Repubblica" proseguiva così: "Dopo aver detto la sua verità sull'affare Montecarlo, deve pretendere la verità da Giancarlo Tulliani, intermediario e beneficiario della vendita. Fini chieda a Tulliani di rivelare i nomi e i cognomi degli acquirenti e le condizioni dell'affitto.

"Questo per rispondere al sospetto, ogni giorno più pesante, che Tulliani abbia intermediato per se stesso, dietro il paravento offshore. Soltanto così" concludeva Mauro, "si potrà accertare che la 'famiglia' venditrice non è anche la 'famiglia' acquirente."

Fini si infischiò pure di "Repubblica" e del suo strapotente direttore. Se ne andò con la famiglia a godersi una lunga vacanza in un bel posto di mare, Ansedonia. Ma anche qui non ebbe pace. E la lettura dei giornali divenne il suo tormento mattutino. Per un motivo che anche un bambino era in grado di comprendere.

Da almeno un anno, l'ex leader di Alleanza nazionale era diventato un esternatore indefesso. Nelle apparizioni pubbliche, sulla carta stampata, nei telegiornali, persino nei fuori onda televisivi. Come nel caso memorabile del colloquio con un alto magistrato di Pescara nel quale Fini si abbandonava a previsioni sarcastiche sul futuro di Berlusconi.

Poi, di colpo, il presidente della Camera era diventato il muto di Montecitorio. L'inchiesta sulla casa di Montecarlo, e la stessa cronaca politica, lo mettevano in croce ogni giorno. Ma lui, invece di difendersi, taceva. A poco a poco, il silenzio gli cucì addosso una fama pessima. Quella di un uomo spaventato perché ha qualcosa da nascondere. E quella, anche peggiore, del leader politico che alle prese con una congiuntura cattiva va in oca. Nel senso che si lascia prendere dal panico, al punto di non saper più come muoversi.

Terminate le sue acide vacanze, la domenica 5 settembre Fini si presentò a Mirabello, in provincia di Ferrara. Era il luogo storico della festa annuale del Msi, poi di An e infine di Futuro e Libertà. Il presidente della Camera ci regalò un lungo discorso politico. Ma anche in quel caso si sottrasse a qualunque domanda dei cronisti. Una precauzione inutile, poiché nel frattempo l'inchiesta del "Giornale" e di "Libero" proseguiva senza soste. Diventando sempre più amara per Fini.

Nella seconda metà del settembre 2010, nelle redazioni si diffuse un tam tam che avvertiva: Fini dirà tutto sulla faccenda di Montecarlo. Pensammo a una conferenza stampa decisiva, con il presidente della Camera pronto a soddisfare la legittima curiosità dei media. Ma ancora una volta ci sbagliavamo.

Il sabato 25 settembre Fini si rivolse all'opinione pubblica con un videomessaggio. Vale a dire un pallido comizio televisivo registrato chissà dove, sempre senza contraddittorio. L'evento si fece attendere per l'intera giornata. Di rinvio in rinvio, arrivarono le sette della sera. E finalmente il leader futurista apparve in una registrazione destinata a una serie di siti internet e di qui rimbalzata ai telegiornali.

Nel videomessaggio Fini mi sembrò spompato, frettoloso, per nulla battagliero, anzi con nessuna voglia di confrontarsi con l'opinione pubblica. Non ci rivelò nulla sulla casa di Montecarlo. Era diventata del cognato Giancarlo Tulliani? Forse sì, forse no. Nella nebbia che usciva dal video, apparve soltanto una microscopica autocritica: era incorso in qualche ingenuità e in arrabbiature senza esito. Poi si riparò dietro una scusa paradossale: a Montecarlo operare con società da paradisi fiscali, "era obbligatorio". Anche un uomo di Stato come lui non poteva evitare di ricorrere alla trappola dell'offshore.

Insomma, quel video tanto atteso non offrì al pubblico nessuna novità. Fini si limitò a una flebile difesa, dicendo di essere vittima di "un gioco al massacro" condotto da una Spectre di sconosciuti. Ci risparmiò soltanto i giudizi pesanti che aveva sparato in quei giorni: la democrazia italiana era "a rischio", prigioniera di una rete fatta di "ricatti e terrore". In decenni di giornalismo sul campo, non avevo mai incontrato un'autorità istituzionale arroccata, almeno a parole, su una linea tanto eversiva.

Fini doveva aver pensato che i giornali erano soltanto un potere di carta. Lo stesso giudizio si poteva applicare alla tv. Ma nell'autunno del 2010, il presidente della Camera, sempre alle prese con la faccenda di Montecarlo, si decise a concedere due interviste televisive.

La prima a Enrico Mentana, il nuovo direttore del telegiornale di La7. La seconda al baffuto Ruotolo, spalla di Michele Santoro ad *Annozero*. Di fronte a Mentana, rispose in modo impacciato all'unica debole domanda sulla casa di Montecarlo. Con Ruotolo andò sul velluto.

Come giudicare la strategia di comunicazione scelta da Fini? Sull'"Espresso" del 7 ottobre 2010 apparve un'analisi aguzza di Alessandro Gilioli, un giornalista che sa tutto di internet. Lui si dichiarò molto deluso dalla strada percorsa dal leader futurista. Scrisse: "Nei mesi scorsi il gruppo di Farefuturo ha molto elaborato sulla possibilità che il web crei un nuovo modo di fare e di comunicare la politica. Fini non li ha ascoltati o non li ha capiti. E ora ne sta pagando il prezzo in termini di reputazione, autorevolezza e credibilità".

L'analisi di Gilioli era intitolata *Il video degli errori*. Non aveva torto. Ma nel mondo della politica italiana troppi non riuscivano più a capire quando sbagliavano. Fini era solo uno dei tanti.

18
«Uccidiamo Belpietro!»

Uccidere un giornalista quando ritorna a casa dal lavoro: ecco una storia orrenda che avevo già vissuto. Con una sofferenza grande perché a morire erano stati due amici. E anch'io avrei potuto fare la loro stessa fine.

Nel novembre 1977, Carlo Casalegno fu ammazzato nell'androne del suo palazzo, a Torino, mentre rientrava dalla "Stampa", per la pausa del primo pomeriggio. Un killer delle Brigate rosse gli sparò alle spalle e poi se ne andò indisturbato.

A volte il piano attuato dagli assassini prevedeva un itinerario inverso: il giornalista veniva accoppato mentre si recava al lavoro. Nel maggio 1980 accadde così a Walter Tobagi. Lo stesso era avvenuto per Indro Montanelli. Anche lui doveva morire mentre andava al "Giornale". E si salvò perché i killer brigatisti lo colpirono alle gambe.

Tanto tempo dopo la stagione di sangue degli anni Settanta e Ottanta, la sera di giovedì 30 settembre 2010 a rischiare la vita fu Maurizio Belpietro, il direttore di "Libero". Per lui era prevista la stessa fine di Casalegno: ucciso al rientro da una giornata di lavoro in redazione, nel centro di Milano.

Ma Belpietro doveva avere un angelo custode molto attento. Questo angelo salvò lui, uno dei due poliziotti che lo scortavano e la famiglia di Maurizio, la moglie e le due bambine. Purtroppo non ce la fece a fermare il killer che riuscì a sparire nel buio da dove era uscito.

Che cosa rivelò il fallito omicidio di Belpietro? Innanzitutto che i giornalisti, in particolare quelli di prima fila, i direttori dei quotidiani, tornavano a essere le prede più ambite di un nuovo terrorismo. Per un fatto semplice: erano figure molto conosciute e non avevano le scorte formidabili di tanti vip della casta politica.

In questa società fondata sui media, erano loro a rischiare più di altri. Soprattutto quelli che svettavano nella professione poiché avevano la fermezza di prendere posizioni molto nette. Per un dovere verso i lettori e gli editori. E per rispetto nei confronti delle loro redazioni.

Ecco il primo insegnamento che ci veniva da questo delitto sventato per caso. Dovevano tenerlo a mente i direttori dei giornali più impegnati nel raccontare e giudicare il caos politico di oggi. Il fallito agguato a Belpietro li obbligava a prestare molta attenzione a quanto accadeva attorno a loro. Tanti o pochi che fossero, erano tutti soggetti a rischio.

Ma il pericolo più grande lo correvano i direttori delle testate di centrodestra o di destra. A cominciare da Feltri e da Sallusti del "Giornale", da Belpietro e da Mario Sechi, che guidava "Il Tempo". Ai lettori di questo libro non sembri un'illazione infondata. Al contrario, è una deduzione suggerita da un fatto oggettivo.

Se è vero che la violenza era una costante della sinistra, compresa quella isterica di oggi, era fatale che gli obiettivi da colpire fossero soprattutto loro. Messi nel mirino da una strategia dell'odio che neppure le forze di polizia e i centri di intelligence conoscevano a fondo.

Uso di proposito la parola strategia. Perché non credo che il mancato killer di Belpietro fosse un pazzoide isolato. Di certo, non poteva essere un clone del Tartaglia che aveva aggredito Berlusconi. Era armato di rivoltella e non di un piccolo Duomo di marmo. Aveva pedinato il direttore di "Libero". Doveva conoscere bene il terreno dell'agguato, ossia il palazzo, le scale, la collocazione dell'appartamento. Ed era così pronto a uccidere da aver tentato di accoppare il primo poliziotto che gli era apparso di fronte.

Il secondo insegnamento riguardava l'aria cattiva che soffiava in Italia da mesi. Dopo il tentativo di sorprendere Belpietro sull'uscio di casa, molti amici mi cercarono per dirmi che avevo visto giusto nel denunciare, su "Libero" e sul "Riformista", quanto stava accadendo.

A tutti replicai che non ero un indovino. E neppure mi ritenevo più furbo di tanti altri colleghi. L'unico mio vantaggio erano i capelli bianchi e l'esperienza fatta nel raccontare l'esplodere del terrorismo rosso e nero negli anni Settanta e Ottanta. Era stata la memoria a farmi annusare i sintomi di un pericolo troppo simile a quello di allora. Mi ero limitato a sommare due più due. E il risultato mi era parso terrificante.

I segnali da mettere in fila non mancavano. Una crisi economica non risolta e sempre sul punto di diventare una crisi sociale rabbiosa. Un sistema politico paralizzato in due blocchi intenti a combattersi senza risparmio. Un'asprezza verbale che persino in Parlamento non conosceva più limiti. L'inizio di una caccia all'uomo che anche nell'autunno del 2010 non trovava sosta.

E, ancora, un conflitto sindacale sempre più esasperato, come dimostrava l'assalto alle sedi della Cisl, condotte da militanti della Fiom-Cgil e da gruppi antagonisti. Infine gli innumerevoli indizi di una faziosità cieca che stava crescendo a sinistra. E che considerava nemico pure chi dirigeva un giornale sgradito, scriveva articoli troppo schietti, pubblicava libri messi all'indice dalla cultura postcomunista.

Su questo caos gonfio di malvagità, emergevano figure di politici irresponsabili, capaci soltanto di giocare con il fuoco. Costoro avevano cresciuto migliaia di figliocci. Gli stessi capaci di rammaricarsi che il direttore di "Libero" non fosse stato eliminato. E che si domandavano perché mai non venisse accoppato anche Feltri.

Una parte di queste note le scrissi subito dopo l'agguato a Belpietro. In quei giorni mi resi conto che lavoravo con animo scoraggiato. Per carattere sono sempre stato un ottimista. La vita mi ha insegnato che avere paura non serve a niente. Eppure mi domandavo sempre più spesso quale terribile mutazione stesse subendo il nostro paese. Nell'autunno del 2010, l'Italia politica sembrava diventata un territorio sismico. Anche nelle aree che non avevano mai vissuto un terremoto vero, capace di far crollare le case e uccidere molti cristiani.

Gli inquilini di Montecitorio e di Palazzo Madama non capivano che persino loro rischiavano grosso. Eppure sotto troppi palazzi del potere il terreno stava ballando. A farlo ballare c'era un estremismo armato, in gran parte ancora sconosciuto. E molto frammentato, quasi individuale.

Lo dimostrava la presenza sulle scale di Belpietro di un terrorista ignoto a tutti, però così determinato da sparare a un agente della scorta. Se la pistola non si fosse inceppata, avrebbe potuto uccidere il poliziotto. Per poi irrompere nell'appartamento di Maurizio. Dove avrebbe trovato anche la moglie e le due bambine.

Ma esisteva pure un'altra forma di violenza. Meno clamorosa e meno sanguinaria di un omicidio. E tuttavia capace di offendere la figura della vittima. Che dopo aver corso un rischio pesante, veniva assalita da un teppismo verbale con un solo obiettivo: insinuare il sospetto che l'agguato non ci fosse mai stato. Nel caso di Belpietro, il sospetto aveva una sola conclusione: il direttore di "Libero" e il suo caposcorta erano dei mitomani o dei bugiardi.

Un mese e più dopo l'agguato, Pietrangelo Buttafuoco scrisse sul "Foglio": se un tizio armato di rivoltella si fosse presentato sul pianerottolo di un giornalista anti-

Cavaliere, l'Italia civile sarebbe ancora oggi mobilitata, per invocare legalità e giustizia.

Che cosa sarebbe successo, è un gioco da bambini immaginarlo. Indignazione di massa. Appelli infuocati. Raccolte di firme. Assemblee dovunque. Editoriali di aspra condanna. L'ennesimo corteo per protestare contro gli squadroni della morte messi in pista dal Caimano, con lo scopo criminale di intimidire gli avversari.

Più o meno, fu quanto accadde subito. Però non a favore di Belpietro, bensì contro di lui. Il 2 ottobre 2010, "il Fatto" emise la propria sentenza, con un titolo a piena pagina: *Una misteriosa sparatoria*. Il sommario recitava: "Verifiche sul racconto del caposcorta, già coinvolto in un presunto attentato contro il magistrato Gerardo D'Ambrosio".

Lo stesso giorno si fece sentire l'opinione di un intellettuale dal cognome importante: Nando dalla Chiesa. Secondo "Il Riformista" scrisse sul suo blog di non credere al racconto del caposcorta e, dunque, a Belpietro: "Per quanto mi sforzi, proprio non ci credo. Troppe stranezze. Ma che scorta è quella che ci viene descritta? E come svolge il suo servizio? Ci si spara per le scale, mica cavalcando nelle pampas, senza colpirsi?".

Sempre il 3 ottobre, le cronache registrarono la nascita su facebook di un gruppo "Uccidiamo Belpietro". In pochissime ore, si iscrissero un centinaio di fanatici. Tutti convinti che il direttore di "Libero" meritasse la morte: "È una persona ottusa, stupida e servile, che mortifica la professione del giornalista. L'emblema della faccia da schiaffi!".

Su internet, altri sostenevano che l'agguato era finto, "una bufala per aumentare i consensi". Ma anche nell'ipotesi che tutto fosse davvero accaduto, la conclusione risultava sempre contro la vittima: "Belpietro se l'è cercata", dal momento che ha sempre appoggiato Berlusconi.

Il 7 ottobre scese in campo "l'Unità" di madama Concita De Gregorio. Un grande titolo annunciava il parere di un anonimo funzionario di polizia: *L'agguato, gli spari, la fuga. E nessuna traccia. Strano, no?* Ma lo stesso giorno, il quotidiano dei postcomunisti fece assai di peggio. Grazie a un vecchio compagno, lo psicoterapeuta Luigi Cancrini che ogni giorno rispondeva a una delle lettere inviate al giornale.

Poteva mancare una lettera contro il direttore di "Libero"? Certamente no. Era intitolata *L'inconscio di Belpietro* e la firmava Sara Di Giuseppe. La risposta di Cancrini era raccapricciante. Il professore immaginava una consultazione professionale su Maurizio e ne scandagliava l'inconscio sulla base di quanto aveva detto dopo l'agguato.

Morale della favola? Cancrini rilevava nel direttore di "Libero" due magagne. La prima era "un esempio perfetto di 'formazione reattiva', il meccanismo di difesa che permette a una persona di nascondere a se stessa, dietro una corazza d'indignazione, i suoi movimenti affettivi e comportamentali più evidenti".

La seconda magagna, visto che Belpietro aveva citato Roberto Saviano, l'autore di *Gomorra*, come esempio di chi stava in pericolo per le cose che aveva scritto, era ancora più nefanda. Celava il disprezzo per l'avversario politico, l'invidia difficile o impossibile da ammettere per "l'eroe" che anche a lui piacerebbe diventare.

La conclusione di Cancrini era sprezzante: "L'inconscio esiste, avrebbe detto trionfante Freud se Belpietro fosse stato un suo paziente. Il vero problema della salute mentale, tuttavia, sta proprio qui: nel fatto che le più difficili e le più pericolose fra le nevrosi del carattere difficilmente accedono all'idea di poter chiedere aiuto".

Maurizio rispose a Cancrini come Cancrini meritava. Scrisse su "Libero" dell'8 ottobre: "Lui si preoccupa della mia salute mentale, suggerendo un trattamento terapeutico. Non faccio fatica a immaginare di quale cura si tratti. Già ai tempi dell'Unione sovietica, gli stalinisti curavano gli oppositori, e gli intellettuali poco allineati, negli ospedali psichiatrici. I comunisti forse non ci saranno più, ma le loro vecchie abitudini ritornano".

Tuttavia per Belpietro i fastidi non erano finiti. Il 13 ottobre, "Repubblica" scrisse che la questura di Milano gli aveva ridotto la scorta. Scegliendo un livello di "attenzione più bassa". Il quotidiano di Mauro aggiungeva: il caposcorta che aveva sventato l'agguato era stato trasferito a un altro incarico.

Erano due notizie false. La scorta a Belpietro restava sempre quella decisa dal questore la sera del fallito attentato. Consisteva in un'auto della polizia con due agenti in sosta ventiquattr'ore su ventiquattro di fronte al palazzo nel quale abitava Maurizio. Più altri quattro agenti che seguivano di continuo il direttore di "Libero". Infine il caposcorta che aveva sparato al killer armato non era mai stato trasferito.

Eppure, la sinistra ultrà continuò a insinuare che la storia dell'agguato fosse falsa. Anche Santoro, in una puntata di *Annozero* aveva ironizzato sul killer "fantasma". Belpietro gli rispose in diretta con dovizia di argomenti. Ero solidale con lui. Però mi dicevo: replicare in casa Santoro non serve a nulla. Chi ti odia continuerà a odiarti.

Confesso che ero preoccupato per lo stato d'animo di Maurizio. Quando ci parlavamo al telefono, per concordare un articolo destinato a "Libero", lo sentivo tranquillo, sicuro di se stesso, con la solita calma fredda. Quello che stava passando lo compresi in seguito, dall'intervista scritta da Andrea Marcenaro per "Panorama" che ho già citato.

Maurizio raccontò: «Vorrei ricordare che, tra le righe di non pochi giornali e di non poche dichiarazioni pelosamente solidali, si poteva leggere in controluce un "ben gli sta". Qualcuno l'ha anche scritto. "Il Fatto" si è trovato costretto a chiudere un blog dove si dibatteva l'episodio. La quantità degli applausi si era rivelata troppo imbarazzante anche per loro... Ecco, guarda questa busta. È arrivata l'ennesima minaccia di morte. Leggi: chi scrive non si limita a me, promette di eliminare anche la mia stirpe. Un altro matto, diranno? Può darsi. Ma potrebbe essere un matto di talento, capace di mettere in pratica ciò che promette».

Poi Belpietro aggiunse: «L'ultimo episodio è stato più grave, però ai cosiddetti matti ero abituato. Di recente, un tipo, spacciandosi per un tecnico, ha cercato di entrare in redazione: voleva gonfiarmi di botte. Anzi, per la precisione, voleva farmi sanguinare. Adesso mi hanno rinforzato la scorta. Così mi sentirò ancora di più un prigioniero politico».

Per questo andavo scrivendo che stavamo immersi in una guerra civile a bassa intensità, al momento fatta soltanto di parole violente o di attentati falliti. E alimentata soprattutto dalle tante sinistre. Come dimostrava anche un episodio in apparenza minimo, ma rivelatore di un clima. Che adesso racconterò.

Per i clan rossi, Maurizio Belpietro era di sicuro un fascista. E Vittorio Feltri? Un altro fascista, per di più di quelli duri, pronti a usare il manganello. A proposito di Feltri, la sua qualifica di picchiatore verbale ce la garantì, sul "Sole-24 Ore" di domenica 3 ottobre 2010, un piccolo barone della storiografia contemporanea, Sergio Luzzatto.

Il professor Luzzatto raccontò che nell'estate 2008, quando scriveva per le pagine culturali del "Corriere della Sera", aveva dato la paga a Feltri, che allora guidava "Libero". Sostenendo che il quotidiano da lui diretto "emanava un inconfondibile profumo di fascismo, in puro stile Farinacci". Il quale, lo dico per chi non frequenta Wikipedia, era il ras di Cremona, il più duro fra i duri del regime di Mussolini.

Feltri aveva risposto a Luzzatto come Luzzatto si meritava: "L'accusa di fascismo non ci è nuova, ma, seppure palesemente infondata, non fa piacere vedersela scagliata addosso, per giunta gratis... Bollare di fascismo gente come noi di provata fede democratica è un'operazione criminale. Se poi è condotta da uno storico, scatta l'aggravante dell'ignoranza, imperdonabile in un intellettuale, per quanto sedicente".

Mi domandai perché l'incauto Luzzatto avesse rispolverato l'accusa a Feltri proprio sul giornale della Confindustria. Ossia di un sodalizio che, nell'immaginario dei luzzattini, era la Spectre dei fascistoni, in quanto padroni del vapore capitalista. E mi chiesi anche per quale motivo si fosse azzardato a ripeterla nei giorni dell'agguato a Belpietro. Poi mi risposi che il vero settario non riusciva mai a nascondere il proprio vizio. Come succede ai bambini molto piccoli che non sanno trattenere la pipì neppure quando sono per strada.

Tuttavia la lettura della rubrica di Luzzatto mi indusse a pensare che il fascismo non fosse morto per niente, anzi che era vivo, vivissimo. Dal momento che erano davvero tanti, me compreso, quelli che si vedevano appiccicata di continuo questa etichetta.

Per quel che riguardava il sottoscritto, non ci facevo più caso. Mi dicevo: vogliono darmi del fascista per i miei libri revisionisti sulla guerra civile? Facciano pure. Meglio essere ritenuto un fascista che un falsario. Oppure uno tanto poco rispettoso della verità da non volerla scrivere mai. Per salvare l'onore del comunismo di guerra.

Un intellettuale che in passato si era visto attribuire l'etichetta di fascista fu Casalegno. Luzzatto si rammentava di lui? Era il vicedirettore della "Stampa". Negli anni Settanta veniva ritenuto un nero da tanti estremisti rossi, i progenitori di quelli che nel 2010 avevano costituito su facebook il gruppo "Uccidiamo Belpietro".

Anche all'interno della "Stampa" non erano in pochi a pensarla così. A conferma che il virus dell'estremismo rosso si stava mangiando il cervello di troppe persone. Gente che, almeno per il rispetto della missione di informare i lettori, avrebbe dovuto mostrare più equilibrio e respingere la tentazione di abbandonarsi alla più cieca faziosità politica.

Se all'epoca di Carlo ci fosse già stato internet, di sicuro sarebbe nato su facebook il gruppo "Uccidiamo Casalegno". Ma i killer brigatisti non ne avevano bisogno e lo accopparono lo stesso. Cinque anni prima, aveva incontrato degli altri boia il commissario Luigi Calabresi. Al posto degli internauti, contro di lui si mossero più di ottocento firmaioli eccellenti, quasi tutti signori e signore ritenuti vip della cultura di sinistra.

La loro lista mortuaria era nella sostanza un gruppo di facebook. Ed era guidata, ahimè, dal filosofo Norberto Bobbio. Il manifesto funzionò da ferro di lancia per un'opinione pubblica convinta, a torto, che il commissario fosse il torturatore e poi l'assassino dell'anarchico Giuseppe Pinelli. E accompagnò il sibilo delle pallottole che stroncarono l'esistenza di un onesto servitore dello Stato.

Quelle di Calabresi e di Casalegno potevano sembrare storie sepolte in un tempo antico. Ma non era così. Anche nel passaggio fra il 2010 e il 2011 una parte dell'opinione pubblica di sinistra risultava in piena nevrosi. Il detonatore di questo caos mentale non era più la strage di Piazza Fontana o la guerriglia dell'estremismo rosso. Adesso esisteva un uomo capace di far impazzire le opposizioni: il cavalier Berlusconi, per la sua tenacia nel restare alla guida del governo, secondo il mandato ricevuto dagli elettori.

Per quanto mi riguardava, il Cavaliere era un estraneo. Non l'avevo mai votato. E la sua presenza a Palazzo Chigi non mi faceva né caldo né freddo. La consideravo uno dei tanti eventi fatali della stagione politica iniziata dopo il disastro di Tangentopoli. Eppure non riuscivo a capacitarmi del fatto che l'esistenza del Cavaliere fosse diventata la croce a cui si stavano inchiodando le sinistre italiane. Affiancate dalla parrocchia futurista di Gianfranco Fini.

Chi è prigioniero di una nevrosi non ragiona più. Era quello che stava accadendo alle opposizioni in Italia. Avevano una presunzione arrogante di se stesse. I loro militanti si ritenevano gli unici a possedere la verità e ad avere il diritto di pensarla come gli piaceva e pareva. Credevano che, una volta tolto di mezzo Berlusconi, il nostro paese sarebbe diventato il giardino d'Europa, una terra promessa, la repubblica migliore del mondo.

Purtroppo non era così. Anche il giorno che il Caimano avesse ceduto il comando a un signor X di sinistra, o a qualche tecnocrate indipendente, saremmo sempre rimasti una nazione in declino. Anzi, un corpo malato, ormai aggredito da tutti i guai possibili. Secondo un vecchio proverbio, le mosche si addensano su un asino spelato. Ecco l'Italia di oggi.

Ma allora a che cosa serviva concentrare su Berlusconi tutto l'odio che gran parte delle sinistre aveva in corpo? A nulla, se non ad alimentare un odio uguale e contrario. Era quanto ci stava accadendo. Senza rendercene conto, avevamo iniziato a costruire i presupposti di un nuovo conflitto fra italiani. Fondato su un principio sanguinario: chi non la pensa come me è un nemico da abbattere.

Quando fosse venuto il momento di applicarlo su larga scala, neppure l'Europa sarebbe riuscita a salvarci. A quel punto, nessuno avrebbe più ricordato i dilemmi di un tempo. Belpietro doveva essere accoppato o il poliziotto di scorta aveva preso un abbaglio? Quanti direttori di giornale, manager, leader sindacali e politici di centrodestra avevano rischiato la vita, nonostante le auto blindate e le guardie del corpo?

Avevo rischiato anch'io per i miei libri revisionisti? Ero stato previdente, o soltanto un pavido sciocco, nel rinunciare a discuterli in pubblico per il timore di essere aggredito e di obbligare i miei interlocutori, e prima di tutto i lettori presenti, ad affrontare momenti di tensione?

Tuttavia, confesso che ad allarmarmi di più fu il corteo del cosiddetto Popolo viola, il sabato 2 ottobre a Roma. Non per i tanti giovani infuriati che sfilavano. Ma per i cartelloni e i pupazzi che inalberavano. Tutti contro un solo politico, considerato lo stregone da bruciare: Berlusconi.

Nel guardare i servizi televisivi, mi folgorò un pensiero orrendo: ecco gente che marcia verso un nuovo Piazzale Loreto, per appenderci un nuovo Mussolini.

19
Dossieraggi

Una storiaccia dell'ottobre 2010 mi obbligò a riflettere sul mio passato di giornalista d'assalto. Uso questa immagine con un sorriso di malinconia. Era quella che ci eravamo inventata noi giovani cronisti, convinti che il potere della carta stampata fosse reale e non un'illusione.

Mia madre Giovanna avrebbe detto che eravamo dei gasati, ossia ragazzi volenterosi che si davano molte arie e confidavano troppo in se stessi. Per convincersi di contare qualcosa più di zero nel sistema dei media. E dimenticare che eravamo soltanto piccole pedine di un gioco assai più grande di noi.

Nel riflettere, mi sono domandato che cosa avessi imparato nei primi anni di giornalismo. Alla "Stampa", al "Giorno" e al "Corriere della Sera", mi era stato insegnato che l'inchiesta era il top della professione, la prova di eccellenza, il traguardo glorioso di un cronista. Prima di arrivarci, e ricevere l'incarico di tentarne una, si doveva aver fatto molta gavetta. Passando per decine di servizi da piccolo inviato su casi d'importanza secondaria.

A "Repubblica" la pensava nello stesso modo Scalfari. Del resto lui veniva da anni di "Espresso". E con Lino Jannuzzi aveva scritto un'indagine diventata famosa sul Piano Solo del generale Giovanni De Lorenzo. Era stato davvero un tentativo di colpo di Stato? Su questo punto non esisteva una certezza incontestabile. Ma quella pagina di giornalismo investigativo era comunque rimasta nella memoria. Garantendo ai suoi autori una solida notorietà.

Piero Ottone, direttore del "Corriere della Sera",

amava molto le inchieste. Ne ricordo una che scrissi per lui, insieme a Gaetano Scardocchia. Era il febbraio 1976 quando emerse lo scandalo Lockheed, la grande azienda americana che fabbricava aerei. La Lockheed era sospettata di aver pagato tangenti a politici italiani per facilitare la vendita dei suoi Hercules C-130, destinati all'aeronautica militare.

Vedo dai miei taccuini che pubblicammo sul "Corriere" ben tredici articoli nel giro di un mese, un numero insolito per l'epoca, tirando in ballo eccellenze della politica e dell'industria. Le reazioni furono tante. E non escludo che nella nostra indagine vi fossero errori. Ma nessuno ci accusò di aver fatto del dossieraggio. O di aver tentato di uccidere moralmente questo o quel big.

Lo stesso accadde quando la questione della Lockheed arrivò in Parlamento. Era il marzo 1977 e sempre per il "Corriere" scrissi altri otto articoli. Fu un dibattito furente, nel quale spiccò il discorso di Moro in difesa di un ministro democristiano. Un'arringa rimasta famosa per un avvertimento: «Non ci lasceremo processare nelle piazze!».

Se qualcuno avesse osato dire che eravamo killer arruolati per compilare dossier a carico di Tizio o di Caio, avrebbe incontrato, prima ancora della mia reazione, quella aspra di Scardocchia. Lui era animato da una concezione molto alta del giornalismo. Lo riteneva una delle professioni cardine della società. Perché aveva il compito di informare i cittadini sullo stato di un paese, di un continente, del mondo.

Anzi, per Gaetano non era un compito, ma un dovere. Da onorare soprattutto a vantaggio degli ultimi della fila: i semplici, gli illetterati, i poveri.

Quanti si rammentano ancora di Scardocchia? Temo ben pochi, anche fra i giornalisti. Allora lo ricorderò io, iniziando con il dire che pure Gaetano, come molti della sua generazione, compreso me, veniva da una famiglia umile. E si era fatto tutto da solo, studiando e lavorando. Senza l'appoggio di clan parentali o politici. E partendo dal gradino più basso della professione.

Nato a Campobasso nel 1937, aveva visto morire il padre ancora giovane e la madre obbligata ad andare a servizio di chi poteva permettersi di chiamarla a fare qualche ora da domestica. Come ricordò poi Federico Orlando sul "Giornale" di Montanelli, la colonna della famiglia era diventato lo zio barbiere. Che aveva la bottega sulla piazza attigua a quella della prefettura, dove esisteva la barbieria dei ricchi.

Gaetano riuscì ad approdare al liceo ginnasio Mario Pagano di Campobasso. E lì scoprì la vocazione al giornalismo. I liceali più grandi stampavano "La voce dello studente" e lui si presentò con la cronaca di un film. Orlando rammenta che, sulle prime, sembrava intimidito. Arrossiva con facilità. E più sgranava gli occhi dietro le lenti massicce da miope, più sembrava diventare piccolo.

Quel suo primo articolo venne stampato. Allora i liceali portarono allo zio barbiere una copia della "Voce dello studente" con il pezzo firmato dal nipote. Lo zio ne fu tanto felice che si scappellò con un gran sorriso, come per dire grazie. Gaetano continuò a scrivere su quel foglio sino alla licenza liceale. Era un giovane curioso di tutto. E con un altro ragazzo di Campobasso, Fred Bongusto, poi diventato un mito della musica leggera, scrisse i testi di qualche canzone, a cominciare dalla famosa *Una rotonda sul mare*.

Terminato il liceo, vinse un posto alla Casa dello studente dell'Università di Roma ed emigrò, come fanno ancora oggi molti molisani. Voleva diventare giornalista e trovò un lavoro all'Agenzia Italia, da cronista parlamentare. Sgobbando di giorno e studiando di notte, si laureò in Scienze politiche e riuscì ad agguantare il sogno della sua vita. Diventò corrispondente del "Giorno" dall'Austria e poi dalla Germania dell'Ovest, con base ad Amburgo. Aveva imparato a parlare bene il tedesco, con l'aiuto di una ragazza austriaca che in seguito lo sposò e gli diede due figli.

La mia amicizia con Gaetano ebbe inizio nel 1973, quando entrambi ci trovammo a lavorare per il "Corriere" di Ottone. Scrivemmo a quattro mani l'inchiesta sulla Lockheed. Fu il nostro primo scandalo tangentizio. Riuscimmo a ricostruirlo pezzo dopo pezzo, con l'aiuto di Pierluigi Franz, un giovane segugio esperto di archivi. Franz ci guatava ringhiando: «Non siete mai stati nella cancelleria di un tribunale? Non sapete consultare l'archivio di una camera di commercio? Ma allora non potete pretendere di fare del giornalismo investigativo!».

Noi incassavamo i suoi sfottò e andavamo avanti a testa bassa, per cercare e ricercare. Passando anche di errore in errore, perché in quel tempo non esisteva nessun sant'Antonio Di Pietro a cui votarsi.

Eravamo diversi e ci completavamo a vicenda. Scardocchia mi riteneva troppo pittoresco, incline a descrivere all'eccesso i tipi umani che incontravamo nelle inchieste. Mi difendevo rammentandogli un detto del giornalismo americano: "Nessun problema senza una storia, nessuna storia senza un personaggio".

Gaetano mi replicava alla sua maniera. Incitandomi a essere meno fantasioso, meno inquieto nella ricerca di una scrittura non banale. E più pignolo, quasi ossessivo nel far passare al microscopio ciascun dettaglio di un fatto, anche quello in apparenza inutile. Lui si comportava da accanito spaccatore di capelli in quattro. Non voleva ricevere neppure la più banale delle rettifiche. Diceva: «Una smentita mi brucia, meglio dieci querele».

Era un vero tedesco, nato per sbaglio in Molise. Controllava ogni dettaglio due, tre, quattro volte. E mi domandava, dubbioso: «L'hai fatto anche tu? Allora rifallo di nuovo». La sua scrittura era asciutta, senza fronzoli, una freccia che andava diritta al bersaglio. Provava orrore per il giornalismo gonfio di imprecisioni, per l'aria fritta, per i clan cortigiani, per la faziosità politica camuffata. Ancora oggi non so come la pensasse della casta di allora. E per quale partito votasse.

L'ultima volta che lo vidi fu al Policlinico di Roma. L'avevano operato al cuore e non aveva detto niente a nessuno. Lo appresi per caso, da Roberto Martinelli, il numero uno della cronaca giudiziaria in Italia, un collega che sapeva sempre tutto di tutti. Trovai Gaetano in un letto sul fondo di un corridoio dell'ospedale. Trasformato in una misera stanzetta grazie a tre tavole di compensato. Era di buonumore. Mi chiese: «Pansone, hai scoperto qualcun altro da demolire con i tuoi articoli pittoreschi?».

Dopo aver diretto "La Stampa" dal febbraio 1986 al maggio 1990, ritornò a New York a guidare l'ufficio di corrispondenza del giornale. Il suo cuore sembrava a posto. Ma non era così. Il mercoledì 17 novembre 1993, nel tardo pomeriggio lasciò l'ufficio e a piedi si diresse alla stazione per prendere il treno che l'avrebbe riportato a casa, in un piccolo centro vicino. Mentre camminava tranquillo, un infarto lo folgorò. Cadde a terra. Quando lo soccorsero era già spirato. Aveva appena 56 anni.

Quella fine improvvisa gli risparmiò l'ultima beffa. Un errore crudele per un giornalista sempre a caccia dei propri errori. "L'Unità", allora diretta da Walter Veltroni con un ampio ventaglio di vicedirettori, il giovedì 18 novembre pubblicò nella prima pagina la notizia della sua scomparsa.

Il titolo diceva: *Lutto. È morto Gaetano Scardocchia.*

Il titolo era addobbato con una fotografia. Ma non era quella del mio vecchio amico, bensì di un alto dirigente della Fiat e vicepresidente della Confindustria: Carlo Callieri, per sua fortuna ancora vivo.

Ho ricordato questo grande del giornalismo, mio vecchio amico, anche per un motivo che riguarda i giorni nostri. Mi domando spesso quello che avrebbe detto Gaetano di quanto accade oggi. E con quali occhi avrebbe osservato le tempeste di carta che squassano la politica e i giornali che la raccontano.

Adesso qualunque inchiesta giornalistica sfiori un potente diventa subito un dossier. È una parola che piace molto alle varie caste, perché le aiuta a squalificare il lavoro dei giornali. E a indurre nei lettori il sospetto che siano operazioni nefande, dettate da scopi che non hanno nulla da spartire con la ricerca della verità. Una macchina del fango e nient'altro.

Gli autori dell'inchiesta vengono bollati come killer che sparano articoli micidiali quanto le pallottole. Siamo dunque arrivati al dossieraggio e al killeraggio, accuse assurde che Gaetano avrebbe sempre respinto con sdegno. A me, invece, non fanno né caldo né freddo. Per dirla in modo spiccio, me ne fotto. Perché non ho più stima dei clan di partito o di qualunque altro potere cerchi di restare a galla sotto il tiro della carta stampata.

Il lancio della nuova moda avvenne nell'autunno del 2010 per merito soprattutto di Italo Bocchino, il numero uno delle teste di cuoio di Gianfranco Fini. Qualsiasi leader politico avrebbe voluto uno scudiero come lui. Bocchino mostrò di aver imparato meglio di tutti una vecchia lezione mediologica: il mezzo è il messaggio. Se ripeti all'infinito, su tutti i media, che l'uovo di Cristoforo Colombo era di gesso, qualcuno finirà per crederci.

Dopo cinquant'anni di giornalismo, pensai che avevo conquistato il diritto di ridere delle trovate di Bocchino. Convinto com'ero che anche lui, a somiglianza di tutti i ras della casta partitica, preferisse il pompieraggio. Ossia l'arte di spegnere con getti d'acqua gelida qualsiasi notizia in grado di infastidire un leader. E al tempo stesso pomparne l'immagine illibata, priva di macchie. Così si era tentato di fare in difesa di Fini, messo nei guai dalla storiaccia della casa di Montecarlo.

Ma "il Giornale" di Feltri e "Libero" di Belpietro erano andati avanti per la loro strada. Suscitando la desolata irritazione dei media che da sempre combattevano Berlusconi con le stesse armi. Ossia con campagne giornalistiche protratte per settimane e settimane, senza andare per il sottile.

Anche nel caso di Fini era prevalsa la nevrosi anti-Cav. Se l'obiettivo era il maledetto Berlusca, tutto diventava lecito. Se invece sotto tiro stavano gli oppositori del premier, a cominciare dai futuristi finiani, allora era d'obbligo far entrare in scena i pompieri.

In quell'autunno scrissi più volte che del Cavaliere non m'importava nulla. Non l'avevo mai votato, né frequentato. La stessa indifferenza provavo per il presidente della Confindustria, la signora Emma Marcegaglia. Adesso nel mirino del "Giornale" e di "Libero" era entrata lei, per aver dichiarato alla procura della Repubblica napoletana di sentirsi minacciata dal quotidiano di Feltri e di Sallusti.

Il 5 settembre 2010, la signora disse a un pubblico ministero: «Dopo le telefonate ricevute da un mio assistente, ho percepito un rischio reale e concreto per la mia persona e la mia immagine. Non mi era mai capitato che un quotidiano tentasse di coartare la mia volontà».

Ma le telefonate erano quelle usuali fra giornalisti e

funzionari privati che si conoscono da anni. Il cazzeggio è frequente, spesso si dicono parole che, inserite in un verbale giudiziario, acquistano un significato diverso. Del resto il bla bla aveva per oggetto articoli mai pubblicati, anche se in teoria pubblicabili.

Tuttavia questi segnali di fumo bastarono per avallare un'indagine pesante sul comportamento del vertice del "Giornale", Sallusti e Nicola Porro, uno dei vicedirettori. Con una perquisizione a tappeto nella sede del quotidiano e persino nelle case e sulle persone dei colleghi inquisiti.

Allora ritenevo, e lo scrissi sul "Riformista", che l'inchiesta della procura napoletana si sarebbe rivelata una bolla di sapone. Ma al tempo stesso pensai che potevo anche sbagliarmi. Un antico detto cinese sostiene che la giustizia è come un timone: a seconda di come lo giri, la barca va da una parte oppure dall'altra.

Sull'affare Marcegaglia esistevano però un paio di certezze. La prima riguardava il comportamento della signora Emma. Fare il presidente di Confindustria è un mestiere simile a quello del leader di partito. Palmiro Togliatti riteneva che, per fare politica, fosse necessario avere la pelle del rinoceronte. Vale a dire essere insensibili ai colpi degli avversari.

Si era sempre condotto così un signore che avevo fatto in tempo a conoscere: Angelo Costa, l'armatore genovese per due volte capo di Confindustria. Era un vero duro, classe 1901. E non sarebbe mai andato a lamentarsi con un altro padrone dei fastidi che gli potevano venire da un giornale.

La potente signora Marcegaglia, invece, si comportò come Winston Churchill, senza esserlo. Lui diceva: «Parlo soltanto con le proprietà dei giornali, mai con i direttori e i giornalisti». Emma si condusse così, telefonando a Fedele Confalonieri, che sedeva nel consiglio d'amministrazione del "Giornale". Senza rendersi conto di maneggiare un boomerang. E di mettersi al centro della scena. Un palco ruvido perché non privo di problemi per la propria azienda.

Lei temeva un dossier e lo ebbe subito. Prima ancora che dal "Giornale" e da "Libero", da una testata della sponda opposta. Era "il Fatto Quotidiano" che, con un giorno d'anticipo, pubblicò lo scabro articolo di un bravo giornalista economico, Vittorio Malagutti. Intitolato *Quanti guai per l'azienda di Emma la zarina*.

Il giorno successivo, era il sabato 9 ottobre 2010, "il Giornale" pubblicò il dossier tanto paventato dalla presidente di Confindustria. Ma era soltanto una beffa goliardica. Su quattro pagine stavano spalmati vecchi articoli critici sulla signora Emma e sulle imprese della sua famiglia, a cominciare da quelle guidate dal padre Steno Marcegaglia.

La beffa consisteva nel fatto che quelle bordate venivano da quotidiani collocati sulla sponda opposta rispetto al "Giornale". Ossia dalla "Repubblica", dal "Corriere della Sera", dalla "Stampa", dall'"Espresso", dall'"Unità" e dal "Fatto Quotidiano", quest'ultimo presente con tre articoli.

La rappresaglia sarcastica era resa completa da un titolo a piena pagina che recitava: *Dossier Marcegaglia. Le carte che i carabinieri cercavano? Eccole*. Il sommario suonava come uno sberleffo: "Abbiamo deciso di aiutare il pubblico ministero Henry John Woodcock pubblicando il fascicolo sulla Marcegaglia che lui sperava di far trovare da venti agenti nei nostri cassetti. È bastato scovare su internet gli articoli sulla leader di Confindustria scritti da chi oggi ci accusa di dossieraggio".

Morale della favola? In tempi di politica debole e confusa, i giornali è meglio lasciarli stare. Stampare notizie sgradite ai potenti è sempre stato il loro compito. Del resto il clima cattivo che si respirava in Italia, denunciato per primo dal *Bestiario*, non era colpa della stampa. Bensì dei violenti che la minacciavano di continuo, anche nelle persone dei giornalisti. Come era accaduto, sta accadendo e seguiterà ad accadere.

Parte quinta

20
Beriatravaglio

Nella Grande crisi della carta stampata, un solo giornale si rivelò capace di andare contro la corrente: "il Fatto Quotidiano". Nato alla fine di settembre del 2009, mentre molti piangevano sulla morte dell'intera baracca, un anno dopo era ancora in vita. E in ottima salute: 76 mila vendite in edicola, più molti abbonamenti all'edizione cartacea e anche alla versione online. Aveva un attivo consistente. E distribuiva buoni dividendi ai soci.

Di chi era il merito? Prima di tutto del direttore, Antonio Padellaro. Poi della star del giornale, Marco Travaglio. Infine della redazione. Da chi cominciare una descrizione del "Fatto"? Inizierò da Travaglio, un personaggio senza uguali nella stampa italiana.

La prima volta che scrissi di lui era l'agosto del 2006. In quel momento Travaglio era la firma numero uno dell'"Unità", allora diretta da Padellaro. Piaceva a molti lettori del giornale postcomunista. Ma c'era anche qualcuno, sempre a sinistra, che non lo poteva soffrire. Perché?

Penso che il motivo principale fosse la difficoltà di tracciare un profilo preciso di Marco. Un giornalista ancora giovane, nato a Torino nel 1964, con un aspetto fisico alla Terence Hill, bravo tanto a scrivere che a parlare, in piazza, nei teatri, alla televisione. E infine dotato di una memoria da elefante e, soprattutto, di un archivio formidabile. Più completo e aggiornato di quello del Ministero di Grazia e Giustizia. L'ultimo dato personale era il carattere forte, disposto alla cordialità come al diverbio aggressivo più violento.

Restava un piccolo enigma, non privato bensì pubblico. Chi era Travaglio? Un polemista di destra diventato la prima firma di una testata di sinistra? Un giustizialista arroventato? Un fondamentalista, non islamico per fortuna? Uno spaccatutto senza riposo? Un odiatore indefesso di Berlusconi, della sua squadra e dei suoi governi?

Qualunque etichetta risultava imprecisa e parziale. Travaglio era Travaglio. Da sempre si era dimostrato un nemico astioso del Cavaliere, pronto a combatterlo senza tregua. Ma nel 2006, mentre il Caimano, sconfitto di misura alle elezioni di aprile, si dava ai bagordi in Costa Smeralda, Marco aveva preso di mira il centrosinistra ritornato al potere.

La sua rubrica sull'"Unità" aveva un'insegna irridente: *Uliwood party*. Significava: adesso che il Cavaliere ha perso, facciamo la festa a quelli dell'Ulivo e dintorni, sempre con la stessa cattiveria. E infatti Travaglio aveva iniziato a pestare duro sul premier Romano Prodi, i suoi ministri e i capi dell'alleanza ulivista.

La Fase due di Marco non era piaciuta per niente a un'altra firma del quotidiano rosso: Sergio Staino. Lui era più di un giornalista: un grande disegnatore satirico cresciuto nel Pci, e padre del personaggio di Bobo, il protagonista perenne delle sue vignette.

Bobo, il gemello di Staino, era il militante rosso paziente e generoso. Il mulo pronto a ogni fatica, indispensabile a ogni esercito. Un padre di famiglia ormai cresciuto, ma che conservava l'altruismo e l'ingenuità dell'età verde. Interpellato di continuo dai figli, ossia dai suoi compagni di lotta e di governo.

Nell'estate del 2006, Bobo si scatenò contro Travaglio. Iniziando un duello politico molto insolito e assai aspro. Insolito perché non accadeva quasi mai che la firma importante di un giornale ne prendesse a ceffoni un'altra della medesima testata, per di più sulle pagine che ospitavano entrambe. E aspro a causa della posta politica in gioco.

I motivi dell'assalto di Staino a Travaglio, per lo meno quelli apparenti, potevano essere più di uno. Forse la questione dell'indulto deciso dal centrosinistra, che aveva visto Travaglio contrario in modo ferreo. Forse l'amicizia di Staino con Adriano Sofri, l'ex leader di Lotta continua, che aveva definito Travaglio "uno squadrista". Forse il fastidio per un alieno di destra che si era preso il cuore di tanti lettori del giornale postcomunista.

Sta di fatto che per due domeniche successive, il 30 luglio e il 6 agosto, Staino pubblicò sull'"Unità" due paginate di un lungo fumetto al vetriolo su Travaglio. Dipinto come un corvaccio chiamato "Il Beriatravaglio". Dove Beria stava per Lavrentij Pavlovič Berija, il commissario sovietico agli affari interni, l'organizzatore dei gulag, l'anima nera di Stalin.

Era il corvo Beriatravaglio che induceva Bobo a pensieri nefandi: Cofferati è uno sporco traditore, Fassino un povero citrullo, D'Alema l'anima nera della sinistra, Sofri un assassino e via nequiziando sui Cacciatori di Inciuci e sulla Brigata "MicroMega".

Il fumettone aveva suscitato scalpore fra i tanti, o i pochi, che seguivano le vicende tormentate della sinistra. E com'era fatale, prima di tutto aveva diviso il pubblico dell'"Unità". Scoppiò subito una contesa rovente, tutta interna al giornale e ai suoi lettori. Con una grandinata di lettere che, per lo più, erano a favore di Travaglio.

Di questo scontro scrissi sull'"Espresso" l'8 agosto 2006. Era un duello divertente, visto dall'esterno del giornale rosso, ma in sé poco rilevante. Assai più rilevante era quel che si intravedeva alle spalle dei duellanti. Uno spaccato, sia pure in forma ridotta, del militante arrivato ai Ds dal defunto Pci.

Per quel che capivo, i tifosi di Beriatravaglio presentavano un tratto comune: l'acidità settaria che li rendeva intolleranti verso chiunque non la pensasse come loro. E, per citare Bobo, "non sorridevano più, guardavano il mondo con sospetto e ovunque vedevano del marcio". Erano tutti così, i militanti diessini? Credo di no.

Ma come succede spesso in politica, a contare di più erano le minoranze, perché davano il tono all'orchestra. Per il Pci e per i suoi eredi non era una novità. Anche il Partitone rosso, e i partiti postcomunisti venuti dopo, avevano sempre avuto dei leader più moderati e riformisti di gran parte della base.

Quando intervistai Enrico Berlinguer sulla Nato, era il 1976, lui mi disse che si sentiva più sicuro stando nell'Occidente democratico che sotto l'ombrello sovietico del Patto di Varsavia. Ma per prudenza non volle che le sue risposte apparissero sull'"Unità". E se alla fine del 1989 Achille Occhetto avesse sottoposto a un referendum tra gli iscritti il suo strappo che segnò la fine del Pci e la nascita dei Democratici di sinistra, il povero Baffo di Ferro ne sarebbe uscito con le ossa rotte.

Anche nel 2006, governare l'Italia, soprattutto con la fragilissima maggioranza a disposizione di Prodi, obbligava la sinistra a una Quaresima ininterrotta. Ma era forse meglio il Carnevale dell'opposizione?

Restare al governo costringeva tutti a un esercizio faticoso: di responsabilità, di mediazione, di buon senso moderato, di rifiuto dell'utopia. Un atteggiamento che a una parte della sinistra non piaceva per niente.

Era assai più facile scrivere lettere di fuoco a un giornale per spingerlo a essere sempre più di sinistra, sempre più incazzato, sempre più manicheo. Da elettore prodiano, come ero in quel tempo, lo giudicavo un errore.

E ritenevo che fosse meglio essere figli di Prodi e di Fassino, il segretario dei Ds, piuttosto che di Beriatravaglio. I lettori dell'"Unità", incavolati neri contro il povero Bobo, erano in grado di comprenderlo? Mi sarebbe piaciuto credere di sì. Ma temevo che in tanti preferissero succhiare il chiodo di un livore settario e senza sbocchi.

Travaglio continuò a scrivere sull'"Unità" quel che gli pareva e piaceva. Dopo la prima paginata fumettara di Staino contro di lui, disse a Concetto Vecchio di "Repubblica": «Le lettere di solidarietà per me dimostrano una verità: il personaggio di Bobo non rappresenta più l'elettore medio della sinistra. Questo elettore non ti chiede di tacere sulle malefatte dei suoi dirigenti».

Chi si trovò nei guai fu Staino. Raccontò al giornalista di "Repubblica" che un caro amico l'aveva chiamato a mezzanotte. Ringhiando: «Hai fatto una pagina miserabile, di una volgarità immensa. Anche tu, come Sofri, sei ormai passato al libro paga di Giuliano Ferrara e di Berlusconi. Mi fate schifo. Spero di non sentirti mai più!». Bobo aggiunse che gli avevano voltato le spalle molti lettori qualunque, ma anche vip come Nando dalla Chiesa, Diego Novelli e il vignettista del "manifesto", Vauro Senesi.

Disse ancora: «Sono contento di aver disegnato quelle due pagine. Nonostante le molte lettere che dissentono e mi contestano. Sbaglia di grosso chi, come Novelli, liquida il tutto come un mio omaggio servile al venerabile Sofri. Io, purtroppo, non ho mai fatto parte di Lotta continua».

Il vincitore del match era Travaglio. Sentiva di avere alle spalle molti lettori, incazzati tanto con la destra di Berlusconi che con la sinistra riformista. Erano militanti pronti a condividere il suo fondamentalismo e garantivano vendite alte ai libri che andava scrivendo. Testi giustizialisti, dove le sentenze dei magistrati contro la casta si susseguivano quasi a ogni pagina.

Il Beriatravaglio aveva sfondato nell'opinione della sinistra ultrà. E il successo lo rendeva incurante anche degli attacchi che gli venivano da un versante simile al suo. Nella primavera del 2008, fece spallucce davanti all'assalto di Giuseppe D'Avanzo che su "Repubblica", come scrisse "Il Foglio", "stese il travaglismo con gli strumenti del travaglismo stesso".

Era una guerra quasi in famiglia. D'Avanzo rovesciò sull'avversario-concorrente un barile di accuse. Ne volete un campione? Tartufo. Insincero. Qualunquista antipolitico. Abituato a linciare chiunque. Con la brama di contaminare la credibilità di qualsiasi istituzione e la rispettabilità di mezzo mondo. Mosso da motivazioni esclusivamente commerciali, legate alla diffusione dei suoi libri.

Ma D'Avanzo era un nobiluomo partenopeo se messo a confronto con la caparbietà teutonica del torinese Travaglio, in grado di far paura a molte eccellenze. Anche per questo, forse, ottenne una rubrica sull'"Espresso": *Signornò*. A concedergliela fu la direttora Daniela Hamaui che, con quel regalo, si mise al riparo dalle frecce al curaro scagliate da Marco contro tutto e tutti.

Quando Padellaro fu costretto a lasciare "l'Unità" per cedere il posto a Concita De Gregorio, se ne andò anche Travaglio. Ma il suo percorso successivo era già segnato. Infatti nell'autunno 2009 ricomparve accanto a Padellaro sul "Fatto". Dapprima come editorialista, in seguito anche come unico vicedirettore.

Non occorre la sapienza di qualche centro studi sui media, per intuire che il successo del nuovo quotidiano era dovuto in gran parte al suo editoriale giornaliero. Fu allora che Travaglio mise in mostra due qualità. La prima era già nota: una formidabile capacità di lavoro.

Se la memoria non m'inganna, nel giornalismo non esiste quasi nessuno in grado di scrivere un articolo al giorno e non mancare mai all'appuntamento con i lettori. A parte Belpietro, di "Libero", e Mario Sechi, direttore del "Tempo".

La seconda qualità, che a molti appariva una forma di degradazione stilistica, fu di praticare un giornalismo politico sempre più simile alla satira. Una satira dalla spietatezza insolita nei giornali italiani. Gonfia di una violenza verbale anch'essa senza precedenti nella carta stampata.

Messo al confronto con Travaglio, persino il corrosivo Fortebraccio dell'"Unità", un polemista molto temuto nella Prima repubblica, appariva soltanto un flebile umorista. Un Edmondo De Amicis con il cuore a sinistra. Però molto più simile al buon Garrone che al malvagio Franti.

Penso che in futuro qualche esperto di media studierà la tecnica travagliesca per demolire l'immagine di quanti gli stavano sui santissimi. Un metodo fondato prima di tutto su una consuetudine da studenti di provincia: storpiare il nome dell'insegnante o del compagno di classe che non ti piacciono. O affibbiargli un nome nuovo, sempre al veleno.

A poco a poco, il catalogo di Marco lo Storpiatore diventò molto robusto. Ecco qualche esempio. Il direttore del Tg1 Minzolini? Scodinzolini o Minzolingua. Casini, il leader dell'Udc? Pier Ferdinando Furbini. Il direttore del "Giornale" Sallusti? Ballusti, Mortimer, Zio Tibia. Vittorio Feltri? Littorio Feltri. Maurizio Belpietro? Via col mento. Giuliano Ferrara? Il Platinette barbuto. Antonio Polito? El Drito, liberista a carico nostro. Il conduttore di *Porta a Porta*? La Vespa cocchiera. Il politologo Galli della Loggia? Polli del Balcone. Il ministro Bondi? Pallore gonfiato. Emilio Fede? Umilio Fido. E per finire, ecco Silvio Berlusconi diventare, di volta in volta, Cainano, Bellachioma, Banana, Al Tappone, BerlusGheddafi e tanto altro ancora.

Chi aveva suggerito a Travaglio questa tecnica corrosiva? Forse qualche ricordo scolastico. Oppure proprio Staino. Con il fumetto dove il corvaccio protagonista veniva chiamato con un nome che era la fusione di due cognomi.

Tuttavia, "il Fatto" nacque dall'iniziativa di un altro giornalista: Antonio Padellaro. Ci eravamo conosciuti negli anni Settanta, quando entrambi si lavorava per il "Corriere della Sera" di Ottone. Poi ci ritrovammo nel 1991 all'"Espresso" di Claudio Rinaldi. Qui Padellaro era uno dei vicedirettori. Lo ricordo come una persona seria, un collega leale e un giornalista molto bravo a raccontare la politica italiana.

Dopo le dimissioni di Claudio nel luglio 1999, costretto a lasciare "l'Espresso" per le pessime condizioni di salute, Antonio restò ancora un po' di tempo in via Po, quindi se ne andò. Nel 2001 arrivò all'"Unità", come vice di Furio Colombo. E nel marzo 2005, all'età di 59 anni, prese la guida del quotidiano postcomunista. Mantenne l'incarico sino all'agosto del 2008, quando venne sostituito da un direttore caldeggiato da Veltroni e messo in sella da Renato Soru, il nuovo proprietario: Concita De Gregorio, ex di "Repubblica".

Padellaro rimase all'"Unità" ancora per qualche mese. È facile immaginare che si trovasse a disagio. Oltretutto la nuova direttora non gli aveva neppure lasciato una stanza, con almeno una sedia e una scrivania. Poi si decise a tentare una nuova avventura. E il 30 dicembre 2008, Fabrizio Roncone rivelò sul "Corriere della Sera" il progetto di Antonio: un quotidiano anti-Cavaliere.

Roncone descrisse così le intenzioni di Padellaro: "Immagina un giornale agile, colto, spregiudicato, con una foliazione intorno alle dodici pagine, una redazione con una decina di giornalisti ben selezionati, un bilancio in pareggio già a ottomila copie vendute. E soprattutto una linea politica netta, militante, vicina a una certa sinistra radicale delusa, una linea dichiaratamente antiberlusconiana, ma anche molto sferzante sul fronte della questione morale".

"Il Fatto Quotidiano" uscì il mercoledì 13 settembre 2009, a ventiquattro pagine. La domenica 11 ottobre, Padellaro pubblicò il suo primo bollettino di vittoria: "Il giornale che state leggendo ha venduto in media circa 100 mila copie e non è mai sceso sotto quota 80 mila. In più vanno considerati i 36 mila abbonamenti, di cui 13 mila postali e 23 mila via internet".

Sempre sulla prima pagina, di spalla al bollettino, spiccava l'editoriale quotidiano di Travaglio. Era intitolato *Il Pompiere della sera*. Il tiro al bersaglio prendeva di mira il "Corriere" di Ferruccio de Bortoli, colpevole di "aver nascosto" lo scoop su Patrizia D'Addario, la escort che aveva trascorso una notte nel letto del Cavaliere. Ma nello sfottò comparivano anche Ernesto Galli della Loggia e le sue "balle spaziali", Pierluigi Battista e persino il nuovo direttore del "Giornale", Vittorio Feltri, già ribattezzato Littorio Feltri.

In realtà, proprio "il Giornale", ancora diretto da Mario Giordano, aveva ospitato una lunga intervista a Padellaro, raccolta nel maggio 2009 quando "il Fatto" non era ancora uscito. Antonio raccontò a Paola Setti di essere rimasto di sale nel leggere l'intervista di Veltroni che, da segretario del Pd, annunciava all'improvviso un cambio di direttore per "l'Unità": «Un caso senza precedenti. Lo avesse fatto Berlusconi, noi l'avremmo denunciato e criticato».

Padellaro fu ancora più duro in un successivo colloquio con "il Giornale", scritto il 1° novembre 2010 da Laura Cesaretti. Raccontò che al tempo della sua direzione dell'"Unità" aveva conosciuto bene, «e da molto vicino», l'atteggiamento del Pd verso l'informazione: «La sinistra ha una grande suscettibilità nei confronti della libertà di stampa. Una suscettibilità che può raggiungere livelli insopportabili, in-sop-por-ta-bi-li!».

Il direttore del "Fatto" aggiunse: «Per quanto riguarda la carta stampata, in Italia, non c'è assolutamente nessun regime. Esiste un effettivo pluralismo. Il discorso è diverso per la televisione, ma per i giornali ci sono miriadi di testate con impostazioni diverse». Poi elogiò l'indagine del "Giornale" feltriano sulla casa di Montecarlo: «Aveva un risvolto politico evidente, ma trovo che sia stata un'eccellente inchiesta giornalistica, fatta con grande cura. E ha saputo segnare un'intera estate».

Infine spiegò qual era la differenza tra sinistra e destra, a proposito della carta stampata. Disse: «La sinistra rompe infinitamente le scatole, ma ha un pregio: non querela. Invece la destra ci riempie di querele. Credo di detenere il record italiano, ne ho almeno una cinquantina. C'è qualcuno che mi ha chiesto un risarcimento di undici milioni di euro, manco fossi Superman. La sinistra fa pressioni, la destra manda gli avvocati. Comunque, noi del "Fatto" non abbiamo amici né padrini. E rompiamo le scatole a tutti».

L'eccellenza della direzione di Padellaro portò fortuna al "Fatto". Il giornale chiuse in attivo il primo esercizio. E distribuì agli azionisti un buon dividendo. Alla fine del novembre 2010, le copie vendute in edicola erano 76 mila. Il sito internet del quotidiano veniva visitato ogni giorno da 240 mila persone. Soltanto per gli abbonati si registrava una lieve flessione, attorno all'8 per cento.

Ma la vera star del "Fatto" restava Travaglio, diventato vice di Padellaro. La sua presenza costante ad *Annozero* ne aveva accresciuto la popolarità. Ormai era diventato un vero oggetto di culto. A mio giudizio era ripetitivo e dunque noioso. Però a tenermi lontano da lui era il linguaggio sempre più irridente e scaldato, capace di diventare feroce.

Nel dicembre 2009, quando il Tartaglia cercò di spaccare il cranio al Cavaliere, Travaglio ci regalò una sentenza senza appello: «La verità è che Berlusconi se le va a cercare. È un noto provocatore. In questi anni ha seminato violenza. È l'uomo più violento che ci sia nella storia repubblicana».

Affinché fosse chiaro a tutti come la pensava sul Cavaliere, Travaglio spiegò per iscritto nel blog di Beppe Grillo: "Chi l'ha detto che non posso odiare un politico? Chi l'ha detto che non posso augurarmi che il Creatore se lo porti via al più presto? Non esiste il reato di odio".

Era una sentenza da guerra civile o da faida tribale. In molti restammo di sasso. Antonio Polito, il direttore del "Riformista", decise di non partecipare più ad *Annozero*, pur avendo ricevuto l'invito a essere ospite nella puntata che avrebbe discusso dell'attentato di Milano.

Il motivo? Polito lo spiegò così: «La ragione è una sola: la presenza di Marco Travaglio in quel programma. Penso sia giunta l'ora in cui anche chi di noi non ha fatto del moralismo una professione debba cominciare a sollevare qualche pregiudiziale morale. Con uno che ha detto quelle parole sull'odio, non vorrei mai trovarmi nella stessa stanza».

Tuttavia, molti non la pensavano come Polito. E come la pensavo io che avevo rifiutato sin dall'inizio di partecipare alla nuova serie di *Annozero*. Sul "Secolo d'Italia", il quotidiano del futurismo finiano, il 23 settembre 2010 Gianfranco Franchi si abbandonò a un elogio sorprendente: "Travaglio, l'erede di Indro Montanelli, è una limpida garanzia di intelligenza e onestà".

Anche più in estasi davanti a san Marco fu Barbara Spinelli, editorialista prima della "Stampa" e poi di "Repubblica". Sentite come replicò a Fabrizio Cicchitto, il capogruppo del Pdl alla Camera, che nel dicembre 2009 aveva definito Travaglio "un terrorista mediatico".

La Spinelli scrisse sul "Fatto": "Senza Marco Travaglio, ci sarebbe molto buio sulla storia italiana che si sta facendo in questi anni. Molti lo sanno: in Italia, in Europa, negli Stati Uniti. Alcuni non lo sanno ancora: se vogliono una lampada, cominceranno a leggerlo presto".

Nell'imbattermi sulla lampada by Travaglio, mi tornò in mente un bel libro di un romanziere napoletano, Domenico Rea: *Gesù fate luce*. Adesso la luce doveva venirci dal roccioso Marco. Mia nonna Caterina avrebbe borbottato: la luce costa cara, spegnetela e andate a dormire al buio.

21

I sultani della Rai

Il 20 ottobre 2010, Maurizio Belpietro scrisse su "Libero" un articolo di fondo molto forte che sosteneva il titolo di testata della prima pagina: *Azzeriamo la Rai*. Il sommario diceva: "Ignoriamo Santoro & C. Così l'annozero della tv di stato può cominciare. Con un vero servizio pubblico e dei veri giornalisti. Basta con i militanti camuffati da cronisti".

Belpietro mi chiese che cosa ne pensassi. Gli risposi che ero d'accordo con lui, ma che entrambi stavamo arrivando un po' in ritardo. A mio parere, la Rai non esisteva più. La televisione pubblica andava considerata morta e sepolta. Al suo posto c'era da tempo una grande cricca di sultanati rossi che rispondevano soltanto a se stessi.

Neppure la sinistra politica che li aveva messi al potere era ormai in grado di controllarli. Del resto, che cosa contava il povero Bersani rispetto a un Michele Santoro o a un Fabio Fazio? Zero virgola zero.

Per spiegare a Belpietro come la pensavo, gli ricordai che i sultani rossi della Rai non mi rappresentavano più da un pezzo. Per iniziare da Santoro, che cosa avevo da spartire con lui? Nulla. Negli anni dell'esordio, avevo partecipato più volte al suo talk show. Erano altri tempi, quelli finali della Prima repubblica. Allora Michele metteva in scena un contraddittorio vero fra i suoi ospiti. E quando riusciva a innescarlo, si ritirava in disparte a godersi il match, senza aprir bocca.

Ne ricordo uno terribile fra Giuliano Ferrara e me, il 4 novembre 1993. Per un pelo non arrivammo allo scontro fisico, come succede a due pugili sul ring. Giuliano era un peso supermassimo, io solo massimo. E non so immaginare come sarebbe finita.

Dopo quella serata balorda, Ferrara mi querelò. Rischiavo di finire nell'ingranaggio di un processo. Poi, grazie alla prima vittoria elettorale di Berlusconi nel marzo 1994, Giuliano entrò nel governo del Cavaliere, come ministro senza portafoglio per i Rapporti con il Parlamento. E prese una decisione da vero signore: ritirò tutte le querele che aveva presentato. Ritenendo poco liberale che un membro del governo trascinasse in giudizio cittadini non coperti dalle sue stesse garanzie.

Nel 2010 Santoro non aveva più contraddittori veri, soprattutto nei suoi confronti. Per animare lo spettacolo, invitava sempre degli ospiti che non la pensavano come lui. Ma costoro, fatalmente, finivano per fare la parte di chi si trova lì per caso.

Insomma, comparse, niente di più. O dei poveri due di picche. Mia nonna Caterina, analfabeta, ma grande esperta di carte da gioco, a cominciare dai tarocchi, chiamava così gli sventurati che non contavano un fico. E non erano in grado di vincere nessuna partita.

Il mio consiglio a Belpietro e ad altri amici era ed è di non rispondere più alle chiamate di *Annozero*. E di lasciare tutta la scena ai corazzieri santoristi, come Marco Travaglio, il baffuto Ruotolo e il vignettista Vauro. In questo modo, il gioco di Michele non avrebbe più avuto alibi.

Mentre ai vecchi tempi quel furbone di Santoro lasciava che i suoi ospiti litigassero fra loro, in anni più recenti cominciò a litigarci lui. Rammento una tempestosa puntata di *Annozero* sulla guerra nella striscia di Gaza. In quel caso, la vittima di Michele fu Lucia Annunziata. Michele la insultò, la offese, l'accusò di cercarsi dei crediti verso qualcuno.

Era un'inversione dei ruoli che spiegava da sola la

crisi di Santoro: non più un conduttore e arbitro, bensì l'attore numero uno della recita decisa da lui. Un attore fazioso, sempre determinato a imporre il proprio punto di vista. Come succede ai capi della casta partitica.

Del resto, Santoro si era sempre fatto notare per lo stile e le qualità del leader politico. Per cominciare, risultava il più anziano dei sultani rossi. Nel luglio 2011 quella parte d'Italia che lo ama festeggerà a dovere il suo sessantesimo compleanno. Poi era il televisionista rosso di più lunga durata. Stava sugli altari dal 1987, quando aveva 36 anni e ancora esisteva la Prima repubblica. Il successo iniziale fu *Samarcanda*, seguito da *Il rosso e il nero* del 1992, entrambi su Rai 3.

In quel tempo Michele era magro, astuto e ambiguo quanto occorreva. Nell'ottobre del 1991 andai a intervistarlo per "l'Espresso". E mi resi conto che era sicuramente di sinistra, ma la sua fedeltà andava a un solo partito rosso: quello di Santoro. Con un timbro anarco-populista, forse derivato dalla militanza giovanile in un gruppo maoista: Servire il popolo.

Per la Prima repubblica erano tempi tragici. I politici apparivano stremati e si trovavano sull'orlo dell'abisso di Tangentopoli. Santoro me li descrisse con la sicurezza del ras televisivo che si sente sempre più forte. Disse: «I partiti non saranno così stupidi da tagliare la lingua a *Samarcanda*. Noi siamo matti, imprevedibili e liberi. E continueremo a rompere. Io rompo o sto zitto: non vedo vie di mezzo».

Poi mi spiegò: «Non è vero che il successo di *Samarcanda* mi abbia dato alla testa. Io sono un topo in mezzo agli elefanti dei partiti. Saltello per evitare che le loro zampe mi schiaccino. Se mi salvo, continuerò a rompere. I politici possono starne sicuri».

Santoro si sentiva il capo di una forza personale che poteva decidere con chi allearsi o no. Per questo, all'improvviso, scelse di passare sul fronte opposto alla Rai:

Mediaset, la corazzata di Berlusconi. Anche nel fortino del Cavaliere mise in mostra un'invidiabile capacità nel trattare gli affari. Ottenne uno stipendio da nababbo, più l'assunzione di tutta la sua squadra con il massimo dei compensi. E costruì un altro talk show di successo: *Moby Dick* nel 1996.

Ma al Cavaliere, più furbo di tanti suoi dirigenti, Michele non piaceva. In lui fiutava l'avversario, ben piazzato su un terreno insidioso: la televisione. Per di più, gli stava sui santissimi per la sua aria da padrone. Lo liquidò. E Santoro divenne il primo dei Grandi epurati, messi fuori dalla tv grazie agli editti del Cavaliere.

Michele ritornò in Rai. Poi la sinistra, sempre generosa con i divi della tv, gli offrì una exit strategy di lusso: il 14 giugno 2004 lo fece eleggere deputato europeo. Ma il Parlamento di Strasburgo era il posto più noioso del mondo per una star da battaglia come lui. Santoro sopportò per meno di due anni il fastidio di doverlo frequentare. Poi si dimise. E nel 2006 decise di rincasare in viale Mazzini. E diede vita a un nuovo programma: *Annozero*.

Sotto questa bandiera, Santoro inaugurò un'altra stagione personale: il conduttore da guerra. Contro chi? Ma che domanda! Contro il suo vecchio padrone privato: Berlusconi. Il nemico da sconfiggere, il demonio da scacciare, il caimano da uccidere. Divenne il più mussoliniano fra i sultani rossi dei talk show. E ogni giovedì, in prima serata su Rai 2, riprese a imporci il proprio comandamento: credere, obbedire e combattere. Sempre con lo stesso obiettivo: mandare a gambe all'aria il tiranno di Arcore.

Il pubblico di sinistra continuò ad adorarlo. Santoro era la prova vivente che il regime fascista del Cavaliere esisteva, ma poteva essere battuto. Nella scala gerarchica della Rai, Michele iniziò a contare più di dieci Paolo Garimberti, il presidente. E più di Mauro Masi, un direttore generale senza un potere reale nei confronti di *Annozero*.

Ma nel paese dei balocchi televisivi, tutto è volatile. La forza di un programma e di un conduttore può sparire di colpo, o attenuarsi a ritmi terrificanti. È quel che accadde a Santoro verso la metà del novembre 2010. Quando il nuovo spettacolo di Fazio & Saviano cominciò a fare ascolti mirabolanti, confinando *Annozero* nell'angolo dei perdenti, sia pure provvisori.

Racconterò in seguito di questa coppia imbattibile. Adesso seguiterò a narrare degli altri sultani rossi.

Prima dell'avvento di *Vieni via con me*, Santoro risultava il più forte dei sultani di sinistra che si erano mangiati la Rai. Il grafico di "Libero" che affiancava l'articolo di Belpietro mi colpì. Disegnava una formazione politica nuova, molto più potente del Pd di Bersani, della parrocchia dipietrista e della tifoseria di Vendola. Era il Partito dei sultani televisivi. E in qualunque campagna elettorale sarebbe stato decisivo per tentar di mandare a casa l'odiato Caimano.

Il grafico elencava altri dieci fra signore e signori non tutti della stessa forza, ma di certo tutti rossi. E a parte Santoro, tutti in attività su Rai 3. Qui ne ricorderò alcuni, diversi fra di loro, eppure uniti da un connotato comune: la militanza a sinistra, molto singolare per chi lavora nella televisione pubblica. Un ruolo che gli avrebbe dovuto imporre il massimo dell'imparzialità.

Giovanni Floris, il conduttore di *Ballarò*, mi appariva il Santoro dei poveri, formato Festa dell'Unità, quella del tempo che fu. Aveva di continuo l'ansia di non poter risultare abbastanza rosso. Ma ci riusciva ogni volta. La scelta degli ospiti era bipartisan. Non così il suo atteggiamento.

Il compagnone di *Ballarò* si mostrava sempre amichevole nei confronti degli invitati di sinistra. Nei momenti di difficoltà, costoro sapevano di poter contare sul suo aiuto, offerto con lo zelo di un crocerossino fedele nei secoli. Ma con gli interlocutori di destra, la musica cambiava di colpo.

Con loro Floris sfoderava l'altro lato di se stesso. Diventata gelido e spesso sciocamente irridente. Li interrompeva, li silenziava, li metteva alle strette. Insomma, un capoclasse perfetto: buono con i buoni, cattivo con i cattivi. E in molti casi pomposo. Con il vezzo ridicolo di celebrare se stesso: lo vedete quanto sono imparziale, liberale, democratico?

Una sua gemella era Lucia Annunziata, la regina di *In mezz'ora*. Di lei rammento l'affanno di mandare al tappeto l'ospite che aveva di fronte per trenta minuti filati. Se chi s'azzardava a sedersi davanti a lei apparteneva al giro politico opposto al suo, anche un bambino avrebbe subito intravisto il difetto di Lucia.

A lei non interessavano le risposte dell'interlocutore, ma soltanto le proprie domande. Che dovevano sempre risultare aggressive, grintose, insomma cazzute, se posso usare per una signora questo lessico da bettola. Una sola volta toccò a Lucia di andare ko. Accadde con quel satanasso di Berlusconi. Il Caimano si alzò e la piantò in asso, sola e abbandonata in piena diretta tv.

Un'altra dama sinistra era Serena Dandini, la regina di *Parla con me*, famosa per il divano rosso. E dal martedì al venerdì, sempre disposta ad accogliere chiappe eccellenti dell'opposizione al Cavaliere. Da lei erano passati Eugenio Scalfari, Ezio Mauro, Bill Emmott, l'ex direttore dell'"Economist", Stefano Rodotà, Massimo Cacciari, Carlo Azeglio Ciampi, Guglielmo Epifani, Sabrina Ferilli, Antonio Tabucchi, Corrado Augias e tanti altri avversari del Berlusca.

Davanti a Scalfari e alla sua sacra barba bianca, Serena cadde in deliquio. Era seduta accanto a lui, ma sembrava in ginocchio. Pronta a incoronare ogni risposta, anche la più banale, con la sua entusiastica risata. Un giorno, Pietrangelo Buttafuoco disse di lei: «Ha l'espressione un po' così, di quelli che ridono pure in un cimitero».

Aldo Grasso, il critico televisivo del "Corriere della Sera", il più acuto tra quelli a disposizione dei lettori di quotidiani, fu spietato con madama Dandini. Scrisse: "Ride in continuazione per sottolineare la sua ironia e la sua intelligenza, caso mai fossero sfuggite". Poi aggiunse: "Da un programma che impiega tredici autori e la consulenza di altri quattro, ci si aspetterebbe qualcosa di più di una mini fiction dopolavoristica". Risultato? Un continuo calo d'ascolti.

A Santoro & C. si potevano aggiungere altre eccellenze rosse che non dipendevano dalla Rai. Consideriamo il caso di La7, una rete privata e senza obbligo di canone per l'utente. Qui a dominare era Lilli Gruber, già parlamentare europea di sinistra, che ogni sera metteva in mostra la propria militanza. Sempre piacevole a vedersi, ma soltanto per la sua bellezza e per l'eleganza by Armani. Confesso che ad affascinarmi era l'eterna giovinezza della conturbante Dietlinde, con quel viso di porcellana senza età, un'attrazione irresistibile per un maschio dai capelli bianchi.

Anche per questo dettaglio, mi domandavo perché mai dimenticasse il proprio ruolo. Per tramutarsi da conduttrice in uno dei litiganti invitati al suo *Otto e mezzo*. Con il risultato di far scrivere all'implacabile Grasso del "Corrierone": "La Gruber rappresenta un vecchio modo di fare giornalismo. Nel suo programma non c'è mai un percorso di conoscenza, ma solo uno scontro di opinioni, una parata di idee contrastanti".

In questo scontro, Lilli voleva sempre vincere. Per arrivare a questo risultato, adottava spesso il sistema del due contro uno. I due, tutti anti-Cav, erano lei e uno degli invitati, entrambi nemici giurati del Caimano. L'uno era un ospite di centrodestra, destinato fatalmente a soccombere. E non metto nel conto il filmato di Paolo Pagliaro che, ogni sera, offriva il proprio soccorso rosso.

Più o meno lo stesso era quel che pensavo a proposito di un altro programma di La7: *L'Infedele* di Gad Lerner. Ecco l'ennesimo talk show da combattimento. Sempre contro il maledetto Cavaliere. E per questo noioso e banale, da non guardare. Mai una sorpresa né un guizzo di genialità imprevista. Ma in fondo era il ritratto del suo autore.

Da tempo Lerner stava immerso in una fantastica regressione politica. Che lo aveva sospinto all'indietro nel tempo. Ossia agli anni Settanta, quando Gad s'illudeva di fare la rivoluzione proletaria nelle file di Lotta continua. Allora aveva perso e la sconfitta si era mutata in un incubo destinato a perseguitarlo. Come una condanna a cercare di continuo una vittoria che l'ascolto ridotto seguitava a negargli.

Dirò in seguito del programma d'opposizione con maggior successo: quello della ditta Fazio & Saviano. Ma arrivato qui, non posso tacere una domanda che mi facevo da tempo. Come mai i tanti sultani rossi che dominavano in tv non riuscivano a rendere meno miserande le sorti della sinistra italiana?

L'unica risposta che mi sembrò pertinente fu quella antica, del vecchio Pietro Nenni. Lui diceva: «Piazze piene, urne vuote». La piazza del Duemila era la televisione. Dunque mi dissi: tv zeppe, urne a secco. Innamorarsi dei sultani del piccolo schermo portava soltanto iella alla sinistra. Come dimostrò una tragedia che adesso ricorderò.

La tragedia era quella di Piero Marrazzo, il presidente democratico della Regione Lazio. Travolto da una brutta storia di transessuali, cocaina, video porno.

La sua orrenda avventura aveva anche dei responsabili indiretti, mai comparsi sulla scena. Erano i partiti di centrosinistra che si erano decisi a candidarlo come leader della regione, senza riflettere sull'errore che stavano compiendo. E soprattutto senza immaginare quale esito infernale ne sarebbe scaturito.

Voglio essere indulgente. E allora dirò che tutto nacque dal tentativo di risolvere un problema che riguardava l'intero sistema istituzionale. Dal Parlamento ai grandi e piccoli enti locali: le regioni, le metropoli, le province importanti, sino ai comuni. Il problema era la scelta delle persone in grado di guidarli. Quello che di solito viene definito il metodo per selezionare una classe dirigente.

Fermiamoci sul Lazio. Qui il centrosinistra non era nuovo alle scelte insolite. Nel 1995 venne candidato alla presidenza della regione un giornalista del Tg1 della Rai: Piero Badaloni. In quel momento non aveva nessuna esperienza amministrativa. Però era ancora giovane, secondo l'anagrafe della politica professionale: 49 anni, un bel volto televisivo, uno stile sobrio e riflessivo.

Badaloni venne candidato nei Progressisti. E vinse la gara elettorale. Diventato governatore, iniziò a lavorare. Ci diede dentro per l'intera legislatura. Alla fine del mandato risultò che si era comportato bene. E soprattutto che la sua condotta era stata irreprensibile. Nonostante questo, alle elezioni del 2000 a vincere fu il candidato della destra, Francesco Storace. Un dirigente politico professionale, in grado di durare con successo per cinque anni.

Arrivò il 2005, con nuove elezioni regionali. Il centrosinistra scelse come candidato governatore Piero Marrazzo. In quel momento aveva 47 anni ed era un primo della classe nella televisione pubblica. Con un'ottima fama legata a un programma molto popolare: *Mi manda Raitre*.

Era un format con uno schema pressoché immutabile. Un consumatore truffato raccontava in diretta le proprie disgrazie. E accusava chi l'aveva gabbato: una banca, un'assicurazione, un ospedale, un'agenzia di viaggi. Il presunto colpevole provava a difendersi, sempre in diretta e a confronto con la vittima. Marrazzo stava con quest'ultima. Ossia con il cittadino che chiedeva giustizia e di solito la otteneva, almeno in tv. Grazie a Piero, diventato un Robin Hood televisivo.

Marrazzo non sapeva nulla di come si amministra un ente pubblico. Pure la sua esperienza politica era eguale a zero. Le biografie spiegavano soltanto che era stato iscritto alla Federazione giovanile del Psi. Del resto anche il padre, Giò Marrazzo, grande cronista della Rai, era socialista.

Insomma si trattava di una star televisiva e basta. Tutto avrebbe dovuto sconsigliare la sua candidatura a governatore del Lazio. Ma il centrosinistra tirò diritto. Piero aveva un modo di fare accattivante. Si trovava a proprio agio di fronte a un pubblico vasto come quello della tv di Stato. Parlava bene. Era molto simpatico. Secondo qualche esperto, piaceva alle donne. E come sanno anche le pietre, nella cabina elettorale le donne sono decisive.

Se fosse stato un signore con la testa sul collo, Marrazzo avrebbe dovuto dire di no alla proposta del centrosinistra. Purtroppo per lui, disse sì. Per ambizione, per noia, per amore del potere o per chissà quale altro motivo. Sta di fatto che Marrazzo vinse. E la Regione Lazio ritornò al centrosinistra.

Che cosa sia accaduto dopo, confesso di non saperlo. Dai giornali dell'autunno 2009 appresi che il presidente aveva il sostegno di un apparato personale molto robusto: portavoce, addetti stampa, assistenti, consulenti, esperti. Tutto sembrava andare per il meglio. Tanto che Marrazzo accettò di ricandidarsi nelle elezioni del marzo 2010. Poi arrivò il disastro che conosciamo.

Quando si potrà riflettere con calma su quanto è accaduto, penso che i partiti di centrosinistra, a cominciare dal Partito democratico, dovranno fare un'energica autocritica. Bisogna fidarsi della fama televisiva? I sultani del talk show erano in grado di recitare tutte le parti, a cominciare dal governo di un piccolo comune per arrivare alla guida di una grande regione?

Era già accaduto, con Santoro e la Gruber, che qualche star della tv venisse eletta in un parlamento. Ma il loro successo era stato effimero. Lo stesso era avvenuto per altri eroi del piccolo schermo. Penso a Gerry Scotti, star di Mediaset, diventato deputato per il Psi nel 1987. O a David Sassoli, il volto del Tg1 delle ore 20, spedito a Strasburgo dal centrosinistra e lì scomparso.

Piccoli dettagli? Mica tanto. Molti, compreso me, pensarono che la mitica società civile non sempre sfornava personaggi adatti alla politica. Forse era meglio rivalutare il professionismo di chi era cresciuto sul campo di battaglia dei partiti, salendo uno dopo l'altro i gradini di una scala impervia e molto lunga. Come accadeva nella Prima repubblica.

Su quell'epoca avevamo scritto tutti molte cosacce. Ne avevo scritte anch'io, in più di un giornale. D'accordo, negli ultimi anni la Prima repubblica era diventata un sistema malato. Lo minava la corruzione, il partitismo esasperato, il disordine correntizio, l'inerzia dinanzi al progredire della potenza mafiosa e del grande crimine organizzato.

Ma in quel tempo i partiti non sceglievano a caso i propri dirigenti, i governatori, i sindaci. La scuola era durissima. Per rendersene conto, è sufficiente rammentare il percorso di alcuni leader: De Mita, Craxi, Occhetto, D'Alema, Casini, Bonino e tanti altri.

Alcuni di loro sono ancora in pista oggi. I giovani li considerano dei dinosauri che ingombrano il campo anche nel Duemila. Ma se è così, significa che non erano fatti di carta velina.

22
Vai via con loro

Fazio è fazioso? E Saviano sarà savio, ossia tanto saggio da non cascare nella trappola della faziosità politica?

Può sembrare soltanto un banale gioco di parole. Ma fu quello che mi chiesi nell'ottobre 2010, quando venne annunciato da Rai 3 un programma del tutto nuovo. Si chiamava *Vieni via con me*, una bella insegna suggerita da una canzone di Paolo Conte. Avrebbe avuto due conduttori: Fabio Fazio e Roberto Saviano. E si proponeva di raccontare in quattro puntate il rebus impazzito dell'Italia.

Di Fazio e dell'uso che faceva della tv conoscevamo già tutto. E tra un momento lo ricorderò. Invece di Saviano come televisionista nessuno sapeva niente. Per questo mi posi una domanda: si poteva aver scritto un libro fortunato e coraggioso sulla mafia campana come *Gomorra* e, al tempo stesso, essere ingenui?

Certo che era possibile. Lo dimostrava Saviano nell'accettare l'invito di Fabio Fazio e del suo spin doctor, Michele Serra, quest'ultimo autore del talk show fazista *Che tempo che fa*. Mi sembravano tre tipi umani molto diversi fra loro. Due professionisti astuti e un candido novizio. Che cosa poteva uscire dal loro incontro? Esistevano soltanto due possibilità: la solita minestra rossa contro il Cavaliere oppure un programma bum bum, destinato a fare molto rumore e tantissimi ascolti.

Saviano e Fazio resero noto il loro manifesto politico-culturale in un lungo servizio di "Sette", il magazine del "Corrierone". Rivelando una quantità di ottimi propositi, raccolti da Cazzullo, che in quel caso smentì la propria fama di intervistatore mai conciliante.

Dall'insieme mi parve di aver compreso che Saviano avesse due obiettivi. Il primo era dire la verità. Il secondo «parlare a tutti: alla sinistra come alla destra, ai meridionali come alla base leghista». Ricordiamoci di questo accenno alla Lega di Umberto Bossi, perché sarà all'origine di un putiferio mai visto in Rai.

Non dubitavo che, nella sua prima avventura televisiva, l'autore di *Gomorra* volesse mostrarsi ecumenico e imparziale. Ma se era così, aveva sbagliato partner. Anzi, per dirla con schiettezza, era stato tanto sprovveduto da mettersi nelle mani di due signori che erano sempre stati tutto tranne che imparziali. Per questo pensai che Saviano avrebbe potuto incontrare la sorte di Pinocchio alle prese con il Gatto e la Volpe.

Di Serra sapevo quanto mi serviva. Lui non aveva mai voluto mostrarsi al di sopra delle parti. Per rendersene conto, bastava leggere le sue rubriche su "Repubblica" e sull'"Espresso". Era rimasto il vecchio satirico rosso di un tempo. Intendo il tempo del vecchio Pci, quando il nemico da distruggere era la Balena democristiana. Oggi l'avversario da radere al suolo era Silvio il Tiranno. E tutti quelli che non accettavano di schierarsi, sempre e comunque, contro il Cavaliere.

Del resto, Serra era un anti-Cav irriducibile. Lo confermò lui stesso, in una intervista più unica che rara, data a Luca Telese per "il Fatto" del 19 settembre 2010. Disse che Berlusconi e il berlusconismo erano «una forma estrema di individualismo amorale, di spregio per le regole, di superficialità puerile. Anche se finisse Berlusconi, l'humus che lo ha fatto prosperare rimarrebbe».

Dalle parole raccolte da Telese usciva il ritratto di un sinistro disperato che, a 56 anni, si sentiva un reduce di troppe sconfitte politiche. Serra confessò che la sua penultima speranza era Nichi Vendola. E l'ultima? «È sempre la prossima.» Quale fosse, Michele non lo rivelò. Ma diede una risposta interessante alla domanda sul Comitato di liberazione da Berlusconi. E su chi conveniva accettare come alleato nella battaglia contro il Caimano.

Spiegò all'intervistatore del "Fatto": «Bisogna aprirlo a tutti quelli che quando si dice "Repubblica italiana" e "Costituzione" sentono il brivido dell'appartenenza. Se la domanda è "anche ai finiani?", la risposta ovviamente è sì. Io lavoro con le parole e dunque sono costretto a credere nelle parole. E quelle di Fini e dei suoi, dal punto di vista della lealtà repubblicana e costituzionale, mi sembrano inappuntabili».

Sapevo che Serra non avrebbe mai accettato il ritratto che facevo di lui. E infatti si sentì leso nella sua maestà di autore rosso. Quando scrissi di san Michele sul piccolo "Riformista", mi replicò piccato dalla terza delle sue rubriche, sempre su una corazzata dell'impero De Benedetti, "Il Venerdì di Repubblica".

Nel rispondere a una lettera firmata Guido Lolli, da Firenze, Serra sostenne di non essere per niente il manovratore occulto di Saviano e neppure l'eminenza grigia di Fazio. Poi borbottò che ce l'avevo con lui soltanto per un motivo personale: Fazio non mi aveva mai invitato a presentare i miei libri revisionisti nel suo programma, su Rai 3.

Avrei potuto rispondere per le rime a Serra e al signor Lolli, che mi rinfacciava di aver perso la testa. La mia replica sarebbe suonata così: chi pensa soltanto al proprio interesse, come fa Serra, ritiene che pure tutto il resto del mondo si regoli nello stesso modo. Poi lasciai perdere: non valeva la pena di regalare qualche riga all'inutile supplemento settimanale di "Repubblica".

Molto più interessante di Serra, risultava il personaggio di Fazio, la cui presa di posizione a vantaggio della sinistra era scoperta, scopertissima. Nonostante questo, amava interpretare il ruolo opposto al televisionista settario.

Era quello dell'abatino estraneo a qualsiasi parrocchia, amico di tutti e nemico di nessuno. Con l'aria dimessa, l'espressione sempre stupita, il vestito strafugnato del ragazzo di provincia capitato per caso in un posto e in una funzione che non ritiene di meritare.

In realtà, nella Rai odierna frantumata in sultanati, Fazio era il più sultano di tutti. Un signore gelido, capace di muoversi senza guardare in faccia a nessuno, curatore attento dei propri comodi. E all'occorrenza anche cattivo. Con la manina avvolta nella flanella grigia e lo stiletto avvelenato ben nascosto.

Era con questa lama che Fazio, nel suo programma abituale, *Che tempo che fa*, praticava una censura inflessibile. Truccata da libertà di scelta, quella che spetta a tutti i conduttori di talk show. In realtà, il pallido Fabio non sceglieva, ma discriminava. Gestendo in modo autoritario il potere di promuovere libri e autori. Un regime accettabile in una tv privata, però non alla Rai. Che è pur sempre pagata dal canone sborsato dai "tutti" ai quali Saviano voleva parlare.

In più di un caso, il settarismo di Fazio aveva prodotto spettacolini grotteschi. Accadde quando presentò un libro del direttore dei giornali radio Rai unificati, Antonio Caprarica. Già redattore dell'"Unità" e poi condirettore di "Paese sera", un quotidiano filo-Pci destinato a sparire.

Era il maggio 2007, sotto il regime di Romano Prodi. Quella sera gli utenti della Rai ebbero sott'occhio un'ammucchiata tutta rossa: rete di sinistra, conduttore di sinistra, autore di sinistra in quota Ds. Un conflitto d'interessi sfacciato, fra compagnucci che si strizzavano l'occhio a vicenda. Felici di averla fatta franca, ancora una volta.

In altri casi, lo spettacolo si rivelò penoso. Fazio aveva invitato Pietro Ingrao, affinché presentasse l'autobiografia, *Volevo la luna*, pubblicata da Einaudi. In preda a un vuoto di memoria, il vecchio capo comunista sostenne che il Pci aveva preso aspre distanze dall'invasione sovietica dell'Ungheria, nel 1956. Non era vero. Ma Fazio e il pubblico invitato si guardarono bene dall'obiettare. Nemmeno un mormorio, un colpo di tosse, un'occhiata d'imbarazzo.

Come mai? Edmondo Berselli, un intellettuale libero scomparso da poco, lo spiegò così sull'"Espresso": "Perché in quel momento si stava celebrando l'apoteosi senescente, ma non senile, di un comunismo impossibile, l'utopia, il grande sogno, l'assalto al cielo. E quindi tanto peggio per i fatti, se i fatti interrompono le emozioni".

All'inizio del novembre 2009, scoprii che Fazio poteva anche sembrare bipartisan. Nel fare zapping con il telecomando, capitai su *Che tempo che fa*. Il compagnuccio Fabio dialogava con un destrone di grosso calibro, Fini. Anzi, più che dialogare, facevano cicì e ciciò. Si dice così dalle mie parti, per indicare due comari che se la contano amabilmente, talora sbaciucchiandosi.

Fazio non mi aveva mai voluto nel suo salotto per una colpa imperdonabile: il mio presunto anti-antifascismo, attestato dai libri che andavo scrivendo sulla guerra civile. Però aveva accolto col tappeto rosso quel collaudato fascista di Fini.

Il pretesto era un volumetto firmato dal presidente della Camera e messo insieme da chissà chi. Ma in realtà il motivo nascosto era un altro. Con il suo fiuto infallibile, Fazio aveva annusato che Fini si stava riciclando. E sarebbe presto diventato l'avversario numero uno di Berlusconi.

A Fazio la verità dei fatti non era mai interessata. Soprattutto quando maneggiava un quadro della storia e della realtà italiana che faceva a pugni con il suo ristretto orizzonte politico. Per questo mi stupivo che Saviano lo ritenesse un buon samaritano, in grado di aiutarlo a dire la verità e parlare a tutti.

Poi *Vieni via con me* andò in onda. Il successo fu strabiliante. Quasi otto milioni di spettatori per la prima puntata. Addirittura nove nella seconda, un pubblico pieno di laureati e benestanti. In questo round vennero presentati due leader politici: Fini e Bersani, portati alla ribalta perché leggessero i loro compitini sui valori della destra e della sinistra.

A molti critici televisivi sembrarono comparsate banali. Ma non era per niente così. La novità del confronto, sia pure non diretto, fra il presunto capo della destra e l'altrettanto presunto campione della sinistra, stregarono il pubblico di Fazio & Saviano. In quel momento l'ascolto s'impennò a una quota superiore ai dieci milioni. Un record nel record. Che tuttavia non portò fortuna al programma.

Infatti, la stessa sera Saviano fece una gaffe imperdonabile, tipica di chi non ha nozione della suprema potenza del mezzo televisivo. Disse che nell'Italia del Nord stava prendendo piede la grande criminalità organizzata, una verità ovvia che la carta stampata raccontava da tempo. Ma aggiunse un'affermazione rischiosa: al Nord la 'ndrangheta calabrese aveva come interlocutore la Lega di Umberto Bossi.

Accadde il finimondo. Che mi obbligò a riflettere su quello che era diventata la Rai 3.

Tutti sapevano che, anni addietro, la lottizzazione politica della Rai aveva assegnato la Tre al vecchio Pci. Le altre due reti erano diventate una proprietà di fatto della Dc, la Prima, e del Psi, la Seconda.

Quando il sistema dei partiti andò a ramengo sotto i colpi di Mani pulite, l'equilibrio saltò. Ma la Tre rimase ben salda nelle mani della sinistra postcomunista. In fondo, era una sicurezza. Bene o male che fosse, esisteva un partito a impedire le mattane di una rete importante e dei suoi programmisti.

Da tempo anche quest'ultimo vincolo si era dissolto. A partire dai primi anni Duemila, la Tre non rispondeva più a nessuno. Non alla sinistra democratica di Bersani. Non a quella manettara di Tonino Di Pietro. E neppure alla sinistra con l'orecchino di Vendola. A conti fatti, si poteva considerarlo un processo positivo, dal momento che i partiti dovrebbero stare lontani dalla Rai.

Però esisteva un guaio: la Tre non rispondeva più neppure ai vertici dell'azienda. Il presidente della Rai, Paolo Garimberti, e il direttore generale, Mauro Masi, nelle stanze della Tre non contavano nulla. Avrebbero anche potuto gettarsi dall'ultimo piano di viale Mazzini e precipitare sul cavallo sottostante. Ma dalla Tre, e in particolare dal Tg3, non sarebbe partito neppure l'ultimo dei cronisti per registrare il suicidio della coppia.

Il ribellismo, la spavalderia, la sufficienza arrogante erano diventati il connotato fondamentale della Tre. Questi caratteri li interpretava alla perfezione il direttore della Rete, Paolo Ruffini, ritornato al comando in virtù di una sentenza giudiziaria, dopo l'interregno di Antonio Di Bella, l'ex direttore del Tg3 messo a guidare la rete alla fine del novembre 2009.

Ruffini è un personaggio che andrebbe studiato a fondo da un team di sociologi e politologi, perché la sua storia riassume bene i percorsi tortuosi dell'Italia che conta. Paolo era cresciuto in una famiglia che vantava due eccellenze di grosso calibro. La prima era il cardinale Ernesto Ruffini, arcivescovo di Palermo, un vero reazionario, uno degli uomini più potenti dell'isola. Nell'usare la parola, il cardinale non aveva riguardi per nessuno. Un giorno proclamò: «Tre cose, più di altre, hanno disonorato la Sicilia: la mafia, il romanzo del *Gattopardo* e lo scrittore Danilo Dolci!».

La seconda eccellenza era il padre di Paolo, Attilio Ruffini, nipote del cardinale. Deputato democristiano per sei legislature, più volte ministro, anche alla Difesa e agli Esteri, lo ricordo come un doroteo calzato e vestito. Un uomo alla mano, in apparenza conciliante, sempre disposto a concedere qualcosa all'avversario politico. Benché fosse nato a Mantova, aveva il proprio collegio elettorale a Palermo. Ed è facile comprenderne il perché, vista la presenza del roccioso zio cardinale.

Ho scritto una volta che anche il giovane Paolo doveva avere nelle vene un tantino di doroteismo, aggiornato con furbizia. Invece di gettarsi nella bolgia dei partiti o entrare in seminario, Ruffini junior si era dato al giornalismo. Lo ricordo come un bravo collega, notista politico del "Mattino" di Napoli e poi del "Messaggero". Nel Transatlantico di Montecitorio mi colpiva il suo restare un po' in disparte rispetto agli altri cronisti. Aveva l'aria del ragazzo timido e per bene. Che si accontenta del ruolo che ha conquistato e non ne ricerca uno più importante.

Non era così. Come molti esseri umani, anche lui aveva traguardi ambiziosi. E un carattere molto più ferreo di quello che lasciava immaginare l'apparenza. La sua carriera fu rapida. Nel 1996, a soli 42 anni, diventò all'improvviso il direttore del Giornale radio Rai. Di qui spiccò un altro balzo sulla poltrona di direttore di Rai 3.

Qualche malignazzo sostenne che aveva conquistato quel posto in virtù della militanza, sempre molto discreta, nella Margherita, la parrocchia degli ex democristiani di sinistra. Ma una volta arrivato al vertice della Tre, rivelò di avere ben altre idee rispetto alle tradizioni di famiglia.

Un tempo si sarebbe detto: ecco un perfetto cattocomunista. Ma oggi il comunismo non esiste più. Dunque cancelliamo l'etichetta. E diciamo che il Ruffini era soltanto un uomo di potere che considerava la Tre una sua proprietà personale. Ancorché pagata dai contribuenti e da quanti versavano il canone alla Rai.

Non ho mai avuto rapporti con il colosso di viale Mazzini. Ma ho imparato che il potere dei direttori di rete dipende dalla forza dei programmi che mandano in onda. Nell'autunno del 2010, il potere di Ruffini crebbe a dismisura. Per merito dell'audience fenomenale di *Vieni via con me*.

Per gli altri talk show, invece, fu una botta da ko. Il lunedì sera 15 novembre, il sinistro Gad Lerner, con il vecchio *Infedele* tanto pompato da La7, venne ridotto al 2,14 per cento, appena 606 mila spettatori, meno di un decimo rispetto alla coppia Fazio & Saviano. Anche quelli di Rai 3, tutti rossi, mangiarono la polvere. A cominciare dal *Ballarò* di Floris, per finire al *Parla con me* della ridanciana Dandini, in drastica flessione di ascolti.

Secondo "ItaliaOggi" del 18 novembre 2010, anche Fazio cominciò a riflettere su una sorpresa allarmante: il programma con Saviano si stava rivelando un boomerang pure per lui. Aveva di fronte due cifre. *Vieni via con me* era arrivato a un tetto di dieci milioni e 430 mila spettatori. Una vetta irraggiungibile per il suo *Che tempo che fa*, fermo a meno di quattro milioni. Tutto merito di Saviano, dunque? Sembrava di sì.

Lo strapotere rese il Ruffini arrogante all'eccesso. Davanti alla sacrosanta richiesta del ministro dell'Interno, Roberto Maroni, di potersi confrontare in diretta con Saviano sul tema Lega e 'ndrangheta, il boss della Tre rispose no. Poi, bontà sua, concesse a Maroni appena una replica da leggere solo e soletto in una delle pause di Saviano.

Ma il troppo, o il troppo poco, stroppia. Anche i televisionisti di sinistra mugugnarono. Me ne resi conto nel vedere su La7 *Otto e mezzo* di Lilli Gruber. Come ho ricordato, era un programma che stava diventando sempre più prigioniero dell'ossessione anti-Cavaliere, errore madornale per una rete privata e piccola. Eppure, l'autore della Gruber, Pagliaro, si dimostrò schietto sul conto di Ruffini: il suo no a Maroni era opaco e la motivazione poco liberale.

Alla Tre si saranno chiesti: Pagliaro chi? E questa Gruber è forse la vecchia deputata europea del defunto Ulivo? Li sentivo sghignazzare, Ruffini e i suoi centurioni. Da quando avevano scoperto di avere milioni di baionette, si sentivano dei padreterni. E non volevano avere tra le palle chi non portava il cervello al loro ammasso.

Dunque, niente confronto in diretta tra Maroni e Saviano. Quest'ultimo aveva già messo le mani avanti, nel tentativo di respingere il ministro dell'Interno. Il 17 novembre 2010, intervistato per "Repubblica" da Goffredo De Marchis, l'autore di *Gomorra* si permise un gesto di sciocca arroganza. Lo fece nel replicare alla richiesta di Maroni che aveva detto: «Saviano deve ripetere quello che ha affermato sulla Lega guardandomi negli occhi».

Saviano raccontò: «Le parole di Maroni mi hanno inquietato. Su "Repubblica" avevo scritto una lettera a Sandokan Schiavone, dopo l'arresto del figlio. Lo invitavo a pentirsi. L'avvocato di Schiavone mi rispose: voglio vedere se Saviano ha il coraggio di dire quelle cose guardando Sandokan negli occhi. Per la prima volta, da allora, ho riascoltato questa espressione. E sulla bocca del ministro dell'Interno certe parole sono davvero inquietanti».

Meglio starsene al riparo di Rai 3. E andare giù con il manganello su chi non era più in grado di difendersi. Mi sembrò ignobile affermare, sempre per bocca di Saviano, che il vecchio politologo Gianfranco Miglio era un sostenitore della mafia. Ho conosciuto bene Miglio, uno dei padri della Lega: non era per niente così.

Se fosse stato ancora vivo, avrebbe dato all'autore di *Gomorra* la paga che si meritava. Ma il professore era scomparso nove anni prima. Dunque era la vittima giusta per la ditta Fazio & Saviano. Chi è morto tace. E non può replicare a nessuno.

Per farla corta, anche la tv, e non soltanto la carta stampata, aveva iniziato a dettare l'agenda alla politica. Dimostrando di essere lei a comandare al posto dei partiti. Interpellato da Daniele Bellasio del "Sole-24 Ore", il giorno successivo al boom di *Vieni via con me*, Alessandro Campi, l'intelligente politologo di Fini, disse parole che ci obbligano a meditare.

Campi spiegò, alludendo al Cavaliere: «Chi di televisione ferisce, di televisione perisce. Siamo di fronte al contropotere anti-berlusconiano che si è organizzato in forma efficace. La novità è che *Vieni via con me* non è la solita trasmissione contro il premier. Ma è una narrazione che ha molto a che fare con il clima di svolta dell'oggi e che catalizza le masse».

Anche più smagliante fu la conclusione di Grasso. Di *Vieni via con me* scrisse: "È il calco di una cerimonia religiosa, di una messa, di una funzione liturgica. Gli elenchi, di ogni tipo, su ogni argomento, assomigliano alle litanie. L'officiante è Fazio, lui trasferisce sui fedeli quell'aura di senso di colpa che gli trasfigura il volto. La doglianza gli dà potere. Mostrarsi vulnerabile (i ricchi contratti non gli impediscono di piangere sempre miseria) è la sua garanzia di invincibilità, tra un Alleluia e una via Crucis".

Si può criticare una messa? Certo che si può. Ma nel farlo si fa peccato. Dunque non ci resta che inginocchiarci davanti a monsignor Fazio. E chiedere umilmente perdono.

Parte sesta

23
Topolino guerrigliero

Il giornale guerrigliero? Tra un momento ci arriveremo. Prima è d'obbligo rammentare un fatto impossibile da contestare. "La Repubblica" armata, con la spada pronta a tagliare la testa di Silvio il Caimano, non sarebbe mai esistita se non ci fossero stati i suoi lettori da combattimento.

Può sembrare banale dirlo. Tutti i giornali stanno sul campo perché c'è chi li acquista e li legge. Ma per "la Repubblica" di Ezio Mauro questo rapporto è meno ovvio di quel che possa apparire. Dal momento che una parte dei suoi lettori è sempre stata arroventata, settaria e pervasa da speranze sanguinarie assai più del direttore e dei suoi commandos.

Ne ebbi la prova nell'autunno 2009 grazie a un semplice test: analizzando con cura le lettere pubblicate dal quotidiano fra l'11 e il 20 settembre. Il mio fu un sondaggio dal basso, su fonti certe perché stampate con nomi e cognomi, che nessuno aveva mai condotto. E alla fine risultò un esercizio importante per capire quali fossero gli umori profondi dei tifosi di Mauro. Persone capaci di odiare e di amare con un'intensità sorprendente.

L'odio era tutto per il Cavaliere, considerato uno spirito del male disposto a compiere qualunque nefandezza. "Ho 29 anni e quando Berlusconi fece la sua discesa in campo ne avevo 14" scrisse Laura Pone, "e la mia vita è stata contagiata dalle ramificazioni del suo potere." Anche Linda Loffredi temeva "l'oscura nube di contagio" prodotta dal Caimano. "Ha collusioni con la mafia" (Daniele Barni). "Da alcuni anni passo diversi mesi in Mongolia. Degli amici mongoli mi chiedono se Berlusconi sia il nuovo Padrino" (Ippolito Marmai).

"Dimentico dei problemi reali, il premier si lascia travolgere da chiome bionde e profumi di donna" (Silvia Ceccarelli). "Il premier mi sta danneggiando come cittadino. Io non intendo più rispettarlo, per tutelare la mia dignità" (Giacomo Paraggio). "Mi vergogno di avere un presidente del Consiglio di tal fattura" (Teodoro Montanaro). "È privo di ogni scrupolo e pudore" (Francesco Grazi).

"È un piccolo uomo che minaccia la libertà di stampa" (Giuliana Babich). "Con il suo impero mediatico, Berlusconi ha plasmato le menti di molti cittadini" (Lia Proietti). "Quando lo sento diffondere da tutte le tv menzogne insopportabili, mi sento scoppiare dentro perché non posso contestarlo" (Anna Bella). "Vuole offuscare le nostre coscienze con la smania di potere" (Francesco Costantini).

"Sfacciataggine e protervia del premier non hanno più limiti. Riusciremo a liberarci di un simile individuo?" (Anna Rita e Umberto Venieri). "Berlusconi vuole chiudere i giornali" (Leopoldo Morbin). "Ha imbevuto della sua cultura le nuove generazioni" (Paolo Lando). "Berlusconi cadrà schiacciato dal peso della sua stessa infamia" (Gabriele Perni).

Un tipaccio così, e i suoi complici, soffocavano l'Italia con un regime quasi fascista. "Vogliono cancellare quel che resta della nostra povera e zoppa democrazia" (Lorenzo Fiorelli). "Queste lobby di potenti e incapaci rovinano il nostro Paese" (Diego Meneghetti). "Malvagia e stupidità si sono alleate" (Andrea Canevaro). "Vedo la violenza e la volgarità di un potere pericoloso" (Maura Arlunno). "Bisogna uscire da questa impressionante deriva autoritaria e antidemocratica" (Claudio Corazza).

"Sono un vostro giovane lettore. Fa male sapere di non avere la piena libertà di formare la propria coscienza e di non possedere il libero arbitrio per scegliere ciò che per noi è più giusto" (Alessandro Piraccini). "Vedo con grande dolore crescere volgarità, superficialità, smantellamento della nostra povera patria" (Patrizia Rizzo). "Ci vogliono togliere la capacità di sdegnarci, dopo averci tolto la verità" (Clementina Di Massa).

"Ci troviamo sotto la dittatura della maggioranza a causa del virus del berlusconismo che ha infettato il paese" (Giuseppe Campellone). "Quando finirà questo medioevo post-democratico?" (Gianluca Summa). "Bisogna fermare lo scempio" (Giovanna Brobutti). "Dobbiamo contrastare chi nega la libertà. Per questo abbiamo il dovere di resistere" (Marco Ferrari).

Il cuore della nuova Resistenza era ovviamente "Repubblica". "Siete la mia unica speranza" (Pippo Raimondi). "Vi ritengo il perno fondamentale della resistenza oggi in Italia" (Walter Cavallo). "Andate avanti così, senza paura" (Antonio Taraborrelli). "Siete l'unica scelta possibile nello squallore in cui è precipitato il mondo dell'informazione in Italia" (Alfredo Maria Bartoloni).

"Ogni giorno compro due copie di 'Repubblica' per contribuire a difendere il diritto di cercare la verità" (Amedeo Colonna). "Tutti i giorni compro tre copie di 'Repubblica'. Stamattina in edicola un signore anziano ne ha comprate quattro. Ci siamo guardati e ci siamo capiti al volo" (Luca Datteri). "Continuate così. Siete il portavoce di tutti quelli che non la pensano come Berlusconi e i suoi amici" (Amedeo Colonna). "Esibisco fieramente 'Repubblica' per far capire da quale parte non sto" (Enrica Salvato).

"Mi piace il ruolo di Cicerone che 'Repubblica' si è assunto per contrastare il moderno Catilina" (Ennio Facchin). "L'unica opposizione è rappresentata dal vostro gruppo editoriale" (Matteo Nocentini). "Propongo la nascita di un movimento con sedi in tutta Italia" (Pino Quarta). "Mi piacerebbe che accanto alla testata di 'Repubblica' aggiungeste l'aggettivo Libera" (Giancarlo Ferrari).

A eccitare i lettori di "Repubblica" erano state le dieci domande di continuo riproposte a Berlusconi, per mesi e mesi. "Tappezziamo le città con le 10 domande" proposero Raffaella Milani, Marco Ancora e la piccola Giulia, "vi consiglio di promuovere la diffusione di magliette con ognuna delle 10 domande che non si possono fare a Berlusconi." "Bisogna dare maggiore risalto alle 10 domande con manifesti o cartelli" (Iole Pozzi). "Vorrei invitarvi ad affiggere nelle città manifesti con le 10 domande" (Anna Simonetta). "Penso che tutti i giornali, radiogiornali e telegiornali dovrebbero porre a Berlusconi le vostre 10 domande" (Raffaele Miccio).

Purtroppo per i lettori militanti di "Repubblica", le altre testate facevano orecchie da mercante. Copiare l'astuta trovata di Ezio Mauro? Non fosse mai detto. Per questo chi scriveva a largo Fochetti dava pessimi giudizi sul giornalismo italiano. E non soltanto contro l'odiato Vittorio Feltri. Di lui, Massimo Marnetto scrisse: "Voglio un'informazione libera, cioè costituzionale. Senza l'oppressione dei filtri e dei Feltri".

Ce n'era anche per gli altri giornali. "La democrazia è in pericolo. Mi stupisce il silenzio della stampa italiana" (Silvana Mandolini). "È preoccupante la disinformazione che molti giornali e telegiornali seminano nel paese" (Adriano Verlato). "Chi sostiene ancora il mito di Berlusconi dovrebbe capire il rischio di toccare la libertà d'espressione" (Stefano Coletto). "Sono pochissime le voci fuori dal coro. I mass media sono asserviti ai diktat dell'Egoarca" (Antonella Dalzoppo).

La convinzione di essere soli nel combattere il Caimano spinse molti lettori a presentare a "Repubblica" una richiesta singolare: dobbiamo distinguerci da chi non la pensa come noi, avere un segno che faccia capire a tutti chi siamo. Insomma, volevano un distintivo, una bandiera, un simbolo, come si usa nei partiti.

"Espongo ogni giorno la copia di 'Repubblica' come segno distintivo" (Simonetta Cortolezzis). "Perché non ci inventiamo un segnale da mettere sui nostri balconi per far vedere al Paese quanti siamo?" (Elisabetta Salvatori). "Una bella idea sarebbe quella di creare un segno di riconoscimento. Da esporre da parte di tutti coloro che condividono questa battaglia per la libertà di stampa" (Rita Bega e Manuel Lugli). "Il giorno della manifestazione in difesa della libertà di stampa attaccherò simbolicamente alla finestra la prima pagina di 'Repubblica'. Per dire a Berlusconi che non potrà mai avere la nostra dignità" (Umberto Burgio).

Dopo il giornale-partito, ecco il giornale-guerrigliero e infine l'auspicio di un vero e proprio movimento politico. Se lo auguravano molti lettori di "Repubblica". Gli obiettivi erano chiari. "Fare giustizia di una certa stupidità politica della sinistra" (Mario Pasqualotto). Rimediare all'errore capitale "della mancata soluzione del problema del conflitto d'interessi" (Rita Vagnarelli). E infine espellere il Cavaliere dal sistema dei partiti, per restituire all'Italia un minimo di tranquillità. Scrisse Giovanna Alessandria: "Mai come adesso ho vissuto in uno stato di sospensione aspettando un cambiamento di potere politico. Ogni giorno che passa è carico di tensione...".

Già, perché non fare di "Repubblica" una vera formazione politica? I militanti c'erano, come risultava evidente anche da questo microcampione. I soldi pure. Anche il leader non mancava. Era un direttore-segretario caparbio, aggressivo, più carismatico di molti big della casta partitica: Ezio Mauro, un tempo chiamato dai colleghi cronisti "Topolino". Non per deriderlo,

bensì per segnalarne la velocità nell'agire e la sottigliez-
za del pensiero.

Dal giorno che lasciai il Gruppo De Benedetti, non
ebbi più il privilegio d'incontrare Topolino di persona.
Succede così nelle aziende molto compatte, animate
non soltanto da un forte spirito di corpo, ma pure da
una missione politico-ideale che diventa regola di vita.
Anche a "Repubblica", anzi soprattutto a "Repubblica", vigeva una norma ferrea. Dettata dalla convinzione
superba di essere il meglio del giornalismo italiano. La
norma diceva: chi se ne va, non esiste più, diventa un
fantasma. Da ignorare, da cancellare, da dichiarare inesistente.
Per mia fortuna esisteva la televisione. Ed esistevano
i talk show della Rai e di La7, quasi tutti di sinistra. È
stato grazie ai loro conduttori, dei veri sultani rossi, che
ho potuto osservare più volte, da vicino, il personaggio
di Ezio. L'ho visto nei telegiornali. Poi seduto sul sofà
della Dandini. Quindi a spiegare che tempo faceva al
cospetto di un Fazio dal cinguettio rispettoso.
Ma a colpirmi fu la sua apparizione a *Otto e mezzo*,
il salotto della Gruber. Era la sera di lunedì 26 ottobre
2010. Non erano stati convocati altri ospiti e dunque
Ezio stava faccia a faccia con la conduttrice. In un duet-
to solitario, diventato subito un monologo. Da una parte lei, vestita di nero Armani, smagliante, tutta sorrisi,
intenta ad ascoltare il verbo di un dio in terra. Dall'altra, il direttore di "Repubblica".
Topolino aveva appena compiuto 62 anni, ma sembrava assai più giovane. Piccolo, ben strutturato, il capello corto, l'abito impeccabile, mi rammentò quel che
aveva scritto di lui sul "Foglio" Alessandra Sardoni,
una giornalista molto attenta ai dettagli: "Essere Ezio
Mauro, da quattordici anni alla testa di 'Repubblica',

appare faticoso, talvolta. Ma sulla sua capacità di resistenza fisica, sull'ingualcibilità psicomorfa, mai la testa reclinata, mai una mano tra i capelli, le testimonianze non mancano".

Volete anche la mia? Quella sera Ezio mi sembrò strapotente e arcisicuro. Spiegò con grande chiarezza quale fosse il compito di "Repubblica", l'asse portante della democrazia in Italia, il ferro di lancia nella guerra per distruggere il Tiranno. Non ricordo le domande pro forma che gli rivolse la Gruber. Forse perché, in quel caso più che mai, non avevano importanza. In compenso ammirai Ezio. E mi dissi: ecco un vero gigante, lui si mangia a colazione tutti i presunti big della casta partitica.

Le ragioni della sua forza erano più di una. Prima di tutto, Ezio conosceva meglio di qualsiasi politico la regola cardine di chi parla alla televisione. Era quella di dire soltanto una cosa, ripeterla di continuo, con poche, intelligenti varianti. Nel suo caso, il messaggio era davvero uno solo: "Repubblica" è in guerra contro Berlusconi e, prima o poi, lo distruggerà.

La seconda carta nelle mani di Topolino era la chiarezza estrema nell'esprimersi. Di solito, soprattutto in tempi di caos politico, davanti alle telecamere i membri della casta appaiono incerti, balbettano anche quando urlano, spaccano il capello in quattro, nella speranza di avere la meglio su chi siede di fronte a loro.

Certo, la sera del 26 ottobre 2010, il direttore di "Repubblica" stava da solo davanti a una Gruber in pieno innamoramento. Ma si sarebbe condotto nello stesso modo al cospetto di cinque contraddittori. E li avrebbe stesi con la propria arrogante convinzione di saperla più lunga di loro.

Quella sera pensai che Ezio avrebbe trionfato anche se avesse lasciato il giornalismo per scendere nel campo della politica, in modo diretto e formale. Del resto, era stato lui a dire al Partito democratico: «Anche a sinistra è arrivata l'ora del Papa straniero». Intendeva l'avvento di un leader nuovo, estraneo al condominio sfasciato delle tante sinistre. Sempre in contrasto fra di loro e incapaci di uscire dal ghetto asfissiante della propria storia, segnata di continuo dalla sconfitta.

Intervistato da Marco Damilano, per "l'Espresso", Ezio spiegò che cosa intendesse per un Papa nero: «Dovrà essere un leader che non risponda ad apparati e cursus honorum tradizionali. Che esprima una discontinuità. Che offra una speranza di cambiamento e di vittoria».

Topolino stava alludendo a se stesso? Nel maggio 2010, "Il Foglio" pubblicò una stuzzicante paginata su Mauro, scritta da Marianna Rizzini. E dominata da una grande fotografia di Ezio che parlava in piazza durante qualche adunata anti-Cavaliere. Il titolo diceva: *Il Papa straniero*. Però il sottotitolo metteva già le mani avanti: "Un'ipotesi credibile, ma non troppo".

Del resto, guidare una corazzata come "Repubblica", e insieme alimentare la militanza rovente di molti lettori, non era facile. Neppure per un cuneese tosto come Topolino.

Tra la fine del 2008 e l'inizio del 2009, i guai di "Repubblica" risultavano davvero tanti. Per cominciare, era emerso il conflitto fra Carlo De Benedetti e il figlio Rodolfo, il capo della Cir. Rodolfo non voleva più occuparsi di editoria. "Repubblica" e "l'Espresso" rendevano sempre di meno. E Rodolfo sembrava deciso a disfarsene. Ma il braccio di ferro era stato vinto dal padre sul figlio.

L'Ingegnere aveva dichiarato che, fino a quando fosse rimasto in vita, non avrebbe mai venduto nessuna delle sue testate. E si sarebbe impegnato con rinnovata costanza a guidare il gruppo editoriale. Di persona, giorno per giorno, mantenendo un contatto continuo con il primo dei suoi direttori, Topolino.

Questo punto fermo, tuttavia, non aveva bloccato la crisi di "Repubblica". Il giornale di largo Fochetti seguitava a essere una corazzata in avaria. Bilanci da brividi. Previsioni di tagli occupazionali, anche fra i redattori. Pubblicità in calo. E una perdita continua di copie.

Un dramma, dopo tanti anni fortunati. Al punto che "l'Espresso" aveva smesso di pubblicare i dati di vendita diffusi ogni mese dalla Fieg, la Federazione italiana degli editori di giornali. Per non evidenziare che il calo più forte nelle copie vendute era proprio quello di "Repubblica".

Il black out tabellare dell'"Espresso" non fu una decisione autonoma della direttora in quel momento in carica, Daniela Hamaui, signora gentile e tremebonda. Venne imposto da Ezio, nel modo spiccio che gli era solito. Un giorno, mentre usciva da "Repubblica" per la pausa del pranzo, s'imbatté in uno dei vicedirettori dell'Hamaui. E gli disse, a brutto muso: «Quando la smetterete di rompermi i coglioni con i dati della Fieg?». Bastò quella domanda ringhiosa per far sparire la rubrica per sempre.

Poi il quotidiano di Mauro scoprì un'imprevista miniera d'oro: la campagna sui disastri matrimoniali di Berlusconi e sulla passione del Cavaliere per le ragazze in fiore. Era la fine dell'aprile 2009. E la lettera di Veronica Lario contro il marito, stampata in esclusiva da "Repubblica", fu come le rivoltellate di Sarajevo: l'inizio di una guerra mondiale. Una guerra contro il premier, naturalmente. Una guerra che Mauro combatteva da sempre. Ma senza potersi giovare di un'arma tanto micidiale.

Un colpo di fortuna? Sì e no. Sappiamo che la fortuna aiuta gli audaci. E anche nella vita degli uomini qualunque c'è sempre chi si prepara a essere fortunato. "Repubblica" si dimostrò assai più pronta di tutte le altre grandi testate.

La signora Berlusconi accusava il marito di frequentare bellezze minorenni? Se era così, bisogna cercarle queste fanciulle. E far parlare chi poteva svelarne i segreti. In questo modo nacque il caso Noemi. E il relativo caso del suo "papi", ovvero l'incauto Silvio.

La campagna di primavera del 2009 rimise in moto la corazzata in avaria. Aumento improvviso di copie vendute, si disse almeno 30 mila. Aumento della pubblicità che languiva. Sconfitta dei giornaloni concorrenti, rimasti al palo. Trionfo mediatico del Noemi gate anche presso la casta politica. Che sino al 2 giugno di quell'anno ne parlò per ben 2.236 volte, come venne certificato dall'attento "ItaliaOggi".

A somiglianza di tutte le offensive militari, anche questa lasciò sul campo molte vittime. Le prime avevano il viso pallido dei critici che accusavano "Repubblica" di non parlare dell'Europa, tema di un'elezione imminente, bensì delle scopate, vere o presunte, del premier. Ma era un'accusa facile da respingere. Un giornale parla di ciò che vuole. Semmai ne risponderà dopo, ai lettori e all'editore.

La seconda vittima fu Dario Franceschini, in quel momento leader del Pd. Ezio Mauro gli impose una campagna elettorale diversa da quella che lui prevedeva di fare. L'obbligò a recitare il copione scritto a largo Fochetti. Lo trasformò in un replicante dell'inchiesta di "Repubblica". Dimostrando che un giornale-partito poteva essere molto più forte di un partito vero.

Verso la fine di quel maggio, venni invitato a *Otto e mezzo* per discutere di un mio libro appena uscito da Rizzoli, *Il revisionista*. Avevo di fronte la Gruber e un'ospite tosta, Miriam Mafai. Dopo un po' di parole sul Noemi gate, arrivati al dunque chiesi alle due signore: «Ma chi non vorreste mai avere contro di voi: Franceschini o Mauro?». Entrambe schivarono la domanda, esclamando sdegnate: «Qui il problema non si pone!». Però era chiaro che l'uomo da non avere alle costole era proprio il direttore di "Repubblica".

Non stentavo a capirle. Conoscevo Mauro da tanti anni. Non era soltanto il Topolino dei nostri scherzi di vecchi cronisti. Bensì un capo ciurma indiscutibile. Con un carattere d'acciaio. E la memoria dell'elefante. Capace di ricordarsi di un vecchio torto da nulla. Per rinfacciarlo a chi aveva osato mettersi contro. Ma pure lui aveva un piccolo problema, che non era in grado di risolvere.

Il problema era che la sua guerriglia a Berlusconi non riusciva a fargli vincere un'elezione. Aveva perso nel voto politico del 2008, poi nelle comunali a Roma, passata a un sindaco di centrodestra, quindi le regionali in Abruzzo e in Sardegna. Il partito che Mauro guidava dal suo studio a "Repubblica" uscì sconfitto anche nelle elezioni europee del giugno 2009.

Il povero Franceschini fu costretto a dimettersi. Per lasciare la poltrona di segretario del Pd a Pier Luigi Bersani, un politico poco in sintonia con Topolino. Anche perché sapeva bene che Ezio lo considerava un ferrovecchio della sinistra più vecchia.

L'unica battaglia che Ezio riuscì a vincere fu quella delle copie vendute. Per un direttore, e per un editore, in fondo era il successo che contava di più. Nel settembre 2010, "Repubblica" si trovò a un'incollatura dal "Corriere": 510 mila copie rispetto alle 522 mila di via Solferino. Mauro sostenne di essere diventato il primo in edicola. Puntare sulla militanza anti-Cav dei lettori si era rivelata un scelta trionfale. Il pensiero unico funzionava.

Era un pensiero modesto. E come rivelano i messaggi dei lettori che ho citato, si riduceva a un solo grido: a morte Berlusconi! Ma era la sua traduzione sulla carta stampata a lasciarti stupefatto. Lo spiegò, con una sintesi efficace, un giornalista di sinistra, già direttore dell'"Unità", Peppino Caldarola.

Sul "Riformista" del 10 ottobre 2009, scrisse: "I giornalisti di 'Repubblica' parlano tutti nello stesso modo. È forse il primo caso nella storia del giornalismo italiano di una così totale identificazione con le ragioni della propria testata. Sembrano usciti tutti dalla stessa scuola quadri. Sembrano tutti felicemente aderenti al centralismo democratico del nuovo giornale-partito. In anni neppure lontani, era difficile trovare due giornalisti dell''Unità' che la pensassero allo stesso modo. Il miracolo è riuscito a Ezio Mauro che ha selezionato una burocrazia di dirigenti politici da far invidia a quella esangue dei partiti".

Ma dove il pensiero unico non ebbe effetti positivi sulle vendite fu all'"Espresso". Un esempio di crisi quasi suicida. E proprio per questo quasi fantozziano, vista la sua fama di settimanale iperintelligente.

Uno dei motivi d'orgoglio dell'"Espresso" era sempre stato di essere diverso dal parente più importante, "la Repubblica". Posso dirlo senza tema di smentita perché ho lavorato in entrambe le testate. Quattordici anni a "Repubblica" e diciassette all'"Espresso". In totale trentun anni di lavoro, e di vita, trascorsi nei due giornali. Vedendo passare direttori e colleghi di tutte le opinioni.

La genialità dei direttori dell'"Espresso" si esprimeva quasi sempre anche nell'accentuare il carattere speciale della testata. "La Repubblica" stava diventando la corazzata che è ancora oggi. Ma il settimanale di via Po, la strada romana dove allora era collocata la redazione, poteva vantare di essere nato vent'anni prima del quotidiano, nell'ottobre 1955. E forse era questo dato anagrafico ad accrescere nell'"Espresso" l'orgoglio di non sembrare il gemello del quotidiano che all'epoca stava in piazza Indipendenza.

Livio Zanetti, il direttore che aveva guidato la trasformazione dell'"Espresso" da giornale lenzuolo al formato news magazine odierno, era un bastian contrario. Quando Eugenio Scalfari faceva il pelo e il contropelo a Bettino Craxi, lui pubblicava *Il Vangelo Socialista* proclamato dal segretario del Psi. Lo stesso atteggiamento di lontananza da "Repubblica" lo tennero direttori come Claudio Rinaldi e Giulio Anselmi.

Poi i tempi, e i direttori, mutarono. Le testate del Gruppo Espresso-Repubblica divennero una falange compatta. Impegnata a combattere la stessa guerra, contro lo stesso nemico, il caimano Berlusconi e con le stesse armi. Penso che anche per questo "l'Espresso" seguitò a perdere lettori. Del resto, perché acquistare un settimanale per leggere le medesime cose che stampava ogni giorno l'ammiraglia repubblicana?

Poco per volta, all'"Espresso" arrivarono al copia-incolla sistematico. Era un approdo inevitabile per almeno un motivo. Il primo fu la fragilità professionale della direzione Hamaui. Alla signora non importava niente della politica. Non ne sapeva, né voleva saperne, nulla. La considerava una faccenda poco elegante, da evitare.

Ma "l'Espresso" era sempre campato sulla politica. Anche madama Hamaui non poteva farne a meno. Pensò di aver risolto il problema sdraiandosi sulla linea di "Repubblica". E in questo modo diventò succube di Mauro, un giornalista molto più bravo e dotato di un carattere ferrigno. Madama Daniela ne aveva terrore. Sperava sempre di non sentirlo e di non vederlo. Come se fosse il mostro di Dronero, il paese natale di Topolino.

Per l'essersi inchinata al pensiero unico di "Repubblica", la signora Hamaui commise più di un errore. Il più vistoso lo attestò "ItaliaOggi" nel marzo 2010. Bastava osservare le copertine dell'"Espresso" per rendersene conto. In un settimanale le copertine hanno un'importanza primaria. Sono la bandiera di ogni numero. Avvertono il possibile lettore di quale sia il piatto più importante della cucina redazionale. Per questo debbono essere sempre diverse, attraenti, capaci di suscitare curiosità. E invitare all'acquisto.

Che cosa accadde invece all'"Espresso"? Dal febbraio 2009 al marzo 2010, sfornò ben ventuno copertine su Berlusconi. Stampando di continuo la sua faccia in tutte le salse. Di solito quelle che suscitavano pena o irrisione. Il risultato fu disastroso. Al punto che, come vedremo, nel luglio 2010 l'ingegner De Benedetti si liberò su due piedi della signora Hamaui.

Non fu l'unico errore dell'"Espresso". Nella foga di combattere la legge contro le intercettazioni, più nota come Legge Bavaglio, nel giugno 2010 presentò sul proprio sito internet un fotomontaggio dal gusto pessimo. Prese un'immagine famosa di due eroi della legalità uccisi dalla mafia, Giovanni Falcone e Paolo Borsellino. E la truccò, mostrando i volti dei due magistrati con la bocca tappata da un nastro adesivo.

L'unico quotidiano ad accorgersi di questa vergogna fu "Libero" che la denunciò il venerdì 18 giugno 2010. Il giornale diretto da Belpietro scrisse che "l'Espresso", resosi conto della gaffe, aveva cancellato la foto taroccata.

Purtroppo non era andata così. Quel venerdì il fotomontaggio stava ancora sul sito del settimanale. Scomparve soltanto la mattina di sabato 19 giugno. Sostituito da un'immagine di fotoreporter non imbavagliati, bensì con la benda sugli occhi. Ma almeno loro erano vivi e non morti.

24
Compagni di banco

Dopo aver descritto "la Repubblica" di oggi, sentivo la necessità di ricordare quella che incontrai tanti anni fa. Sulle prime avevo pensato di farlo descrivendo lo Scalfari di allora. Poi mi sono detto: basta con il personaggio di Barbapapà!, l'hai già raccontato troppe volte. Così ho deciso di dedicare un capitolo di questo libro a un altro giornalista che sembra dimenticato: Gianni Rocca, per tanti anni mio compagno di banco nell'officina repubblicana del tempo che fu.

Quando arrivai a "Repubblica" il 4 novembre 1977 e mi presentai in piazza Indipendenza, mi colpirono tre cose. La modestia della sede del giornale: solo un grande appartamento. La poca gente che scoprivo in quelle stanze, quasi tutti giovanissimi e con l'aria d'essere al primo lavoro. E infine l'ufficio del redattore capo: spoglio, con una scrivania spartana, due sedie, un mobile metallico e il cestino per la carta straccia.

Ma in quell'ufficio da poche monete c'era un signore che conoscevo, anche se alla lontana. Avevamo lavorato insieme al "Giorno", sia pure da posizioni distanti: lui alla testa dell'ufficio romano, io a Milano, capo delle pagine lombarde. Il signore era Rocca. Nel novembre 1977 aveva compiuto da pochi giorni cinquant'anni. Otto più di me, una differenza di età che mi faceva sentire un pivello. E per di più al cospetto di un collega che era il numero due del padreterno Scalfari.

Sin dai tempi del "Giorno", Gianni era conosciuto come un faticone, sempre in servizio a tutte le ore, al corrente di qualsiasi fatto, pronto di continuo a tappare un buco lasciato da un collega. Qualcuno scherzava dicendo: «Per forza Rocca è così. Ha cominciato il mestiere all'"Unità" di Torino, pochi giornalisti e lavoro tanto. E poi è rimasto un comunista, sia pure di destra: per questo si sente obbligato a essere sempre il più bravo, per tenere alta la bandiera della vecchia parrocchia».

Idiozie, fondate sul nulla. Gianni era un faticone perché era un uomo generoso, una virtù rara, soprattutto nel piccolo mondo dei giornali. Ne ebbi una prova subito, sin dal mio ingresso a "Repubblica". Eugenio Scalfari mi aveva assunto come inviato, il lavoro che facevo al "Corriere della Sera". In via Solferino vigevano regole di ferro: al di là di una certa ora, nessuno poteva più dettare un servizio. Se facevi tardi, qualunque fosse il motivo, dovevi gettare l'articolo nel cestino. E non ti restava che aspettare gli urlacci dei capi, la mattina successiva.

Per questa ragione, il primo giorno di lavoro chiesi a Gianni quali fossero gli orari di chiusura di "Repubblica". Lui si mise a ridere: «Non credere di essere ancora al "Corrierone". Hai presente un elastico? I nostri tempi sono così. Chiudiamo quando è possibile. Ma non preoccuparti. Qui ci sto io. Paro le chiappe a tutti. Le parerò anche a te».

Lo vidi comportarsi sempre in questo modo. Scalfari si sforzava di essere rigido, esigente, rimproverava e talvolta stangava il reprobo. A giornale uscito, faceva le pulci a tutti, con la severità paziente del maestro di scuola alle prese con una classe di somari. E quando aveva la luna storta, picchiava duro sul redattore che aveva sbagliato un articolo. Oppure su un caposervizio colpevole di aver fatto un titolo seduto, ossia banale, «che non cantava», ringhiava Eugenio.

Gianni non si comportava mai da cattivo. Lui era sempre per la sentenza più mite. Prima che un giudice, era un avvocato difensore. Non so come sia stato da partigiano. Aveva combattuto nelle Garibaldi quando era ancora giovanissimo, classe 1927. Ma se allora era già così, non credo abbia infierito sui vinti.

Non era la sua unica qualità. Gianni era un professionista orgoglioso. Pur essendo il numero due del giornale, non chiedeva nulla per sé, non pretendeva privilegi speciali né stipendi da nababbo. In un solo caso Gianni mi chiese un piacere. E tra un istante vedrete quanto piccolo fosse.

Nell'ottobre 1978, Scalfari nominò tre vicedirettori: Mario Pirani, Rocca e il sottoscritto. Pirani ebbe la delega di dirigere le pagine di economia, ma poco tempo dopo lasciò il giornale. Gianni e io ci ritrovammo nella stanza del neonato Ufficio centrale. Era il perno di "Repubblica", incaricato di soprintendere al lavoro di tutte le sezioni e di decidere lo schema della prima pagina da presentare al direttore.

Nella nostra stanza esisteva un solo tavolo, rettangolare, che la tagliava per il lungo. Gianni mi disse: «Perdona se te lo domando, ma mi piacerebbe stare con le spalle alla parete e la faccia rivolta a piazza Indipendenza. Passo le giornate qui dentro e ritorno a casa che è già buio. Almeno quando lavoro, vorrei vedere il sole, il cielo, gli alberi della piazza. Saresti d'accordo? In fondo, io sono il più anziano» aggiunse, come per scusarsi.

Lo abbracciai e gli dissi, ridendo: «Affare fatto, Gianni! Tu guarderai la piazza e io la tua faccia da torinista onesto. Sarà la prima volta in vita tua che dovrai ringraziare uno juventino». Tra le altre cose, Rocca era un grande esperto di calcio. La sua passione era il Torino, mentre io tifavo per la Gobba, come lui chiamava la Juventus.

Della squadra granata sapeva tutto. Era pure amico di Gigi Radice, l'allenatore storico del Torino. Anche Radice lo considerava un sapiente. E alla vigilia di ogni partita chiamava al telefono Gianni per consultarlo sulla formazione da far scendere in campo.

Rocca e io lavorammo uno di fronte all'altro per quasi tredici anni. Vale a dire che per più di quattromila giorni, a parte le domeniche e le ferie, ebbi davanti a me il volto di Gianni. Mi capitava di osservare: «Tra noi due, il più bello sei tu. Hai la faccia di un imperatore romano». Lui rideva: «Qui dentro l'unico imperatore è Eugenio. Io sono lo zio del giornale. Uno zione a volte troppo buono. Ma come potrei essere diverso? "Repubblica" è stata messa in piedi andando a reclutare i giornalisti all'Ospizio degli Orfanelli».

Gli orfanelli erano i redattori giovani che, secondo Rocca, avevano bisogno d'imparare tutto. Ma anch'io avevo bisogno di imparare un mestiere che non conoscevo, quello del vicedirettore. Gianni me lo insegnò con pazienza. Non soltanto nella tecnica da mettere in pratica giorno per giorno, ma in quello che lui chiamava "lo sfondo".

Diceva: «Per valutare una notizia e decidere che posto avrà nella gerarchia del giornale, devi tenere presente lo sfondo. Ossia quali saranno in futuro gli effetti possibili di un certo fatto. Se ci ragioni con attenzione e pensi che avrà delle conseguenze, quella notizia è importante».

Già, ragionare e farlo in fretta, perché i quotidiani sono un meccanismo infernale che ti obbliga a correre senza mai fermarti. Devono chiudere ogni sera e a ogni costo. Una volta terminato il lavoro, ti lasciano appena il tempo di ritornare a casa, quando è già vicina la mezzanotte. A quel punto non ti resta che mangiare qualcosa in fretta e poi andare a nanna. Sapendo che la mattina dopo, la giostra si rimetterà in moto e tu dovrai ricominciare a correre, sempre con l'orologio alle calcagna.

Ecco un'altra dote di Gianni: la rapidità nel ragionamento, indispensabile per non farti battere dall'orologio. Se è vero che l'intuito è una qualità primaria nella fabbrica della carta stampata, Rocca la possedeva come pochi. In tredici anni l'ho visto sbagliare appena qualche volta. Ma senza mai perdere di vista quello che lui chiamava lo sfondo.

L'Italia cambiava, la politica anche, i governi si succedevano, il terrorismo ammazzava, la sinistra arrancava, cadeva l'impero di Mosca al quale Gianni si era ribellato nel lontanissimo 1956 della rivolta ungherese. Lasciando "l'Unità" e il Pci della sua unica militanza. Insomma, la confusione era alta sotto il cielo del mondo e la situazione per nulla eccellente. Ma a "Repubblica" c'erano almeno due punti fermi: Barbapapà, naturalmente, e lo zio Rocca.

La stagione più dura del terrorismo rosso avrebbe potuto minare l'unità del giornale. Come ho già ricordato, a "Repubblica" convivevano due linee in forte contrasto. La difficoltà di comporle sembrava insuperabile. Nelle nostre vite s'insinuavano anche timori personali.

Nel maggio 1980, quando fu ucciso Walter Tobagi, venne a farci visita l'esperto di sicurezza dell'avvocato Agnelli. Era un ex ufficiale dei carabinieri, vestito come un milord. Nella francescana stanzetta di Scalfari, gli raccontammo come si svolgeva la nostra giornata: sempre uguale, scandita da orari immutabili. Lui sentenziò che eravamo indifendibili e ci lasciò con il cerino in mano.

Allora il Principe, ovvero Carlo Caracciolo, uno dei nostri editori, ci procurò un'auto blindata targata Cuneo e la scorta di due vigilantes privati. Ma durarono poco. La blindata, che un giovane fattorino del giornale guidava con troppa spensieratezza, piombò addosso a un autobus vuoto e lo bucò da parte a parte. In quel momento anche la blindata non trasportava nessuno e tutto si risolse con un fracasso indimenticabile.

Scalfari seguitò a viaggiare sulla propria Cinquecento, un'utilitaria così scassata che avrebbe fatto inorridire l'Avvocato. Gianni possedeva un vecchio Maggiolino Volkswagen, però si spostava in autobus. Aveva paura? Forse sì, come tutti, a cominciare da me. Ma non lo diede mai a vedere.

Nei momenti più pesanti, sfoderava una frase in torinese che, tradotta, suonava così: correre tanto in fretta che i piedi toccano il sedere. A vincere, ossia a dare una linea chiara al giornale durante i giorni del sequestro Moro, fu la sua intransigenza, insieme a quella di Eugenio.

Un'altra vittoria che "Repubblica" deve molto a Gianni fu quella di non rinchiudersi nel recinto del giornale destinato soltanto a un'élite di lettori, per di più tutti di sinistra. In questa battaglia ebbe un grande alleato che non devo dimenticare: Franco Magagnini, il redattore capo, un livornese brusco, capace come pochi.

Nacque una cronaca attenta ai fatti della vita. E una sezione sportiva sempre più importante. Anche in questo caso, Gianni aveva l'occhio rivolto allo sfondo: un giornale popolare, ma non volgare. Che poteva porsi il traguardo di raggiungere centinaia di migliaia di lettori.

Tanti anni dopo, mi domando che cosa pensasse Rocca del giornalismo. La mia risposta, molto personale, è la seguente. Gianni veniva dal Pci e non rinnegò mai quella fase della vita. Era rimasto un uomo di sinistra, un comunista liberale, anche se le due parole possono sembrare in contrasto. Ma non lo rammento fazioso, né gonfio di rabbia. E nemmeno voglioso di mettere al muro un politico che non gli piaceva.

Fare il partigiano, e vedere tutto quello in cui si era imbattuto anche dopo la fine della guerra civile, gli avevano insegnato una verità che molti rifiutavano di scorgere: non sono le esecuzioni a decidere chi vince e chi perde in un paese. Infine era provvisto di molto buon-senso, quello che mi sembra mancare al vertice odierno di "Repubblica".

Lui non cadde mai nella trappola del giornale urlan-te e schierato. Per una ragione limpida e netta. Gianni sapeva che un quotidiano deve essere il diario giorna-liero del mondo. Ma il mondo era un affare complesso, dentro ci vivevano i buoni e i cattivi. Insieme agli esseri umani che sono l'una e l'altra cosa intrecciata. Ecco una realtà che non bisognava dimenticare. Per questo non si doveva mai fare un giornale a favore di qualcuno e contro qualcun altro. Il giornale doveva essere pensato e costruito per tutti.

Ho trovato un riflesso di questo modo di pensare in una delle rarissime interviste concesse da Gianni a un quotidiano. In quel caso era "l'Unità" del 14 gennaio 1996, il giorno del ventesimo anniversario della nascita di "Repubblica". In quell'epoca stavo all'"Espresso" di Rinaldi da quasi cinque anni e Rocca era il condirettore di Scalfari. Nell'interrogarlo sul percorso del giornale, Marcella Ciarnelli chiese quali fossero stati gli errori politici compiuti da "Repubblica" in quel ventennio.

La risposta di Gianni mi sorprese per due motivi. Prima di tutto perché rompeva, con saggezza, la tradi-zione radicata in tutte le testate di non parlare mai in pubblico dei propri peccati. Il secondo, più importan-te, fu la sincerità di Gianni nel riassumere con sintetica precisione dove il giornale aveva sbagliato.

Rocca disse: «Credo che dobbiamo rimproverarci la troppo decisa scelta di campo nei confronti dell'en-trata in politica di Berlusconi. Un giornale, comunque d'informazione, è meglio non faccia mai una cosa del genere. Anche se poi il tempo ci sta dando ragione. Tra gli errori politici, metterei anche una certa sottovaluta-zione del fenomeno della Lega e l'evidente difficoltà a capire subito le mutazioni della destra.

«A questi errori» continuò Gianni sempre con grande schiettezza, «affiancherei l'aver fatto molta propaganda. E a volte poco approfondimento. E forse abbiamo compreso in ritardo l'importanza che la televisione stava assumendo nel mondo dell'informazione.» Poi parlò del futuro di "Repubblica" e qui Rocca sbagliò una previsione.

Marcella Ciarnelli concluse l'intervista dicendo a Gianni: «Al lavoro, dunque, per altri felici compleanni. Sempre con Scalfari al timone?». Lui rispose: «Al lavoro, certo, senza trionfalismi. E credo per un bel po' con il nostro direttore. È vero che spesso si parla di un suo abbandono. Ma quello che comincia è un anno troppo interessante perché Scalfari possa decidere di abbandonare. Anche se venti anni sono passati e l'età c'è. Per il momento, secondo me, Eugenio non lascia».

In realtà, tre mesi dopo, Scalfari lasciò la direzione di "Repubblica". Era l'aprile del 1996 e al suo posto arrivò Ezio Mauro. Eugenio aveva 72 anni ed Ezio 47. Con il fondatore se ne andò anche Gianni. Aveva sempre detto a Scalfari: «Il giorno che deciderai di non guidare più "Repubblica", verrò via con te».

Con la forza della sua pazienza professionale e la sua modestia di stile, Rocca diede molto a "Repubblica". Il mio compagno di banco ha avuto quel che ha dato? Penso proprio di no. Quando scomparve, nel febbraio del 2006, a 78 anni, non era di certo diventato ricco. Ma nella vita succede sempre così, agli uomini onesti e generosi.

25
L'Ingegnere annoiato

Sino a qualche tempo fa, c'era una domanda che mi ponevano spesso alcuni amici con una gran passione per la carta stampata. Mi chiedevano: «È più potente l'ingegner Carlo De Benedetti o Ezio Mauro?». Adesso quella domanda non me la fanno più. Segno che si sono dati da soli la risposta. Nell'Italia che si occupa di editoria, e in genere di vicende politiche, conta assai di più Topolino, ossia Ezio, che il suo editore.

Nelle epoche precedenti, il primato toccava sempre ai padroni dei giornali, mai ai giornalisti, neppure a quelli che guidavano una testata. Un vecchio detto recitava: "I direttori passano, gli editori restano". Era la traduzione alla buona di un principio base del marxismo. La struttura, ossia il padrone, è sempre più forte della sovrastruttura, ovvero del dipendente, anche se il secondo porta i galloni di comandante. Perché nel maxi Gruppo Espresso-Repubblica accade il contrario? Adesso proverò a spiegarlo.

Per cominciare, l'immagine dell'Ingegnere come imprenditore ha sempre presentato qualche incrinatura. Nel senso che, nella sua lunga carriera, non ha soltanto vinto, ma qualche volta ha anche perso. Tanto da fargli dire: «Ne ho date e ne ho anche prese».

È sufficiente ricordare il tentativo fallito di comandare sulla Fiat. Poi la sconfitta patita in Belgio per acquisire il controllo della Société Générale de Belgique. E prima ancora, l'azzardo di prendere le redini del Banco Ambrosiano. A queste vicende, tutto sommato normali, si era aggiunto l'esito dello scontro con Berlusconi in quella che venne chiamata la Guerra di Segrate, per il controllo della Mondadori e, soprattutto, di "Repubblica".

Conosco bene quel conflitto, dal momento che lo vissi all'interno del giornale assediato, da vicedirettore di Scalfari. E poi lo raccontai in un libro, *L'intrigo*, uscito nell'autunno del 1990. Quando venne pubblicato dalla Sperling & Kupfer di Tiziano Barbieri, seppi che Fedele Confalonieri, il simpatico e cortese alter ego del Cavaliere, ne aveva letto in anticipo le bozze che qualcuno gli aveva passato. Il suo commento, sardonico, era stato: «È un bel romanzo». Berlusconi, invece, fu più crudo. Intervistato da una tv tedesca, strillò: «Non butterò il mio tempo a leggere il libro di Pansa: non lo merita!».

Da quella guerra, Scalfari e la sua squadra uscirono vincitori, perché ce la fecero a salvare "Repubblica". L'Ingegnere se la cavò, però soltanto a metà. Riuscì a mantenere la proprietà anche dell'"Espresso" e dei quotidiani locali che stavano diventando sempre più importanti per il gruppo. Ma perse la Mondadori e soprattutto vide ammaccata la propria fama di imprenditore grintoso.

Il motivo è semplice, anche se oggi viene dimenticato. A imporre la spartizione delle aziende in ballo, un pezzo al Cavaliere e un pezzo all'Ingegnere, erano stati due politici che De Benedetti non poteva soffrire. Il primo era Giulio Andreotti e il secondo Bettino Craxi. Due leader divisi su tutto, tranne che su un principio: nessun imprenditore doveva accumulare troppo potere in un settore chiave come l'informazione.

Andreotti aveva già enunciato questa legge ferrea due mesi prima che iniziasse la guerra di Segrate. Nel settembre 1989, parlando a Capri nella convention dei giovani industriali, spiegò che si sarebbe sempre opposto alla nascita di un colosso editoriale munito di due armi letali, la tv e la carta stampata. Allo stesso modo la pensava Craxi. Fu Bettino a dirmelo, nel solito modo spiccio: «Certo, Silvio è un mio amico. Ma guai se diventasse anche il mio concorrente nella battaglia per il potere in Italia!».

Terminata con un armistizio la guerra di Segrate, nel mondo dei padroni italiani qualcuno cominciò a irridere l'Ingegnere. Un amico che lavorava dentro una struttura della Confindustria mi raccontò che su De Benedetti erano frequenti le battute sferzanti. Non era un vincitore, bensì uno sconfitto. Aveva perso mezza Mondadori e l'altra metà era riuscito a salvarla soltanto grazie a un vecchio big democristiano, il Mandarino, il Gobbo, l'uomo del bacio, mai esistito, al capo di Cosa nostra, Totò Riina.

Erano cattiverie intrise di perfidia. Alle quali si aggiungeva un'accusa del tutto falsa: quella di aver sborsato ad Andreotti e al suo braccio operativo, l'editore Giuseppe Ciarrapico, una robusta tangentona. E lo stesso aveva fatto il Cavaliere. Ma nelle corporazioni potenti succede sempre così. La calunnia non è un venticello, ma un vento tempestoso che non smette mai di soffiare.

Comunque sia, ammaccato o no, l'Ingegnere aveva conservato la ciccia più importante della Mondadori: "la Repubblica", "l'Espresso" e i quotidiani provinciali. E grazie a queste proprietà fu in grado di dedicarsi con intelligenza e passione al mestiere di editore. Doveva piacergli assai più di quello del finanziere. La mia opinione è che lo fece bene, con passione e competenza. Ho soltanto una riserva sul suo conto.

È riassunta in una domanda: De Benedetti voleva davvero un giornale di guerriglia come "Repubblica"? O avrebbe preferito un quotidiano liberal, pluralista, aperto a tutte le opinioni ragionevoli, capace di parlare a un pubblico di lettori assai più vasto di quello, peraltro molto ampio, che vorrebbe Berlusconi appeso a piazzale Loreto?

Secondo qualcuno che conosce bene l'Ingegnere, la domanda era del tutto priva di senso. De Benedetti ha fatto il giornale che voleva, né più né meno. Non poteva immaginarne uno diverso, perché la sua ostilità verso il Cavaliere era rimasta intatta dai giorni della guerra di Segrate. Uscito di scena Scalfari, aveva scelto come direttore di "Repubblica" Mauro perché gli garantiva il proseguimento del conflitto contro Berlusconi e il suo mondo. Che infatti divenne un corpo a corpo sempre più feroce.

Tutto chiaro? Sì, tutto chiaro. A parte qualche dubbio che adesso cercherò di precisare.

Il 1° ottobre 2008, quando me ne andai dall'"Espresso" per passare al "Riformista", De Benedetti mi cercò al telefono, subito dopo aver visto il fax che annunciava le mie dimissioni. Mi sembrò molto stupito della decisione e disse che dovevamo vederci il più presto possibile. Voleva sapere perché lasciavo il gruppo dopo ben trentun anni di lavoro, prima a "Repubblica" e poi all'"Espresso".

Mi sembrò una curiosità legittima e che mi onorava come professionista. L'Ingegnere fu l'unico ad averla. Non Ezio Mauro né Daniela Hamaui, in quel momento ancora direttore del settimanale.

Il primo si limitò a una cordiale telefonata di auguri. La seconda mi regalò uno strillo, sempre telefonico: «Come mai vai via?». Ma era chiaro che della mia risposta non le importava nulla. Pensai, sorridendo: "Mi considera un domestico balzano che pianta in asso la padrona di casa, senza dare il preavviso".

L'Ingegnere aveva molti impegni di lavoro. E così riuscimmo a vederci soltanto il 26 novembre 2008. L'appuntamento era per le 11.30 nel suo ufficio romano, in via Cristoforo Colombo, all'Eur. Sul lato opposto a largo Fochetti dove stanno le redazioni dei suoi giornali.

Ero in anticipo e mentre aspettavo venne a salutarmi un dirigente del gruppo che conoscevo da anni. Fu molto affettuoso, ma aveva l'aria mogia. Mi spiegò che tutta la carta stampata si dibatteva in una crisi profonda e anche in casa loro la situazione si era fatta molto faticosa.

Da quanti anni non incontravo De Benedetti? Forse dal 2003, in una cena nel suo appartamento romano insieme a Bernardo Valli, un grande collega, arrivato con me a "Repubblica" nel novembre 1977. Trovai l'Ingegnere un po' inciccionito, soprattutto sul viso, con le guance da bulldog guardingo, pronto ad azzannare. A restare immutata era la sua cordialità. Mi accolse con un forte abbraccio e un paio di baciozzi. Spiegandomi subito che l'affetto tra noi doveva restare immutato e grandissimo.

Non impiegai molto a chiarire perché avevo lasciato il gruppone per lavorare con un editore più piccolo. All'"Espresso" mi sentivo sopportato dalla direttora sempre più di malavoglia. La signora Hamaui riteneva il mio *Bestiario* una rubrica stramba, mai in regola con il pensiero unico che incombeva anche sul settimanale. Un pensiero deciso da Mauro e che poteva essere riassunto così: guerra senza quartiere a Berlusconi. Soprattutto dopo che quel satanasso aveva vinto nel 2008 un'altra sfida elettorale, mandando a picco le sinistre.

Per quanto riguardava "Repubblica", dissi all'Ingegnere che la mia collaborazione era finita per un motivo quasi fatale. Ezio non apprezzava più i miei articoli sulla politica italiana perché li sentiva troppo lontani dalla linea del suo giornale. Ma io non volevo limitarmi a scrivere, di tanto in tanto, pezzi in memoria di vecchi fatti o di qualche collega scomparso, come Claudio Rinaldi o Gianni Rocca.

Da piemontesi pragmatici, Ezio cuneese di Dronero e io monferrino di Casale, avevamo raggiunto con facilità un accordo molto elementare, ma definitivo. Io non gli avrei più proposto nessun articolo e lui non sarebbe stato costretto a respingerlo. Per me era un'intesa a costo zero: venivo pagato da "Repubblica" per non scrivere niente. Ma questo mi scocciava.

De Benedetti mi ascoltò con attenzione, senza fare commenti né domande. Assai più interessante fu quello che mi disse lui. A proposito della situazione economica generale era molto pessimista. Ci trovavamo soltanto all'inizio della crisi, ossia in piena deflazione. Poi sarebbe arrivata la recessione. E allora avremmo visto i disoccupati fare la fila con la gavetta in mano per ottenere un piatto di minestra.

Per quanto riguardava Berlusconi, l'Ingegnere pensava che esistessero soltanto due alternative. Il Cavaliere sarebbe stato travolto da una crisi economica galoppante. Oppure avrebbe avuto la forza di durare al governo sino alla fine della legislatura, nel 2013. Né lui né io potevamo immaginare il disastro che sarebbe emerso l'anno successivo e poi nel 2010-2011, con la storiaccia pazzesca delle ragazze invitate ai festini di Arcore.

Gli chiesi del Partito democratico e della sinistra in generale. Ma lui ignorò la domanda. Disse soltanto che, per battere il Cavaliere, bisognava partire dal territorio, scegliendo dei buoni sindaci. Come quello di Torino, Sergio Chiamparino. Mi sembrò una ricetta buona, ma non risolutiva. Però mi guardai dall'ingaggiare una discussione su questo problema. Non ero andato dall'Ingegnere per dibattere sulla crisi dell'opposizione rossa e stabilire in che modo poteva essere risolta.

Infine parlammo di giornali. L'Ingegnere mi confermò che la situazione della carta stampata era disastrosa. Calavano le vendite, la pubblicità mancava, i lettori ormai rifiutavano i famosi allegati ai quotidiani e ai settimanali. Erano uno dei prodotti che la gente smetteva subito di comprare non appena iniziava un ciclo di depressione economica. A "Repubblica" non si era mai vista una crisi tanto pesante dalla nascita del giornale, nel gennaio 1976.

A quel punto arrivammo alla questione che mi premeva sentire descritta dall'Ingegnere: quale giornale fosse diventato "Repubblica". De Benedetti fu molto schietto. E mi offrì un'analisi che non mi aspettavo. Così fuori dai denti che, una volta concluso il nostro colloquio e dopo aver salutato il mio ex editore, presi degli appunti sul taccuino. Volevo rammentare con precisione le sue parole.

L'Ingegnere esordì dicendo che "Repubblica" gli ricordava un "disco rotto". Nel senso che ripresentava di continuo le proprie critiche a Berlusconi, senza mai concedersi una pausa. De Benedetti aggiunse: «Se il Cavaliere fa "cucù" alla signora Merkel, la cancelliera tedesca, per tre giorni leggiamo su "Repubblica" sempre lo stesso editoriale».

De Benedetti usò l'immagine del disco rotto con una smorfia di fastidio, come se fosse questo il difetto che lo annoiava di più. Allora gli dissi che ogni mattina leggevo il suo giornale, insieme ad altri undici quotidiani. E restavo sempre stupito, per non dire ammirato, che il battaglione di opinionisti arruolati da Mauro riuscissero a scrivere tutti il medesimo articolo. Era un concerto senza mai un suonatore che sgarrasse. Complimenti al direttore dell'orchestra.

L'Ingegnere non fece commenti. E passò al secondo rilievo. Ormai "Repubblica" era "un corpaccione". Ossia un giornale elefantiaco, per il numero delle pagine e, soprattutto, per le dimensioni della redazione. Un colosso difficile da maneggiare e da orientare in un senso diverso. Allora azzardai una battuta: «Il giornale di Ezio è prigioniero di trentamila professoresse assatanate che odiano Berlusconi. E non ammettono nessuna deviazione dalla linea di feroce opposizione al Caimano». De Benedetti mi ascoltò con attenzione. Ma ancora una volta senza fare commenti.

Il terzo rilievo fu la conclusione obbligata dei primi due. E mi confermò che era davvero la noia il sentimento che affliggeva l'Ingegnere nel considerare "Repubblica". Era soltanto una mia impressione. Tanto che in seguito mi domandai: un imprenditore può annoiarsi di un suo prodotto anche quando funziona? Poi mi dissi: perché no? Pure i grandi editori, in fondo, sono esseri umani.

Comunque sia, il succo della conclusione di De Benedetti fu il seguente. "Repubblica" era diventata un giornale prevedibile. Nato come un foglio libertino, fondato e diretto da un grande libertino come Scalfari, anno dopo anno si era trasformato in un pachiderma militante. Con tutta la potenza dei pachidermi, ma anche con la loro immobilità. Il lettore curioso non vi scopriva più nessuna sorpresa. E la mattina non si domandava mai: "Che cosa dirà oggi 'Repubblica'?". Non se lo chiedeva perché lo sapeva già.

L'Ingegnere e io ci lasciammo con grande cordialità. Calorose strette di mano, un altro abbraccio, nuovi baci sulle guance. Mentre me ne andavo, venni colto da un sospetto. Se era vero che "Repubblica" era prigioniera delle trentamila professoresse nemiche del Caimano, a sua volta pure De Benedetti, e con lui Mauro, era un loro prigioniero. Mi domandai se valeva la pena di faticare giorno dopo giorno per ritrovarsi con le mani legate. E non poter fare nulla per liberarsi. Poi conclusi, alzando le spalle: sono fatti loro, non mi riguardano più.

Quando ritornai a casa, Adele Grisendi mi domandò, con il suo bel sorriso ironico: «L'Ingegnere ti ha proposto di ritornare all'"Espresso" o a "Repubblica"?». Le risposi, sorridendo anch'io: «Per fortuna no. Forse

De Benedetti ci avrà pure pensato. Per poi dirsi che era meglio non accollarsi di nuovo il costo di uno stipendio già risparmiato».

Scherzavo, naturalmente. Ma forse non ero lontano dalla verità. Meno di un anno dopo, nell'ottobre 2009, si conobbero i risultati del Gruppo Espresso-Repubblica nei primi nove mesi di quell'anno. Gli utili erano ridotti al lumicino: un milione e 200 mila euro. Con un calo del 97,2 per cento rispetto allo stesso periodo del 2008. Quando gli utili erano stati di 43,3 milioni di euro. Nel medesimo periodo, la raccolta pubblicitaria aveva subìto una contrazione del 22,3 per cento.

Ancora una volta, l'Ingegnere era stato un buon profeta. Ma non ebbi modo di dirglielo. Ci incontrammo ancora, però non a tu per tu. E in un modo piuttosto ruvido. Come adesso andrò a narrare.

26
CDB straparla

Un anno dopo il nostro colloquio, l'Ingegnere fu invitato dall'Università di Oxford a tenere una conferenza al St Anne's College. Il tema dell'incontro, avvenuto il 23 novembre 2009, suonava così: *Giornali e democrazia al tempo di internet. Il caso Italia*. Lo sponsor era il Reuters Institute, il più importante centro europeo di studi sul giornalismo.

All'evento erano presenti anche i corrispondenti o gli inviati speciali di parecchi quotidiani italiani. Fu così che ne lessi sei resoconti, pubblicati da sei testate diverse. Erano tutte cronache fedeli, sia pure scritte da punti di vista differenti. Non andava sempre in questo modo, ma quella volta accadde. Tanto che, dopo la lettura degli articoli, arrivai sempre alla medesima conclusione.

A Oxford l'Ingegnere si era descritto come l'unico editore di giornali liberi nel nostro paese. Mentre tutto il resto della carta stampata si mostrava troppo pavido nei confronti di Berlusconi il Tiranno e del suo conflitto d'interessi. A sentire De Benedetti, era questa condizione solitaria che obbligava il suo gruppo editoriale a ingaggiare una dura battaglia contro il Cavaliere. Gli altri padroni della carta stampata si guardavano bene dal farlo. Poiché stavano tutti con la testa bassa davanti alla superpotenza berlusconiana.

Il 25 novembre scrissi su "Libero" che la conclusione dell'Ingegnere mi era sembrata al tempo stesso enfatica e ipocrita. La citai da una cronaca insospettabile, quella di Enrico Franceschini, il corrispondente di "Repubblica" da Londra. De Benedetti si era espresso così: «Il gruppo che presiedo non è un partito e non ambisce a diventarlo. Se facciamo opposizione è solo per ribadire l'amore che abbiamo per quella che Piero Gobetti chiamava, con una formula che a noi di "Repubblica" è cara, una certa idea dell'Italia».

"Il Sole-24 Ore" riassunse la lezione in un altro modo. Sotto un titolo sarcastico, *Più lettori per Repubblica con gli attacchi al premier*, riferì così le parole dell'Ingegnere: «Noi a "Repubblica" siamo grati a Berlusconi per averci dato la possibilità di informare bene più persone. Il 10 per cento in più quando il Cavaliere dice cose pazze. E circa il 2 per cento in più nelle situazioni normali».

Ma al di là dei numeri delle vendite, sempre importanti in tutte le aziende editoriali, mi diede fastidio l'immagine deformata della stampa italiana che l'Ingegnere aveva presentato a Oxford. Come un insieme di testate tutte asservite al Caimano. Mi sentivo colpito anche sul piano personale. I centurioni di "Repubblica" mi avevano di fatto costretto ad andarmene via. E adesso il loro padrone dava anche a me del servo di Berlusconi, sia pure in modo indiretto, per non dire obliquo.

Nel mio articolo su "Libero" lo spiegai con un elenco minuzioso dei giornali schierati in modo aperto contro Berlusconi. Erano almeno dodici, oltre a "Repubblica" e all'"Espresso". Senza contare la forte catena dei quotidiani locali che appartenevano al Gruppo De Benedetti.

Di questa dozzina, sei erano testate nazionali: "Corriere della Sera", "La Stampa", "Il Sole-24 Ore", "Il Messaggero", "Avvenire" e "il Fatto Quotidiano", nato da pochissimo. A parte quest'ultimo, non si trattava di giornali inchiodati a un'opposizione fanatica come quelli posseduti dall'Ingegnere. Però non aveva nessun senso affermare che stessero dalla parte di Berlusconi. Facevano con intelligenza il loro mestiere. E se il Cavaliere sparava sciocchezze, non esitavano a bastonarlo.

Ristabilita la verità, la convinzione dell'Ingegnere di

essere l'unico oppositore del Tiranno si faceva inconsistente. Franava, non era più credibile, diventava soltanto un bla bla pubblicitario a proprio favore. Valeva la pena di andare fino a Oxford per confezionarsi uno spot promozionale?

A De Benedetti il mio articolo non piacque. E poiché è sempre stato uno sportivo, qualità che in lui apprezzo molto, mi inviò il testo del discorso tenuto a Oxford. Per dimostrarmi di non aver detto le parole che gli attribuivo.

Ho davanti a me il fascicolo, undici pagine e mezzo. Me lo sono riletto con cura e devo confermare quel che avevo pensato subito. Era una raffinata requisitoria contro il Caimano. Colpevole, tra le tante nefandezze commesse, anche di possedere tre reti televisive e di spadroneggiare pure in quelle della Rai.

Secondo l'Ingegnere, che non era ancora riuscito a entrare nei media televisivi, era imperativo sottrarsi allo strapotere della tv soggetta al Cavaliere. Era questo il compito della carta stampata. Per salvare la democrazia, i giornali non dovevano seguire il *mainstream* delle televisioni, ormai uniformate a un linguaggio comune e a uno sguardo comune, soprattutto nei telegiornali.

«In questo quadro» diceva l'Ingegnere parlando di "Repubblica" sia pure senza citarla, «era facile per un giornale diventare "eretico" rispetto al *mainstream*, proprio perché operava fuori dal senso comune tracciato dall'informazione televisiva.

«A questo punto» concludeva De Benedetti, «conviene genuflettersi al *mainstream* o accettare il marchio dell'eresia? La domanda è retorica, ma la risposta è scomoda. Perché l'isolamento, come la solitudine, non è una condizione di libertà.»

Subito dopo, l'Ingegnere ricordò agli oxfordiani un'impresa che doveva stargli molto a cuore: «Le dieci domande rivolte dal maggio 2009 per sei mesi, ogni giorno, dal quotidiano principale del mio gruppo al presidente del Consiglio, sugli scandali che questa estate hanno attirato l'attenzione dei giornali di tutto il mondo».

Ancora oggi mi viene da sorridere del ritratto di "Repubblica" tracciato da De Benedetti a uso e consumo degli inglesi. Un coraggioso foglio eretico. Scritto e stampato in totale solitudine. Unico oppositore al famoso *mainstream*. Che detto in italiano sarebbe la grande corrente di consenso a favore di Berlusconi il Dittatore.

Con l'arrivo della primavera 2010, ci fu un piccolo evento per chi seguiva le vicende dell'Ingegnere e di "Repubblica". In maggio l'editore Aliberti stampò un libro che nessuno si aspettava, scritto da Paolo Guzzanti dopo più colloqui con De Benedetti. Guzzanti, 70 anni, in quel momento deputato ex Pdl e iscritto a non so quale gruppo, era un geniale giornalista che aveva lavorato per lungo tempo a "Repubblica", passando poi ad altre testate.

Quando lo seppi, sorrisi e mi rallegrai con il mio vecchio amico Paolo. Era riuscito in un'impresa che io avevo fallito. Verso la fine degli anni Ottanta, Leonardo Mondadori mi chiese di fare un libro intervista con l'Ingegnere, in quel tempo mio editore.

Ma De Benedetti rifiutò. Con una spiegazione che mi sorprese per la schiettezza. Disse che un uomo d'affari non poteva permettersi un'impresa del genere perché il suo lavoro l'avrebbe costretto a offrire ai lettori troppe bugie. Meglio rinunciare.

Allora proposi lo stesso libro a Cesare Romiti, che in quel momento guidava la Fiat e non era un uomo di finanza. Lui accettò e così nacque *Questi anni alla Fiat*, pubblicato da Rizzoli nel 1988. Anni dopo, l'Ingegnere si decise a farlo un libro intervista, con Federico Rampini, una delle star di "Repubblica". E in quel caso precisò che dire quanto pensava era il vero lusso della sua vita.

Con Guzzanti, l'Ingegnere si concesse di nuovo quel lusso. E non le mandò a dire ai politici che gli stavano sui santissimi. Uno di questi era D'Alema. De Benedetti gli rinfacciò due colpe. La prima di «stare ammazzando il Partito democratico», insieme a Bersani, «un leader totalmente inadeguato». La seconda «di non aver fatto niente nella vita».

Per questo, aggiunse l'Ingegnere, D'Alema e quelli come lui «mi odiano, anzi, ci odiano, e adesso si sono messi in testa che Ezio Mauro voglia diventare il leader del Pd e questo li fa impazzire». «Naturalmente non è vero» sostenne De Benedetti, «è una panzana pura. Ma se la sono messa in testa e sono scatenati contro di noi. Sono ridotti così male che hanno inventato questa leggenda.»

D'Alema incassò quel giudizio sprezzante. Ma pure lui si concesse il lusso di dire come la pensava su De Benedetti. Senza nominarlo, replicò: «Ci sono anche nel nostro campo tanti imprenditori che vogliono fare i Berlusconi di sinistra e vogliono condizionare la politica. Ma sono dei Berlusconi di serie B, dei berluschini».

Poteva mancare una controreplica dell'Ingegnere? Assolutamente no. Il 18 maggio 2010, mentre si trovava a Londra, andò giù duro nei confronti di Max. Disse: «D'Alema? È un problema umano. Quando una persona, invece di rispondere nel merito, si mette a parlare della luna, non me ne può fregare di meno». E già che c'era, l'Ingegnere sparacchiò per l'ennesima volta contro Berlusconi: «Per l'Italia è la peggior soluzione possibile».

Questo violento botta e risposta indusse il "Corriere della Sera" a chiedermi un'intervista su De Benedetti, a proposito delle sue esternazioni pubbliche, assai più frequenti che in passato. A cercarmi fu una delle firme di via Solferino: Aldo Cazzullo.

Come mi capita sempre, andai giù piatto e gli dissi: «L'Ingegnere è sceso in campo. Si prepara a fare politica in prima persona, come fece nel 1994 il suo avversario storico, Berlusconi. Oggi come allora, l'Italia è nel caos, la tempesta giudiziaria infuria, i partiti si stanno frantumando. De Benedetti vede il vuoto ed è tentato di colmarlo. Con il libro intervista a Guzzanti è uscito dalla politica invisibile ed è entrato nella politica dichiarata, esternata, quasi gridata».

Dissi ancora a Cazzullo: «De Benedetti vuole vedere Berlusconi fuori dal governo e se possibile dalla politica, in esilio su un'isola dei Caraibi, con una velina che gli renda più allegra la vecchiaia. Ma il suo vero bersaglio è il Partito democratico. Lo considera morto e si prepara a prenderne il posto».

Aldo mi domandò: «Lei non penserà mica che De Benedetti voglia fondare un partito suo?». Risposi: «L'Ingegnere non s'inoltrerà certo fra i ruderi dei partiti esistenti. La politica può avere diverse forme: un partito, un'associazione, un gruppo di pressione. De Benedetti invidia il percorso di Berlusconi. Ha denaro, una rete di rapporti costruiti in mezzo secolo e una ventina di giornali. Attenzione: non c'è soltanto "Repubblica", ci sono anche le testate locali, tra l'altro fatte bene e tutte schierate. Se uno come l'Ingegnere s'impegna in prima persona, ha molti modi di lasciare il segno».

Cazzullo volle la mia opinione sul perché De Benedetti fosse stato feroce nei confronti di D'Alema, "un caso umano". La mia risposta fu la seguente: «Max è l'unico leader di sinistra che non riconosce il primato di "Repubblica". Infatti, a differenza di Bersani, definito dall'Ingegnere "totalmente inadeguato" come segretario del Pd, ha risposto con durezza. È un tipo coriaceo, che difende con orgoglio se stesso e l'autonomia della politica. Del resto, "Repubblica" è ormai un partito: presidente De Benedetti, segretario politico Mauro, con Scalfari proboviro saccente. Quel giornale è una fazione che aizza pure le altre testate. E le fanatizza, per imitazione o per contrasto».

La mia intervista uscì sul "Corriere" il giovedì 20 maggio 2010. E mi procurò subito, di prima mattina, una telefonata di De Benedetti. Era molto seccato, ma pur sempre cortese. Mi disse che avevo fatto una topica fenomenale, dal momento che lui non aveva nessuna intenzione di gettarsi in politica. Gli replicai che mi ero limitato a esprimere un'opinione, a mio parere fondata. Lui ribadì che avevo sbagliato, poiché mi ero lasciato scappare una previsione senza fondamento.

Ma l'intervista al "Corriere", concorrente diretto di "Repubblica", doveva averlo fatto uscire davvero dai gangheri. Infatti, sempre quel giovedì, alle 10 del mattino, mi inviò un'e-mail, spedita per conoscenza anche a De Bortoli e a Cazzullo. Pensai, ridendo: accidenti!, la mia intervista sta diventando un affare di Stato.

L'e-mail dell'Ingegnere diceva: "Caro Giampaolo, come ti ho detto stamattina, pur con tutta la simpatia che ho per te, la tua intervista al 'Corriere' di oggi è assolutamente delirante. Ci conosciamo da troppi anni e tu sai benissimo che non ho mai avuto la tentazione di andare in politica. Il che non vuol dire non avere il diritto di parlarne, soprattutto nei confronti di chi conduce il partito a cui hai dato il tuo voto. In aggiunta, si dovrebbe parlare non a vuoto, ma sulla base di quello che uno ha dichiarato e virgolettato. Ti unisco le pagine del libro di Guzzanti che riferiscono il mio giudizio sugli imprenditori in politica. Poiché so che mi stimi, se le avessi lette non avresti espresso una convinzione così diametralmente opposta alle mie opinioni. Ciao, Carlo".

C'era anche un post scriptum: "Che poi io sia stufo di 'Repubblica' è veramente un'assurdità. Mai come in questo momento dedico il mio lavoro, la mia passione e le mie energie esclusivamente al Gruppo editoriale che presiedo. E tu che mi hai conosciuto all'epoca di Claudio Rinaldi non puoi dire il contrario. Sono un uomo libero, questo sì".

Le due pagine accluse all'e-mail le conoscevo già. La prima conteneva un singolare ritratto di Berlusconi: "È un autocrate, come tutti noi imprenditori. Ma come persona non è affatto cattiva, anzi è sicuro di fare il bene. Il suo vero problema è di essere un formidabile bugiardo, al punto di credere alle sue stesse bugie, di cui alla fine si convince. Il motivo per cui lo combatto è che, essendo un imprenditore al comando del paese, è per definizione un rischio per la democrazia. Lo sarei anch'io, se mi mettessi a fare il politico".

Nella seconda pagina, sempre parlando con Guzzanti, De Benedetti ribadiva e precisava lo stesso concetto: "Noi industriali, gente che ha costruito qualcosa nelle imprese e nella finanza, siamo tutti degli autocrati. Non siamo democratici: ed è per questo che nessuno di noi deve governare. Non dobbiamo farlo, perché ognuno di noi è tendenzialmente un dittatore... Una democrazia ha bisogno di personale politico sinceramente, strutturalmente democratico".

Parole sante. Ma ormai l'Ingegnere ci aveva preso gusto a esternare in pubblico. Senza tener conto delle repliche che poteva suscitare. Risposte pepate che lo trascinavano dentro la palude di noi cronistacci polemici, nudi di dietro e nudi davanti, senza aziende da curare, né miliardi da investire o da guadagnare.

Se fossi stato un suo consulente per l'immagine, lo avrei scongiurato di tacere. Mettere la testa fuori dall'Olimpo dei grandi magnati lo faceva diventare piccolo piccolo. E lo esponeva a furibonde tempeste di carta che, per un editore, è sempre prudente evitare.

Tuttavia, l'esperienza mi ha insegnato che le passioni tardive possono diventare molto rischiose. Succede quando sono in ballo ragazze avvenenti e disinvolte. Ma capita anche quando ti innamori di un mestiere che non hai fatto mai. Per esempio, quello del polemista in pubblico.

Nell'estate del 2010, De Benedetti stava per compiere 76 anni, uno più di me e due più di Berlusconi. Dunque era fatalmente incline a sbroccare. Vale a dire parlare a vanvera, eruttando qualsiasi cosa ti passi per la mente. Senza tener conto del tuo ruolo e delle conseguenze che provochi.

Fu quanto gli accadde venerdì 11 giugno 2010, a Pacengo di Lazise, in provincia di Verona, sul Garda. Qui si teneva un convegno organizzato da Enrico Letta, deputato democratico: Nord Camp 2010. Invitato a parlare, l'Ingegnere non seppe dire di no. E si trovò alle prese con un intervistatore di quelli tosti: Antonello Piroso, in quel momento ancora direttore del telegiornale di La7.

Conosco bene Piroso. So che quando può torchiare un big, non si sottrae. Antonello sfruculiò a dovere De Benedetti. E l'Ingegnere non si trattenne dal ciacolare sull'universo mondo. Spaziando dal cavalier Berlusconi a soggetti ben più modesti come il sottoscritto.

Di Berlusconi disse: «Non è un mascalzone né una carogna, ma soltanto un gran bugiardo. È l'Alberto Sordi della politica. E poi è stato nella Loggia P2 di Gelli». D'Alema? «Non mi sono pentito di quello che ho detto sul suo conto.» Il Partito democratico? «È una balena arenata sulla spiaggia.» Ezio Mauro? «È il direttore migliore che ci sia in Italia. Resterà a "Repubblica" fino a quando lo vorrà lui. Io certamente non lo manderò via.» Il defunto Carlo Caracciolo? «Era un uomo tirchio.»

E il maledetto Pansa, ancora in vita? Qui l'Ingegnere si scatenò, doveva avere ancora nel gozzo la mia intervista al "Corriere". E si mise a sparacchiare: «Pansa è invecchiato! È un signore frustrato, una persona un po' anziana, di quelle che inacidiscono, come l'aceto, perché pensano di non aver avuto quello che la vita gli doveva dare, un poveretto che sperava di diventare il direttore dell'"Espresso"...».

Quando lessi sui giornali il ritratto che il potentissimo CDB aveva fatto di me, mi venne da ridere. Per due motivi. Il primo era il sentirmi dare dell'anziano da un signore che aveva un anno più di me. Il secondo riguardava l'ingenuità dell'Ingegnere nel pensare che le mie critiche al suo impero di carta avessero un'origine tanto bizzarra: la delusione di non aver potuto dirigere il suo settimanale.

Non era vero, naturalmente. Gasato dal pubblico di Lazise che lo applaudiva, e su di giri per essere il protagonista di un talk show televisivo, quel poveretto dell'Ingegnere si era messo a raccontare balle. Insultando un signore assente e che non poteva replicargli. A farla corta, aveva messo in mostra un'arroganza da miliardario volgare, di quelli che si vedono nei cinepanettoni.

La verità era un'altra. Avevo lavorato diciassette anni all'"Espresso" e mi ero reso conto che, a poco a poco, si era rivelato una trincea debole contro la volontà dell'editore. Giulio Anselmi, il direttore succeduto a Rinaldi, era stato licenziato di punto in bianco, senza un perché, al termine di una cena a casa Caracciolo. La stessa pedata si sarebbe presa Daniela Hamaui, messa fuori all'improvviso il 15 luglio 2010, sempre durante una colazione di lavoro. E mi auguro che non accada la stessa cosa al direttore odierno, Bruno Manfellotto.

Insomma, non mi chiamavo mica Giocondo e sapevo come funziona il circo della carta stampata. Soprattutto quando l'editore è un padrone dispotico, un autocrate come si era definito l'Ingegnere. Avevo sempre rifiutato di fare il direttore di qualsiasi testata. E immaginare di farlo all'"Espresso", una fonte infinita di rogne per chi lo guidava, era sempre stato l'ultimo dei miei pensieri.

Dunque conclusi che i padroni come De Benedetti avevano sempre in mente poltrone da distribuire o da negare. Aveva ragione la mia mitica nonna Caterina, analfabeta e povera in canna: non sono i soldi a fare di uno sciocco un furbo.

Parte settima

27

Il Duomo di Tartaglia

Il sabato 12 dicembre 2009 scrissi il mio solito *Bestiario* per "Il Riformista". E lo spunto iniziale che mi guidò nella stesura fu la copertina dell'"Espresso" uscito qualche giorno prima.

Era dominata da un faccione di Silvio Berlusconi, una volta tanto non ridanciano. A fare da titolo appariva una sola parola: *Scaduto*. Come il latte. O come i vecchi medicinali rimasti sul fondo dei cassetti. In realtà, stava a significare che la storia politica del Cavaliere era finita. E non restava che aspettare qualcosa o qualcuno in grado di sloggiarlo da Palazzo Chigi.

Perché ero rimasto colpito da quella copertina, tutto sommato abituale nella storia recente del settimanale? Perché me ne ricordava un'altra dell'"Espresso" di ben tredici anni prima, e sottolineo tredici anni, anzi quasi quattordici. Mica bazzecole. Allora lo dirigeva il grande Rinaldi che aveva come condirettore il sottoscritto.

Il 21 aprile 1996 ci furono le elezioni parlamentari. E il professor Romano Prodi, all'esordio come leader politico, sconfisse Berlusconi, dando vita al primo dei suoi due governi. Era un ministero debole perché alla Camera risultava determinante Rifondazione comunista. E un paio di anni dopo, il leader dei rifondaroli, Fausto Bertinotti, il Parolaio rosso, ne avrebbe provocato la caduta.

Per festeggiare la sconfitta del Cavaliere, Rinaldi confezionò una copertina che ci sembrò strepitosa. Anche quella era dominata dal faccione del Berlusca, ma disegnato da un pittore tedesco arruolato da Claudio:

il bravissimo e velenoso Sebastian Krüger. Silvio veniva effigiato con le fattezze del pugile suonato. E la scritta strillava, semplicemente: "The End", la fine. Volevamo dire che Berlusconi non era stato soltanto battuto in quel giro elettorale. No, era stato sconfitto per sempre. Insomma un politico finito. Che non sarebbe più ricomparso sulla scena.

La copertina andò in edicola pochi giorni dopo la vittoria di Prodi. Chi la vuole rintracciare, cerchi il numero dell'"Espresso" con la data del 3 maggio 1996. Per quel che mi riguarda, non ho bisogno di cercarla. L'ho davanti a me, appesa alla parete dello studio. L'avevo fatta incorniciare, pensando che fosse una prima pagina destinata a diventare storica. E in qualche modo nella storia entrò, ma soltanto in quella dell'"Espresso". Per rammentarci che anche i settimanali considerati intelligenti potevano prendere cantonate fenomenali.

Infatti, tanti anni dopo il Cavaliere era ancora in sella. Il "the end" del 1996 era stato momentaneo. Aveva rivinto un paio di elezioni e dall'aprile 2008 sedeva di nuovo a Palazzo Chigi. Ma nonostante disponesse di una maggioranza straripante, il governo non sembrava per niente d'acciaio.

Dentro le foltissime schiere dei deputati e dei senatori di centrodestra, esistevano troppe fazioni pronte a combattersi tutti i giorni. La fazione più scaldata, quella di Fini, il presidente della Camera, ogni mattina si scatenava contro il premier. Per non parlare del resto, dalla crisi economica ai tanti guai giudiziari di Berlusconi.

Tuttavia, scaduto o no, il Cavaliere stava sempre lì. A volte, la foga messa nel resistere lo tradiva. E gli faceva dire vanterie assurde. L'ultima era quella di «essere stato eletto praticamente da tutti gli italiani». Eppure non si riusciva a capire chi o che cosa avrebbe potuto mandarlo a casa.

In quel *Bestiario* scrissi che l'unico augurio ragionevole era che Berlusconi fosse in grado di governare ancora per un po' di tempo. È quanto sperava anche una parte dei cittadini che non l'aveva votato, per lo meno quella dotata di buonsenso. Meglio un governo in affanno piuttosto che nessun governo.

Allo stesso modo era sempre meglio un premier acciaccato che il salto nel buio di nuove elezioni. A volte anch'io pensavo che ritornare alle urne fosse l'unico rimedio al caos italiano. Poi mi venivano i sudori freddi nell'immaginare una campagna elettorale, sotto i chiari di luna che s'intravedevano.

Tra i ragionevoli non c'era di sicuro Antonio Di Pietro, il nemico numero uno del Caimano. Sul leader dell'Italia dei Valori avevo scritto tanto, forse troppo. E mi ero imposto di non parlarne più. Dal momento che si era capito quanto fosse mediocre la sua statura politica. Invece mi trovai costretto a occuparmene di nuovo in quel *Bestiario*. A causa di un pericoloso pronunciamento dipietrista.

Il venerdì 11 dicembre 2009, dopo un ennesimo corteo romano di studenti, concluso dall'immancabile scontro con la polizia, Tonino presentò ai giornali un teorema partorito dalla presunzione di essere un capopolo. Suonava così: «Se Berlusconi non fa quello che chiede la gente nei cortei, le manifestazioni diventeranno una rivolta e ci scapperà il morto».

Di per sé, sembrava un ragionamento banale. L'avevamo detto in tanti che protestare di continuo nelle piazze e scontrarsi con le forze dell'ordine era molto rischioso. Ne avevo scritto più di una volta, obbligato a farlo dalla mia età e da quanto avevo visto in anni e anni di mestiere.

Ero un giornalista anziano. Per lavoro avevo seguito tanti cortei, dalla fine dei Sessanta sino all'inizio degli Ottanta. E ogni volta mi ero reso conto di una loro mutazione pericolosa. Con il trascorrere del tempo, diventavano via via più aggressivi, militarizzati, avventuristi, con una coda sanguinosa di morti e feriti. Mentre le Brigate rosse sparavano, rossi e neri si accoppavano nelle strade.

In quell'epoca, Di Pietro, classe 1950, faceva il poliziotto e poi il commissario di pubblica sicurezza. Forse gli era rimasta la nostalgia della piazza, stavolta vista dall'altra sponda, quella delle masse in rivolta. Era un rimpianto orrendo per un leader di partito. Soprattutto se conteneva una minaccia rivolta al capo del governo: devi fare ciò che ti chiedono i cortei, altrimenti la piazza diventerà violenta e scorrerà il sangue.

Ma che cosa pretendeva Tonino? Che qualcuno morisse per lui e per la sua strategia non della tensione, ma dell'agitazione continua? Voleva veder ricomparire le spranghe e le pistole? Perché, allora, non andava di persona a scontrarsi con i caramba e la pula? Era un omaccione grande, grosso e collerico. Capace di urlare a squarciagola in dieci talk show consecutivi. Sarebbe stato un formidabile politico da cazzotti.

Tuttavia, Di Pietro non avrebbe mai seguito il mio consiglio. Guidava una parrocchia politica: il miglior mestiere dell'universo, considerati i privilegi della casta. In piazza dovevano andarci i giovani. Da che mondo è mondo, sono sempre stati loro la carne da cannone.

Quel *Bestiario* venne pubblicato dal "Riformista" la domenica 13 dicembre 2009. E nel tardo pomeriggio dello stesso giorno, a Milano, Berlusconi corse il rischio di essere ammazzato.

Quanto accadde quel giorno penso che lo rammentino in molti. Al termine di un comizio in piazza Duomo, sul fianco della cattedrale, mentre stava per salire sulla macchina blindata, Berlusconi venne aggredito da uno squilibrato.

Era un tizio di 42 anni, Massimo Tartaglia, da tempo in cura per disturbi psichici. Si fece largo tra la folla di tifosi che voleva salutare il premier e lo colpì al volto con un pesante oggetto di marmo: un Duomo di Milano in miniatura.

La botta poteva uccidere il Cavaliere. Ma la fortuna lo aiutò. Con il viso coperto di sangue e la bocca ferita, lo condussero in ospedale, al San Raffaele. Lì Berlusconi venne curato, ma fu costretto a una degenza più lunga di quanto immaginasse.

Quella stessa sera, poco dopo i telegiornali, mi chiamò Paolo Conti, un collega del "Corriere della Sera". Il suo giornale voleva una mia intervista sull'aggressione al presidente del Consiglio. Eravamo entrambi sbalorditi. In Italia non era mai accaduto che un premier venisse assalito per strada, nel centro di una città affollato di persone, poco dopo aver tenuto un comizio. La lunga stagione di sangue delle Brigate rosse si era conclusa molti anni prima. E non si era più visto sull'orizzonte un pericolo simile al terrorismo di sinistra.

La prima cosa che dissi a Conti si rivelò fondata: «Sono pronto a scommettere che mezza Italia è contenta per quel sangue sul viso di Berlusconi. Magari non lo ammetteranno ad alta voce, ma saranno in tanti a pensare: il capo del governo se lo è meritato! Ho scritto più volte, su "Libero" e sul "Riformista", che c'era nell'aria una tensione politica troppo forte. E fatalmente si sarebbe trasformata in violenza».

Quell'assalto era il gesto folle di un uomo solo. Ma dissi a Conti che non potevamo sapere quello che si muoveva nei sotterranei dei gruppi politici della sinistra antagonista. Gli ricordai che un giorno Prodi, in quel momento alla guida del governo, mi confidò di essere preoccupato per le mosse della sinistra isterica. Il Professore mi rammentò che, in Gran Bretagna, per indicare certi gruppi usavano un'espressione precisa: "frange lunatiche".

Come intendessero muoversi le frange nostrane con la luna sempre storta, non lo sapeva nessuno. E quando la sinistra lunatica emergeva e colpiva, era troppo tardi. Il mostriciattolo aveva visto la luce. Bisognava impedire che diventasse sempre più grosso, un mostro imbattibile. Tuttavia non era un'azione di contrasto facile, neppure per sistemi di intelligence più sofisticati di quello italiano.

Quanto accadde dopo l'aggressione al premier, è materia per questo libro. Infatti emerse subito un caos mediatico che mise a nudo con chiarezza l'esistenza di un'Italia che il grande pubblico non conosceva. Un paese stravolto dall'odio per Berlusconi e che aveva una sola speranza: vederlo morto e sepolto. Come si mosse e che cosa disse questa Italia? Qui lo ricorderò raccontando dei tre giorni successivi all'attentato.

Il lunedì 14 dicembre comparve sui quotidiani un'altra esternazione di Di Pietro, raccolta la sera stessa dell'attentato al premier. Tonino scandì: «Io non voglio mai che ci sia violenza. Ma è Berlusconi che con i suoi comportamenti e il suo menefreghismo istiga alla violenza». Per dirla in modo più chiaro, era il premier ad aver armato la mano all'aggressore. Se il Tartaglia gli aveva quasi spaccato la faccia, la colpa era soltanto del Caimano.

Forse qualcuno del suo staff disse a Di Pietro che aveva esagerato. E pochi minuti dopo, il leader dell'Idv chiamò di nuovo le agenzie e corresse in parte le proprie parole. Spiegò che il Tartaglia aveva compiuto «un gesto inconsulto che l'Italia dei Valori condannava fermamente». Poi non si trattenne e aggiunse: la nostra condanna «non può e non deve legittimare il totale abbandono nel quale il governo ha lasciato quanti hanno perso il lavoro e coloro che non arrivano alla fine del mese».

Un altro politico che si mise nei guai parlando a vanvera fu Rosy Bindi, la presidente del Partito democratico. Quella domenica pomeriggio se ne stava nella sua casa di Sinalunga, in provincia di Siena. La scovò con il telefono un redattore della "Stampa", Carlo Bertini. E le chiese che cosa pensasse di quanto era accaduto a Milano.

Come quasi tutti i membri della casta, anche la Bindi non resisteva mai agli inviti di un giornale importante. E dichiarò subito a Bertini: «Sia ben chiaro che questa intervista deve aprirsi con la solidarietà a Berlusconi e con la condanna del gesto di Tartaglia. Resta il fatto che tra gli artefici di questo clima c'è anche Berlusconi. Lui non può sentirsi la vittima».

La pia Bindi completò il suo pensiero nel modo seguente: «Questi gesti vanno sempre condannati, mai giustificati. Qualche volta, però, sono spiegabili. Certo, se si continua a dividere questo paese, alla fine...».

Ma tanto Di Pietro che Rosy Bindi sembravano dei tifosi del Cavaliere se messi a confronto con l'ondata di esultanza maligna che tracimò da un'infinità di siti internet. Esisteva anche qualche gruppo solidale con il premier, ma nella stragrande maggioranza gli interventi, molte migliaia, risultavano tutti contro di lui. E si congratulavano con Tartaglia. Al mattoide veniva rivolto un unico rimprovero: era riuscito soltanto a ferire il Caimano e non a ucciderlo.

Molto più blanda apparve la vignetta disegnata da Sergio Staino quella stessa sera e apparsa sull'"Unità" di lunedì 14 dicembre. Si vedeva un tizio che commentava così l'aggressione al Caimano: "Già si sentiva l'unto del Signore...". E una tizia replicava: "Ci mancava solo qualche imbecille che gli procurasse le stimmate".

Quel che stava accadendo lo spiegò con chiarezza Mario Calabresi, il direttore della "Stampa". Nell'articolo di fondo, *Gli indignati a senso unico*, raccontò che già la sera di domenica il suo giornale aveva ricevuto numerosi messaggi di lettori che giustificavano l'attentato.

A sentir loro, era la reazione "a un governo che definiscono xenofobo, antidemocratico e razzista". Sempre gli stessi si dicevano solidali con gli immigrati, con i più deboli, con i magistrati. Giuravano di essere preoccupati per la democrazia, ma per nulla toccati da quanto era accaduto a Berlusconi.

Erano gli indignati a senso unico. Nel suo fondo, Calabresi scrisse: "Questo modo di ragionare mi fa paura: come è possibile mostrare sensibilità a senso unico, battersi contro le violenze e poi giustificare un'aggressione, essere democratici e progressisti e provare soddisfazione per il volto tumefatto di Berlusconi! Significa che l'ideologia continua a inquinare le coscienze, ad oscurare le menti".

I quotidiani di martedì 15 dicembre registrarono che il caos mediatico anti-Cav cresceva a vista d'occhio. Sul "Corriere della Sera", lo denunciò l'articolo di fondo scritto da Gian Antonio Stella. Il titolo diceva già tutto: *Il lato oscuro della Rete*. L'occhiello spiegava: "Il web invaso da minacce e insulti". Tra i messaggi dettati dall'odio, Stella ne citò uno, rivolto a Tartaglia: "Gli doveva rompere il cranio a quel testa d'asfalto!".

Su facebook stavano aumentando a dismisura i gruppi a favore del Tartaglia. Uno di questi era già arrivato ad avere 70 mila membri. Un altro gruppo chiedeva "Berlusconi a morte!" e "Dieci, cento, mille Massimo Tartaglia". Sempre sul "Corriere" un articolo di Alessandro Trocino rivelò a chi non smanettava su internet che cosa stavano ringhiando gli odiatori del Cavaliere.

Un messaggio, firmato Emiliano Zapata, il rivoluzionario messicano del primo Novecento, recitava: "Tartaglia, ti presento mia sorella: sposala!". Un altro, siglato Valentina, spiegava perché l'attentato fosse fallito: "Tartaglia era in analisi da dieci anni. Uno normale di testa avrebbe ucciso Berlusconi a morsi". Nacque anche un gruppo che proponeva: "Facciamo una colletta per assumere un bravo cecchino in grado di ammazzare Berlusconi".

Ancora sul "Corriere della Sera", Marco Imarisio raccontò che cosa stava accadendo a Torino e a Milano. L'agguato al Cavaliere aveva eccitato antagonisti e anarchici. Può sembrare assurdo, però si stavano moltiplicando anche le scritte contro il commissario Luigi Calabresi.

Lui era stato ucciso a rivoltellate trentasette anni prima, nel 1972. Ma il figlio Mario dirigeva "La Stampa". E allora sui muri di via Marenco, dove si trova la sede del quotidiano, vennero tracciati subito i soliti slogan infami: "Calabresi assassino, Pinelli assassinato". "Come se tra ieri e oggi" scrisse Imarisio, "non fosse accaduto niente: tutto immutato, compreso l'odio."

Il mercoledì 16 dicembre, Roberta Catania, di "Libero", raccontò che il caos mediatico su internet non accennava a ridursi. Su facebook bastava inserire la chiave di ricerca "Berlusconi" per ottenere circa ventimila risultati, soltanto nella sezione dedicata ai gruppi. La giornalista di "Libero" ne citò alcuni: "Riuccidiamo Berlusconi". "Impicchiamo Berlusconi." "Berlusconi suicidati." "Castriamo Berlusconi." "Berlusconi morto." "Uccidete Berlusconi."

Stavo scoprendo un mondo che non conoscevo. E ne ricavavo uno sgomento profondo. Ma non esisteva soltanto l'universo buio di internet. Gli antagonisti avevano riscoperto un media vecchio quanto il mondo: le scritte sui muri. A Torino ne comparve una in caratteri molto vistosi, dipinta con la vernice rossa: "Una medaglia per Tartaglia". Era firmata con una sigla purtroppo conosciuta: una falce e martello affiancati dalla stella brigatista.

Una scritta più complessa apparve a Roma, sulla vetrata all'esterno della Facoltà di Sociologia alla Sapienza, in via Salaria. Diceva: "Ma saremo tutti psicopatici? Massimo Tartaglia, a Natale si può fare di più!". L'incitamento era accompagnato da una riproduzione del Duomo di Milano.

Avvertiti dai passanti, i carabinieri provvidero a cancellarla. Il ministro dell'Istruzione, Mariastella Gelmini, commentò, disgustata: «Quello striscione a Sociologia è inaccettabile. Chiederò conto dell'accaduto ai vertici dell'ateneo». No so che cosa abbiano risposto i vertici. Ma il cronista del "Corriere", Rinaldo Frignani, che aveva raccontato dello striscione, narrava anche quanto sarebbe successo nel pomeriggio del 16 dicembre.

In un'aula della stessa Facoltà di Sociologia, era previsto un convegno intitolato: *Nbd: la discesa in campo del web. Le nuove frontiere della partecipazione civile e politica*. La sigla Nbd significava No Berlusconi Day. E infatti gli organizzatori di quella manifestazione anti-Cav erano attesi al convegno.

Nel caos mediatico non potevano mancare i sostenitori di una tesi già emersa in occasione di altri attentati ben più gravi, come l'attacco alle Torri Gemelle di New York, l'11 settembre 2001. In quel caso, molti avevano affermato che non era stata Al Qaeda a far crollare le torri e a uccidere quasi tremila persone, bensì il governo Bush. O al massimo il Mossad, il servizio segreto israeliano.

Anche a proposito dell'attentato a Berlusconi, di Tartaglia e del suo Duomo di marmo, comparve subito una compagnia di dietrologi pronti a sostenere che era tutto falso. L'agguato lo aveva deciso il Cavaliere, con l'aiuto dei servizi segreti nostrani, manovrati da lui. Un fenomeno tutto italiano, ben descritto da Stefano Cappellini in un articolo per "Il Riformista" di venerdì 18 dicembre. Seguiamo la sua analisi.

Perché un autoattentato? Berlusconi lo aveva deciso per compattare la propria maggioranza e fornire un pretesto per screditare l'opposizione. Intervistato dal "Fatto Quotidiano", Giorgio Bocca sentenziò: «Ci sono forti analogie con l'incendio del Reichstag». L'uomo di Cuneo si riferiva nientemeno all'incendio che Adolf Hitler, nel febbraio 1933, aveva fatto appiccare alla sede del Parlamento tedesco per poi incolparne i comunisti e reprimerli senza resistenze.

Il filosofo Gianni Vattimo, parlamentare europeo dell'Italia dei Valori, disse: «Io addirittura sospetto che l'aggressore di Berlusconi sia un mafioso mandato apposta». Anche più esplicito fu Gioacchino Genchi, il consulente delle Procure diventato famoso per il suo archivio di intercettazioni telefoniche.

La sua ricostruzione sui fatti di Milano suonava così: «Ad alzare la statuetta è stato un matto. Ma poi è andata in scena una recita. Quando ho visto Berlusconi uscire dall'ospedale con il cerottone in faccia, ho subito pensato alla cimiciona che una volta disse di aver scoperto nel suo studio».

Insomma, eravamo alle solite. Cappellini riassunse la situazione con poche parole molto chiare: "È soprattutto a sinistra che attecchisce di più la malapianta del complottismo". Perché allora stupirsi se la stupidità dietrologica aveva quasi sempre un bel colore rosso?

Purtroppo esisteva un dato di fatto più concreto delle manie di chi vedeva dappertutto congiure, trucchi dei poteri forti, falsi costruiti dai servizi segreti. Lo rivelò a *Porta a Porta* il numero uno dei sondaggisti, Renato Mannheimer. Nella puntata del talk show di Bruno Vespa trasmessa la sera di martedì 15 dicembre,

Mannheimer comunicò l'esito di un'indagine condotta subito dopo l'attentato a Berlusconi.

Il suo team aveva proposto una domanda formulata nel modo seguente: "Secondo lei, il gesto di Tartaglia è giustificato perché Berlusconi provocava?". La risposta di due italiani su dieci era stata sì. Insomma, il venti per cento del campione pensava che, in fondo, il Cavaliere se l'era cercata. E dunque il lancio del Duomo di marmo andava considerato una reazione comprensibile e giusta.

Quanti erano in quel momento i cittadini della Repubblica? Sessanta milioni? Bene, il venti per cento, esclusi i vecchi e i bambini, equivaleva a qualche milione di persone adulte. Troppe per consentirci di parlare ancora di frange lunatiche.

28
Taccuino scabroso

Non era soltanto la nomenklatura del Gruppo Espresso-Repubblica a volere l'annientamento politico di Berlusconi. Erano davvero in tanti a sognare a occhi aperti la fine del Caimano.

Per un certo tempo anch'io avevo fatto quel sogno. Era accaduto quando, insieme a Claudio Rinaldi, guidavo "l'Espresso" da condirettore. Dalla fine del 1993 in poi, avevamo scritto pagine su pagine contro Berlusconi. Poi mi ero svegliato e avevo compreso che si trattava di fatica sprecata. Più gli avversari lo assalivano, più il Cavaliere si mostrava invincibile.

Un giorno, incontrai per caso un parlamentare molto vicino a Berlusconi. Mi disse: «I nemici di Silvio non ce la faranno mai a mandarlo al tappeto. Ma non perché sia Superman: sono loro a essere troppo deboli. Hanno due sole speranze. La prima è che il premier venga ucciso da uno di noi, come Giulio Cesare in Senato. La seconda è che lui abbandoni il campo perché si è stancato di combattere. O non ce la fa più a resistere. Ma non accadrà mai né l'una né l'altra cosa».

La mia vecchia abitudine di prendere appunti mi ha aiutato a conservare una traccia delle speranze e dei sogni di tanti avversari del Berlusca. E anche dell'odio che lui suscitava in chi lo combatteva. Eccone un piccolo saggio.

15 novembre 2008
Fedele Confalonieri, l'amico più caro di Silvio, ha dato un'intervista a Stefano Feltri per "Il Riformista".

Mi ha colpito il passaggio sulla satira anti-Cav. Fidel ha rivelato che Berlusconi «soffre di accanimento sarcastico». E come esempio di sarcasmo accanito ha ricordato: «Sul "Corriere della Sera", Giannelli gli dedicava nove disegni su dieci anche quando stava all'opposizione».

Emilio Giannelli, senese, è un vignettista politico tra i più bravi in Italia. Lo conosco da anni e ho scritto la prefazione alla sua prima raccolta di disegni. Ma oggi non lo capisco più. Ha ceduto il suo humour alla battaglia contro Berlusconi. Vuole colpirlo tutti i giorni, però riesce a distruggere soltanto la propria fantasia. Da umorista si è trasformato in propagandista. E si è condannato da solo a disegnare sempre la stessa vignetta. Per questo motivo non fa più ridere. Un bel guaio per un umorista.

La condizione di Giannelli, come di tanti altri vignettisti e opinionisti, è paradossale. Si sono costruiti da soli un regime autoritario che li obbliga a occuparsi di un'unica persona. Hanno svenduto la loro libertà a un settarismo incontinente. Sono prigionieri della faziosità. Il dramma è che non se ne rendono conto.

Accade lo stesso a non pochi giornali d'informazione costruiti per intero contro Berlusconi. E a tanta altra gente che ha fatto della battaglia anti-Cav una ragione di vita. Battaglioni di editorialisti scrivono su di lui sempre lo stesso articolo. Tutti i satirici della tv lo sbeffeggiano. Gli scaffali delle librerie rischiano di crollare sotto il peso dei volumi che raccontano le nefandezze del Caimano. I cortei portano a spasso il suo pupazzo. Nel frattempo lui ha vinto un'altra elezione politica. E intende restare a Palazzo Chigi sino al 2013.

20 giugno 2009
Per decenni la teoria del complotto è stata un'esclusiva delle sinistre. Il vecchio Pci e i suoi eredi spiegavano le loro sventure politiche con l'intervento di qualche

misteriosa congiura. Messa in atto dai soggetti più diversi: i capitalisti, i militari, la Cia americana, i servizi segreti nostrani, la massoneria. Ogni tanto emergeva il sospetto di un golpe in arrivo. E le Botteghe oscure ordinavano ai dirigenti di dormire fuori casa, per non essere arrestati nottetempo.

Adesso il ritorno dell'eterno complotto avviene sotto le bandiere di Berlusconi. Di fronte alla catastrofe d'immagine provocata dai festini sessuali di Palazzo Grazioli, con le escort arrivate persino da Bari, una parte del Popolo della Libertà strilla alla congiura. E punta il dito contro la manina dei servizi deviati. Mossa da qualche potenza straniera che non approva la politica estera del governo. E in prima fila ci sono sempre gli Stati Uniti, contrari all'intesa fra il Cavaliere e Putin, il leader russo.

Purtroppo per Silvio, la realtà è un'altra. I complotti nascono e operano nel buio. Invece la scabrosa Questione sessuale è cresciuta alla luce del sole e sotto gli occhi del pubblico. Il tormentone è iniziato sulle pagine di "Repubblica", per poi crescere su quelle del "Corriere della Sera". E prevedo che dilagherà per mesi.

Se andrà così, il premier si troverà da solo di fronte a un baratro pieno di signore ansiose di piacergli e di fanciulle minorenni vogliose di fare sesso con lui. A quel punto, sarà difficile non pensare che il capo del complotto contro Berlusconi sia Berlusconi stesso.

12 settembre 2009

Il Cavaliere sta diventando un problema irrisolvibile. Non soltanto per le opposizioni, ma pure per il proprio partito e per gli alleati. Nel centrodestra cresce l'imbarazzo davanti alle sue uscite di volta in volta più scomposte. Alla Maddalena, parlando con il premier spagnolo Luis Zapatero, ha detto di sé: «Sono di gran lunga il miglior presidente del Consiglio che l'Italia ha avuto negli ultimi centocinquanta anni». E nello stesso colloquio in pubblico ha risposto ai verbali di un signore pugliese interrogato dai magistrati («Per il premier ho organizzato diciotto serate con trenta ragazze») spiegando che lui le donne non le ha mai pagate.

Molti sottocapi del Pdl avvertono la difficoltà crescente di arginare un leader sempre più fuori dalle righe. Qualcuno di loro pensa che anche Silvio, come Gianfranco Fini, dovrebbe "rientrare nei ranghi" e moderarsi. Sono speranze vane. Il premier non ha nessuna intenzione di farlo. Si comporta nello stesso modo il presidente della Camera, ma lui si sente già fuori dal partito. Anzi è già contro il partito che pure ha contribuito a fondare.

Anche il centrosinistra è prigioniero di Berlusconi. Lo è per due motivi. Il primo è la battaglia congressuale all'interno del Partito democratico. Di fatto il Pd è senza segretario. Ha soltanto tre candidati in lizza: Dario Franceschini, Pier Luigi Bersani e Ignazio Marino. Ma nessuno di loro sembra all'altezza di un compito immane: mandare a casa il Caimano.

L'impotenza a sconfiggere Berlusconi accentua il nervosismo di molti elettori del Pd. La loro disaffezione è alimentata da un concorrente spietato, l'Italia dei Valori di Tonino Di Pietro. L'ex pm dichiara di voler spedire al tappeto Berlusconi. Ma il suo obiettivo vero è indebolire il Pd. Di Pietro è un cannibale politico: cresce se mangia la ciccia democratica.

Il Pd si trova senza vie d'uscita. Può soltanto aggregarsi alla guerriglia anti-Cav scatenata da "Repubblica". Ma se Ezio Mauro ne ricaverà qualche copia in più, la stessa cosa non potrà dirsi dei democratici e dei voti che possiedono ancora.

E a proposito di voti, quanti riuscirà a conservarne il premier? Mi capita spesso di parlare con elettori di centrodestra. E in quasi tutti avverto un imbarazzo mai provato. Le donne sono molto infastidite dai costumi sessuali di Berlusconi. Anche le più giovani non vorrebbero leggere le cronache di certe serate a Palazzo Grazioli. Mi dicono: «Un signore anziano come il Cavaliere non deve circondarsi di escort!». Le più ciniche aggiungono: «Trascorra le notti con chi vuole. Ma sia cauto e non lo faccia sapere».

Quando la storiaccia sarà finita, ci renderemo conto che ha fatto più danni Patrizia D'Addario, con il suo racconto della notte di sesso sul lettone regalato da Putin, che dieci campagne dell'opposizione.

8 ottobre 2009

E adesso come lo vogliamo il Cavaliere? Per esempio, ammanettato. È l'auspicio del "Fatto", il nuovo quotidiano di sinistra ultrà, guidato da Antonio Padellaro. In fondo questo giornale è stato il più onesto e la trovata grafica della prima pagina era geniale. Si stava parlando del lodo Alfano, immaginato per difendere dai processi il premier. Le due "o" della parola lodo sono diventate gli anelli di un paio di manette, con tanto di catena.

Lo stesso augurio di tipo carcerario è apparso sulla "Stampa". Il suo satirico telegrafico, Jena, ovvero Riccardo Barenghi, già direttore del "manifesto", ha concepito il seguente avviso: "Il premier ha convocato il Consiglio dei Ministri per domani alle 9.30 a Milano, piazza Filangieri 2, San Vittore".

Ma le variabili sono tante. C'è chi vede Berlusconi già condannato e appeso per i piedi. Oppure in barella con la testa rotta, come nella vignetta di Giannelli sulla prima pagina del "Corriere". Coperto di cause penali e civili. Ridotto sul lastrico da risarcimenti astronomici. Privato del passaporto. Del resto è un documento diventato inutile per il Caimano. All'estero i giornali lo sputacchiano più di quelli italiani.

In tanti anni di lavoro nella carta stampata, non avevo mai assistito a una sarabanda del genere. Ma questa aggressione massiccia e senza tregua, che si ripete molte volte al giorno su una parte dei media, rischia di trasformare Berlusconi nella vittima di una persecuzione furibonda e gonfia di eccessi. Che forse avrà un esito solo: quello di accrescere i voti per lui.

Un amico mi dice: «Non ho mai votato per Berlusconi, ma la prossima volta lo farò. Mi dà fastidio il dilagare dell'ossessione anti-Cav. E sempre più spesso mi domando perché le sinistre insistano nel dire che il Caimano è la fonte di tutti i guai italiani. Sono abbastanza anziano e ricordo che Togliatti sosteneva la stessa cosa per De Gasperi e la Democrazia cristiana. Poi arrivò il 18 aprile. Se le opposizioni non cambiano musica, vedremo un altro 18 aprile a favore del Cavaliere».

10 ottobre 2009

L'Italia è condannata e non si salverà più. Il boia che la uccide è Silvio Berlusconi. Ma anche nel caso che il Caimano scompaia, resterà sempre a infettarci la sua eredità: il maledetto berlusconismo. Che completerà l'opera del suo inventore, continuando a far danni come un virus spietato, capace di contagiare tutto e tutti per anni.

È questa la tesi sostenuta sull'"Unità" di ieri da Giorgio Bocca, intervistato da Oreste Pivetta. Il giornalista gli chiede: «Che cosa succederà dopo la bocciatura del lodo Alfano?». Bocca risponde: «Berlusconi rimarrà al governo, i suoi avvocati inventeranno mille cavilli perché i suoi processi vadano in prescrizione. E se anche Berlusconi dovesse cadere, resterà sempre il berlusconismo: il male profondo di un paese che ha così poca dignità da accettare la guida di un uomo corrotto che sta distruggendo la democrazia».

Ma era davvero meglio l'Italia prima dell'avvento di Berlusconi nel 1994? L'età mi concede il privilegio di aver visto, e raccontato sui giornali, come eravamo sul finire della Prima repubblica. Sfoglio l'album della memoria e vengo assalito da uno tsunami di ricordi tutti negativi. E qui ne citerò soltanto i titoli.

La corruzione, sfociata nel disastro di Tangentopoli. La mafia e i suoi crimini. Il terrorismo rosso e nero. L'enorme evasione fiscale. Il disastro del sistema scolastico e universitario. Il padrinaggio politico che inquinava il mercato del lavoro. I concorsi truccati. Idem per gli appalti. La burocrazia pubblica asfissiante e inefficiente. L'assenteismo cronico. L'illegalità edilizia. La distanza crescente fra il Sud e il Nord. La sicumera folle nell'affermare che i diritti vengono prima dei doveri. L'avarizia sociale. Il maschilismo più ottuso, capace di ridurre molte famiglie a posti infernali. Per essere più chiaro, domando: le donne venivano pestate dai mariti, dai padri e dai fratelli anche prima dell'arrivo di Berlusconi oppure no?

Quando il Cavaliere non era ancora sceso in politica, l'Italia era già così. Eppure i suoi oppositori sostengono che è stato il Caimano a renderci il paese che siamo sempre stati. È un mantra assordante, che vedo emergere anche in grandi giornali d'informazione. Pure loro alimentano un'illusione priva di senso, che recita così: una volta sparito il Caimano, ritornerà l'età dell'oro.

14 dicembre 2009

Se ragioniamo a mente fredda sull'attentato subìto da Berlusconi a Milano, vediamo emergere tre lezioni. La prima è la più banale: il premier è vulnerabile, chiunque può ucciderlo. Domenica sera, se lo sciagurato Tartaglia avesse impugnato una pistola, invece che un mini Duomo di Milano, staremmo qui a scrivere il necrologio del Cavaliere. E due giorni dopo si sarebbe celebrato un altro funerale di Stato.

La seconda lezione è che bisogna rassegnarsi a prendere atto di una verità: il crescere dell'odio politico contro Berlusconi fa dell'Italia un paese in guerra. Nessuna potenza straniera ci sta assalendo. La guerra ce la facciamo da soli, in casa nostra, tutti i giorni. Per ora è soltanto una caricatura della guerra civile che abbiamo già sofferto, ma non mi sembra meno pericolosa.

Prende forma in migliaia di piccoli gesti ribaldi. I quotidiani non li registrano mai. Però tutti sappiamo che ci sono. Ognuno di noi è testimone di questo conflitto umorale, grottesco, malvagio. Fomentato soprattutto dalla sinistra. Sta accadendo quel che accadde poco prima che scendessero in campo le Brigate rosse, all'inizio degli anni Settanta. Il terreno era stato preparato dai molti che non stavano in clandestinità, ma spasimavano di veder spuntare le rivoltelle.

Dalla fine dell'aprile 2009, la sinistra ha deciso che soltanto la piazza poteva sconfiggere il Caimano. Nascono da questa pericolosa convinzione i cortei, le adunate, i No Berlusconi Day, i Popoli viola, le contestazioni violente contro il presidente del Consiglio. Come l'ultima organizzata a Milano, un'ora prima dell'aggressione compiuta dal Tartaglia.

Le sinistre sono solite dire che la gente di centrodestra è tutta di ingenui affascinati dalle promesse del Cavaliere. Qualche giorno fa, il nuovo leader del Pd, Pier Luigi Bersani, l'ha dipinta con un'immagine carica di disprezzo: tanti poveracci che seguono un miliardario capace soltanto di suonare il piffero. Invece di immaginare il modo per conquistarli, Bersani li insulta. Ecco un esempio di politica suicida, degno di un taccuino scabroso anche per gli oppositori del Caimano.

Sempre più spesso mi domando perché la sinistra che viene dal Pci sia così stupida. Ma se frugo nella mia memoria professionale, una risposta la trovo. Li ho conosciuti bene i comunisti, nel ventennio che va dall'inizio degli anni Settanta alla fine degli anni Ottanta. Me lo ha ricordato una foto di Vittoriano Rastelli che ritrae

Gaetano Scardocchia e il sottoscritto mentre discutono con Giancarlo Pajetta. Era un giorno d'estate, forse dopo un'elezione politica, stavamo in via delle Botteghe oscure, davanti al portone della direzione comunista.

Pajetta era un rivoluzionario onesto e, soprattutto, un politico disincantato, il contrario dei tromboni che circolano in tutti i partiti. Ma anche "Nullo" soffriva del "complesso dei migliori", per citare il bel saggio di Luca Ricolfi sul perché le sinistre siano così antipatiche. Il complesso dei migliori è sopravvissuto alla fine del Pci. Il virus ha trovato rifugio nei partiti postcomunisti. E prima o poi li manderà al Creatore. Ecco spiegato perché Bersani, il migliore di turno, chiama "poveracci" gli elettori del Pdl.

Tuttavia, i "poveracci" affascinati dal pifferaio di Arcore sono persone pacifiche. Non vanno in piazza, non fanno controcortei, non immaginano agguati per colpire gli avversari. Eppure a sinistra li incolpano pure di atteggiarsi a vittime.

Di Pietro ha accusato il Cavaliere di aizzare la violenza. La stessa litania ha ripetuto Rosy Bindi. Anche questo rituale mi rammenta gli anni Settanta e Ottanta. Quando le Br sparavano a più non posso, c'era sempre qualcuno che, al riparo della falce e martello, si affannava a giustificare il delitto. Gli archivi dei quotidiani sono pieni di queste follie.

Infine c'è la terza lezione. Riguarda i media che da mesi conducono una campagna devastante contro Berlusconi. Dal 1945 in poi, nessun premier italiano è stato sottoposto a un linciaggio simile. Nessuno di loro ha passato quello che sta passando il Cavaliere. A parte Aldo Moro, chiamato a pagare per tutti con il sequestro e l'assassinio voluti dalle Br.

Dal 1994 in poi, la caccia mediatica al mostro di Arcore non ha mai avuto pause. In questi ultimi mesi l'assalto è diventato ossessivo e feroce. Quotidiani, settimanali, talk show televisivi, anche su reti Rai, radio pubbliche e private, film, convegni, libri, vignette di satirici hanno bollato Berlusconi in tutti i modi possibili. E la sua figura, pur non priva di molti difetti, ne è stata stravolta. Anzi, è stata assassinata.

Il premier è diventato, via via, un Mussolini, un Hitler, un Videla, un Saddam Hussein, un razzista, un tiranno, un mafioso che uccide la democrazia, uno stragista in combutta con Cosa nostra, un golpista che stravolge la Costituzione, un monarca assoluto che merita di essere decapitato. Insomma, un vero e proprio linciaggio. Che ci siamo limitati a chiamare "la campagna d'odio".

4 gennaio 2010

È cominciato un nuovo anno. Nel suo innato ottimismo, il Cavaliere l'ha dichiarato l'Anno dell'Amore. Ma i primi segnali ci dicono il contrario. C'è un capo partito, Antonio Di Pietro, che garantisce di non aver sotterrato l'ascia di guerra. E accusa persino il presidente della Repubblica, Giorgio Napolitano, per il suo messaggio di Capodanno. A sentire Tonino, avrebbe «soffiato nelle vele della nave dei pirati», ossia del centrodestra.

C'è il vice di Di Pietro, Luigi De Magistris, che propone di mandare in esilio il Cavaliere. Senza rispetto per il proprio rango di deputato europeo, questo ex magistrato chiede che Berlusconi venga imbarcato sopra un aereo, insieme al chitarrista Mariano Apicella e «una graziosa signorina». Per essere spedito in domicilio coatto alle isole Cayman.

Non stiamo parlando di due ciarlatani senza potere. Bensì di due dirigenti di un partito con un seguito ragguardevole di militanti e di elettori. Perché eruttano parole tanto violente? Lo fanno per sottrarre voti al Partito democratico. Ma se è così, mi sembra lecito domandarsi per quale motivo Bersani & C. non si liberino dell'alleanza con l'Italia dei Valori.

La mia risposta è semplice: perché Bersani sa che una parte dei suoi elettori la pensa come Di Pietro sul conto del premier. E rompere con lui avrebbe un solo risultato: perdere una quota dei propri voti, che per di più non sono moltissimi.

Un giorno Andreotti disse di un suo governo: meglio tirare a campare che tirare le cuoia. Forse Bersani la pensa nello stesso modo, a proposito del proprio partito. Non vuole rischiare, preferisce vivacchiare. Ma in questo modo non vincerà mai. E se un giorno ce la farà, sarà soltanto il comprimario di un successo che avrà un leader diverso da lui.

27 marzo 2010

Ho seguito molte campagne elettorali della Prima e della Seconda repubblica. Ma non ne ho mai vista una tanto perversa, e insieme grottesca, come quella che si è conclusa ieri in 13 regioni, 4 province e 463 comuni. Nessuno ha ascoltato il monito di Pier Ferdinando Casini: attenzione!, l'Italia è ormai un paese dove tutti sono contro tutti.

Purtroppo è davvero così. Se guardiamo fuori dalle finestre di casa, che cosa vediamo? Gli italiani contro gli extracomunitari. I laici contro i cattolici. Gli antagonisti contro i moderati. Gli eterosessuali contro gli omosessuali. I governativi contro gli oppositori del governo. I fanatici del rosso contro quelli dell'azzurro. Abbiamo adottato lo schema del peggior tifo calcistico: un blocco di ultrà contro l'altro. Per il momento a parole, ma in futuro, Iddio non voglia, con armi assai più pesanti.

Anche Berlusconi non si è sottratto a questa maledizione. Nella campagna per le regionali, ha invaso tutti i media. Mostrandosi troppo collerico, iroso, ringhiante, indemoniato, con l'urlo di rabbia continuo. Insomma tutto il contrario della calma forza tranquilla che dovrebbe esprimere un leader liberale, come il Cavaliere pretende di essere.

Di Berlusconi mi ha colpito un dettaglio per niente irrilevante. È la sua ossessione per la forma fisica, che nasconde il terrore di morire. Ha iniziato la campagna elettorale spiegando che si sentiva tanto forte da poter battere a braccio di ferro il mitico pugile Primo Carnera. Dopo aver rivelato che si ritirerà a vita privata fra cinquant'anni, ha concluso una delle ultime interviste, quella a Ugo Magri della "Stampa", dicendo: «Stanco io? No, sono in piena forma. Mi sfidi sui cento metri e se ne accorgerà».

Bersani, il leader democratico, ha mostrato il difetto opposto a quello del Cavaliere. Mi è sembrato spento, esausto, incapace di offrire una scossa al proprio elettorato. E soprattutto ha trasmesso la sensazione di aver abdicato a favore di poteri esterni, ben più forti di lui. A cominciare da "Repubblica", per finire ad *Annozero* di Santoro e a Di Pietro. Che dopo la sconfitta nelle regionali, gli presenteranno il conto. Dicendo: «La colpa è tua, non hai aggredito il Caimano come dovevi».

30 aprile 2010

L'odio politico diventa ogni giorno di più odio personale. Ed è di nuovo emerso prepotente negli ultimi giorni, a partire dall'anniversario del 25 aprile. A Milano e a Roma ci sono state contestazioni violente contro chi era chiamato a celebrare la Resistenza.

Nella capitale si è vista anche un'aggressione fisica contro la presidente della regione Lazio, Renata Polverini, di centrodestra, e contro quello della provincia, Nicola Zingaretti, di centrosinistra. Costretti a lasciare il palco dai fumogeni e dagli oggetti lanciati da una banda di sedicenti antifascisti, usciti da qualche centro sociale.

Poiché la gramigna si estende a macchia d'olio, dopo

il 25 aprile l'odio politico è ricomparso a Firenze. È stata impedita la presentazione in pubblico di un libro sull'organizzazione Gladio che non piaceva agli odiatori. Si è cercato di bloccare un altro dibattito su un libro di Marco Tarchi, un intellettuale di destra, campione di mitezza. Sui manifesti per un convegno dedicato a Marco Biagi, il giurista ucciso dalle Brigate rosse nel marzo 2002, sono state tracciate scritte nefande. Una diceva: "Biagi non pedala più". La firma era una stella a cinque punte e la sigla Br.

Le grandi città italiane stanno diventando un fronte di guerriglia. A farla da padrone sono piccoli gruppi di antagonisti, sempre armati di caschi e di spranghe, pronti a menare le mani, capaci di un linguaggio mortuario. Usato per minacciare le persone e per ricordare di continuo i massacri rossi del dopoguerra: "A piazzale Loreto c'è ancora posto!".

Di solito, l'ultimo slogan è dedicato a Berlusconi. Per questo sento arrivato il momento di mettere a fuoco la sua figura. Meglio di quanto non abbia fatto sinora.

29

Io e il Cavaliere

Potrà sembrare strano. Ma pur avendo scritto su Berlusconi una montagna di articoli e un libro, ho incontrato a tu per tu il Cavaliere soltanto una volta. E per pochi minuti.

Accadde quasi trentaquattro anni fa, il 21 novembre 1977. Un lunedì per me indimenticabile. A Milano sembrava calato di colpo l'inverno. Prima una bufera di nevischio. Poi tanta neve che sembrava pagata per cadere. Poi ancora banchi di nebbia spessa, bucati a stento dai fanali dei tram. Infine la chiesa di Santa Maria delle Grazie. Uno splendido fantasma, protetto dai carabinieri dell'antiterrorismo.

La Benemerita era schierata a difesa di un grande della Balena bianca: Amintore Fanfani, sino a due anni prima segretario della Dc. Che ci faceva nella basilica il Mezzo Toscano? L'aveva spiegato ai giornali il suo addetto stampa, il butirroso Giampaolo Cresci. L'avviso diceva: "Alle ore 19 in punto, il Professore ricorderà Giorgio La Pira. E parlerà anche del Pci. Perché La Pira è stato il primo cattolico a porsi il problema del rapporto con i comunisti".

Lavoravo a "Repubblica" da tre settimane. E Scalfari mi aveva mandato a sentire Fanfani. Ma c'era un guaio: se fossi rimasto ad ascoltare il Professore, si sarebbe fatto tardi e potevamo rischiare di perdere i treni della diffusione. Dunque mi serviva conoscere in anticipo quello che Amintore avrebbe detto.

Domandai a Cresci di farmi parlare con Fanfani. Lui recalcitrò, strillando: «No, no e no! Il Professore ti rice-

verà dopo. Adesso aspetta un visitatore importante!».
Replicai a Cresci: «Ma chi cavolo deve incontrare? Sto
lavorando, non metterti in mezzo!». Giampaolino fu
irremovibile: «Non fare il ragazzo violento. Se anche ci
fosse Scalfari con te, non vi lascerei passare!».

In quel momento, davanti alle Grazie si fermò una
berlina blu, coperta di neve. E ne uscì di scatto il mi-
sterioso visitatore. Caspita!, era lui o non era lui? Certo
che era lui: il Berlusconi. Un signore di 41 anni, picco-
letto, azzimato, cerimonioso, ma anche straripante di
grinta, pronto all'assalto.

Non lo conoscevo, però gli avevo dedicato qualche
riga in un mio libro uscito quel mese da Bompiani:
Comprati e venduti. I giornali e il potere negli anni '70. Il
motivo? Il Cavaliere aveva acquistato il 12 per cento del
"Giornale" di Montanelli, nato nel 1974 e bisognoso di
nuovi azionisti. Era una citazione che Silvio non doveva
aver apprezzato perché gli davo del neopalazzinaro.

Cresci fu costretto a presentarmi, visto che bloccavo
l'ingresso alla chiesa. E il Cavaliere sbottò: «Ah, lei è
Pansa! A pagina 311 del suo libro fa un grosso errore. Il
palazzinaro è uno che approfitta della fame di case. Noi
siamo tutt'altra cosa. Noi costruiamo quartieri modello,
dove trionfa l'ecologia e la gente vive nel verde. Correg-
ga e mi stia bene!». Non attese una mia risposta e sparì
in sacrestia, dove lo aspettava Amintore.

«Ti ha sistemato!» esclamò Cresci. «Così impari a
scrivere sempre delle cattiverie sul conto di chi non sta
a sinistra.» Rammento che lo mandai al diavolo, ma
niente più di questo. Se frugo nella memoria, rintraccio
pochi frammenti. Il Cavaliere indossava un cappotto
scuro con il bavero di velluto nero. Sembrava travolto
dalla fretta. Con me, aveva rivelato un bel puntiglio,
ma non la scortesia. E doveva avere molta cura della
propria immagine. Prendersi del neopalazzinaro l'aveva proprio offeso.

Nessuno dei cronisti, a cominciare da me, scrisse dell'irruzione berlusconiana alle Grazie. Silvio non era il superpotente di oggi. Forse voleva solo rendere omaggio a Fanfani. O essere benedetto da lui, politicamente s'intende. Lo aveva chiesto a Cresci. E Giampaolino aveva obbedito all'istante. Il perché lo capimmo due anni e mezzo dopo, quando venne svelata la lista della P2 di Licio Gelli.

Cresci era un antemarcia di quella loggia. Adorava Licio il Venerabile, al punto di chiamarlo Mozart. Berlusconi s'iscrisse alla P2 nei primi mesi del 1978, poco dopo la visita alle Grazie. Ma su questo capitolo massonico sono state vergate pagine su pagine. A cominciare dai vantaggi bancari che Silvio ne avrebbe ricavato.

Lui farà sempre orecchie da mercante: «Mai cercato favori e mai ottenuti. Entrando nella P2 pensavo al Risorgimento. In America mi sono iscritto anche all'Associazione per la difesa dell'alce selvatico. Cosa volete che m'importi della massoneria?».

In quel tempo, Berlusconi era già un piccolo padrone dell'etere. Dopo aver fatto i soldi con l'edilizia, aveva compreso prima di tutti che la televisione poteva essere la pietra angolare di un impero. E al tempo stesso una gallina dalle uova d'oro. Per questo, nel 1974 aveva creato Telemilanocavo, una tv per il suo quartiere modello di Milano 2.

I burosauri della Rai risero di lui. Ma anno dopo anno la piccola emittente cominciò a infastidirli. Un diluvio di film in esclusiva. Un programma sportivo di Gianni Rivera. Un telequiz di Mike Bongiorno. Silvio vi investì miliardi di lire. E nel 1979 la ribattezzò con una sigla magica: Canale 5. «L'ho chiamata così» spiegò, «perché speravo di occupare il quinto posto dopo le tre reti Rai e Telemontecarlo. Sono stato un tantino più fortunato.»

A rendere più grande la fortuna arrivò la pubblicità.

Furono gli spot a moltiplicare i ricavi. Un bingo colossale. Canale 5 cominciò a trasmettere il 30 settembre 1980. Il suo slogan aveva il ritmo di un tam tam da battaglia: "Torna a casa in tutta fretta – c'è un Biscione che ti aspetta!". Nel 1983 la grande biscia si mangiò Italia 1, comprandola dall'editore Edilio Rusconi. Nel 1984 fu la volta di Rete 4, ceduta dalla Mondadori che non sapeva gestirla.

Adesso Silvio era pronto per andare all'attacco del primato della Rai. Cominciò a farlo con un'abilità imprenditoriale che non volevano riconoscergli. E con un'energia che sorprese soltanto chi non ricordava quanto aveva detto di se stesso: «Vorrei essere paragonato a un cane bulldog. Un giorno un bulldog si attaccò alla gola di un toro. E non mollò la presa fino a quando il toro non cadde a terra dissanguato».

Nell'assalto alla Rai, il Cavaliere mise in campo due forze. Una di potenza media che poi si rivelò mediocre. L'altra di potenza massima. La prima era un gruppo di vip dell'informazione che Silvio, per galvanizzarli, battezzò subito la Nazionale del Giornalismo. Le facce più note erano Guglielmo Zucconi e Giorgio Bocca, quest'ultimo non ancora folgorato dall'antiberlusconismo rabbioso dei tempi nostri.

Silvio li arruolò senza badare a spese perché aveva compreso un'altra verità. Montanelli gliela spiegò così: «Se fai solo una televisione di tette e di culi, cosa vuoi che ai partiti gl'importi delle tue ragazze poppute e dei loro sederi? Nelle tv che possiedi devi metterci la politica». Già, tv più spot pubblicitari, belle donne e informazione: ecco trovata la formula bombastica!

I campioni di Silvio scesero sul terreno di gioco nella stagione 1983-1984. Ma si rivelarono delle frane. Bravi sulla carta stampata, risultavano in affanno davanti alla telecamera. Il Cavaliere non ne fu contento. Per di più, i famosi vip erano legnosi, pieni di rughe, ingrigiti. Figure molto lontane dal tipo fisico che Silvio voleva per il suo futuro tg: «Il mio giornalista ideale è un misto tra Franco Nero e Alain Delon».

Il primo a essere arruolato da Canale 5 fu Bocca, sin dall'estate 1983. Arrivarono poi Zucconi, Arrigo Levi e Jas Gawronski, da sempre giornalista televisivo Rai, in seguito deputato europeo repubblicano e poi senatore di centrodestra. Erano professionisti robusti, ma quasi tutti della carta stampata. Fare la tv non era il loro mestiere. I programmi zoppicavano. E Silvio se ne stancò presto.

Al Biscione era andata meglio con le interviste ai leader politici. Gli italiani vennero chiamati alle urne sul finire del giugno 1983. E Berlusconi decise di far concorrenza alla *Tribuna elettorale* della Rai. I capi partito da interrogare vennero affidati a giornalisti esterni. Lo schema era buono: due contro uno, possibilità di fare molte domande e anche più di una replica, in tutto quasi un'ora di dibattito.

Fui invitato anch'io. Nel febbraio 1983 avevo già intervistato Craxi, non ancora presidente del Consiglio. Alla fine, Bettino mi disse, stizzito: «Mi sei sembrato un cane rabbioso! E pensare che sono stato io a fare il tuo nome a Silvio perché ti invitasse». Allora compresi che erano i leader politici a scegliere almeno uno dei due interroganti. E lo stesso accadde quando iniziò la campagna elettorale.

In quel giro a me toccarono i leader dei due partiti più grandi, la Dc e il Pci. Prima di De Mita, venne intervistato Berlinguer. Anche il segretario del Pci voleva sceglliersi gli interlocutori. E decise per Alberto Cavallari, direttore del "Corriere della Sera", e Leo Valiani. Dal Biscione gli risposero che non si poteva, perché erano dello stesso giornale. Dalle Botteghe oscure insistevano. Alla fine si arresero, accettando una nuova coppia: Valiani e me.

Ero presente quando Berlusconi accolse Berlinguer. Fu uno spettacolo destinato a non ripetersi più, anche perché l'anno successivo il segretario del Pci morì. Silvio ed Enrico erano due esseri umani lontani anni luce l'uno dall'altro. Il leader comunista un omino di poche parole e con lo sguardo triste. Il Cavaliere un giovialone, persino troppo confidenziale. Fece visitare all'ospite i suoi studi televisivi. Poi non si trattenne. Esclamò: «Onorevole, adesso parliamo di donne!». E gli mostrò le scenografie elettroniche preparate per una commedia musicale, *My fair lady*.

Ben più potente si rivelò l'altra forza messa in campo dal Cavaliere: l'amicizia con Craxi. Eletto segretario del Psi nel luglio 1976, Bettino stava tentando di rinvigorire il suo vecchio partito. Voleva farne il competitore vero della Dc e del Pci. Era iniziato il tempo del Garofano. L'Hotel Raphaël, l'albergo romano dove Craxi viveva, divenne la centrale di un'iniziativa politica e di potere sempre più aggressiva.

Cominciarono a fiorire leggende. Bettino era soltanto il santo patrono di Silvio o anche il suo socio nascosto? Di certo, Berlusconi lo rispettava. Per lui Craxi era la politica nuova. Tutto il contrario dei capi storici della Dc che, diceva Silvio, «hanno il sedere per terra e ingombrano la porta». Per non parlare dei comunisti, guidati da quel misantropo di Berlinguer. Un leader pauperista e con la fissa dell'austerità: una filosofia della vita opposta a quella berlusconiana.

Il 4 agosto 1983 Craxi varò il suo primo governo. Poco più di un anno dopo, il 16 ottobre 1984, la "Gestapo dei pretori", all'opera in tre città, Torino, Roma e Pescara, oscurò le emittenti della Fininvest. Craxi provvide subito a riaccenderle con un decreto. In novembre il decreto venne respinto dalla Camera che lo giudicò incostituzionale. Ma il 6 dicembre Bettino ne presentò un altro, il Berlusconi bis, quello decisivo.

L'amicizia fra Silvio e Bettino si rivelò costante e senza remore. Ne ebbi una prova a metà del settembre 1983, quando Craxi era presidente del Consiglio da poche settimane. Un giorno mi cercò a "Repubblica" Antonio Ghirelli, capo dell'ufficio stampa del governo. Cordiale e sbrigativo, mi disse: «Vieni subito a Palazzo Chigi, il presidente ti vuole vedere».

Trovai Craxi rilassato, di ottimo umore, per niente brusco come di solito gli imponeva il carattere da brumista, per dirla alla milanese. E non perse tempo per arrivare al dunque: «Non capisco il perché, ma tu piaci a Silvio. Forse l'avrai colpito per quelle maledette interviste elettorali che sei andato a fare a Canale 5. Non so come mai ti abbiano invitato, visto che non c'entri nulla col Biscione. Comunque, Silvio ti offre di lavorare nella sua tv o al "Giornale" di Montanelli. Se dici di sì, l'affare è fatto».

Non accettai. In quel tempo, a "Repubblica" ci stavo bene, non era il giornale di marmo e blindato che è oggi. Bettino non si adombrò. Ma azzardò una profezia: «Sbagli a non voler lavorare per la televisione. È il mezzo dell'avvenire e conterà sempre di più. I giornali sono roba per vecchi, i giovani non li leggono. E poi fai attenzione a quello che ti dico: Berlusconi è sulla rampa di lancio, diventerà sempre più forte. Il futuro sta lì!».

Il 28 aprile 1986 ci fu un nuovo regalo di Craxi a Berlusconi: da quel momento, anche i network privati avrebbero potuto trasmettere in diretta sull'intero territorio nazionale. E trasmettere di tutto, pure i telegiornali. Ma la legge non esisteva. Ci vorrà molto tempo per scriverla e approvarla. Anche perché il secondo governo Craxi cadde nel marzo 1987 e venne sostituito prima da un monocolore di Fanfani e subito dopo dal pentapartito di Giovanni Goria.

Per questo, il primo vero telegiornale della Fininvest andò in onda nella notte tra il 16 e il 17 gennaio 1991. Ecco una data da ricordare, soprattutto perché segna l'inizio della prima guerra del Golfo contro Saddam Hussein. La rete che trasmise il tg era Italia 1 e il direttore un giornalista destinato a durare nel tempo: Emilio Fede, un super tifoso del Cavaliere.

La macchina bellica di Berlusconi era quasi a punto. I politici italiani passarono dalla sufficienza ironica alla strizza. E cominciarono a provare paura per l'alieno Silvio e il suo arsenale mediatico, sempre più possente. Nell'estate 1988 la Fininvest era ormai il terzo gruppo privato italiano, dopo la Fiat e la Ferruzzi-Montedison. Anche Craxi iniziò a farsi delle domande. Mostrando un cicinino di guardinga cautela nei confronti del Cavaliere.

Il 31 maggio 1988, Scalfari mi mandò a fare l'ennesima intervista a Craxi. In via del Corso, nella sede del Psi, il terzo partito italiano con il 14,3 per cento dei voti. Terminato il nostro colloquio, Bettino mi disse: «Voi di "Repubblica" state sbagliando tutto sul conto di Berlusconi. A cominciare dal fatto che lo dipingete come un socialista. Silvio non è socialista. È soltanto un mio vecchio amico. E poi, amico... Sì, oggi è mio amico. Ma domani? Domani magari arriva suo figlio e si mette al servizio della Dc. Silvio è costretto in una posizione molto delicata. Non ha certezze. E dunque deve essere amico di tutti».

Ma il patto d'acciaio tra Silvio e Bettino continuò a reggere. Arrivò l'anno fatale: il 1989 della caduta del muro di Berlino e della guerra di Segrate per la conquista della Mondadori e di "Repubblica". E la strategia di Berlusconi si rivelò elementare: prendersi tutto il piatto.

Nel maggio 1989, quello che stava per accadere me lo spiegò Franco Evangelisti, la spalla di Andreotti: «Adesso che vi siete concentrati nella Grande Mondadori del vostro amico Carlo De Benedetti, sarete più fastidiosi di prima. Ormai formate una squadra pericolosa. Craxi ve l'ha giurata. E Giulio e Forlani vi faranno pagare l'appoggio a De Mita. Non vi lasceranno campare. Ricordati che, dentro Segrate, Bettino ha un agente dormiente: Berlusconi. E prima o poi lo farà partire all'assalto».

Perché dormiente? Perché il Cavaliere era anche un azionista della Mondadori. Però non decisivo e del tutto tranquillo. Ma la previsione di Evangelisti non tardò ad avverarsi. Sempre nel luglio 1989, De Mita, già dimissionato da segretario della Dc, lasciò anche Palazzo Chigi. Il 22 luglio Andreotti tornò a guidare il suo sesto governo. Quando Craxi aveva già diffuso l'ordine di attacco.

Bettino lo impartì così, il 27 giugno: «In Italia c'è un gruppo editoriale che conduce contro la mia persona e il nostro partito una campagna d'odio che, per continuità, intensità e scientificità, non ha precedenti in tutta la storia della democrazia repubblicana». Undici giorni dopo, "l'Avanti!" identificò il nemico con una sigla: il Ptr, il Partito trasversale di "Repubblica".

Anche Berlusconi scese in trincea: «I giornali del gruppo Mondadori non tengono vergogna. Mi attaccano per farmi uscire dal gruppo di cui sono socio. Ma io non me ne andrò». E aggiunse di sperare in un ribaltone delle famiglie Formenton e Mondadori: «Alleandosi con me, seguiteranno a esistere e a contare».

Il resto della guerra di Segrate è storia nota. Andreotti impose la spartizione, in base alla regola che aveva espresso così: «Le concentrazioni informative mettono a rischio la democrazia e il suffragio universale».

Ma a sentire lo stesso Cavaliere, neppure Craxi voleva che l'amico diventasse troppo potente: «Quando acquisimmo la Mondadori, Bettino mi disse a muso duro: "Non crederai mica di poter tenere pure 'Repubblica', vero?"».

Nel frattempo, il sistema dei partiti stava affogando nel disonore per i troppi soldi neri della corruzione. All'inizio del 1992 arrivò lo tsunami di Mani pulite. E Tangentopoli divenne la città dei morti. Scomparve la Dc. Sparì il Psi. Si dissolsero i partiti minori. L'unico a salvarsi fu il Pci, già diventato Pds. Ma non perché fosse meno corrotto degli altri. A graziarlo fu qualche magistrato dal cuore rosso.

A questo punto è lecita una domanda: senza Tangentopoli ci sarebbe stato il Berlusconi politico e trionfante nelle elezioni del 1994, del 2001 e del 2008? Forse no. Ma la storia non si scrive con i se. Sta di fatto che, dentro il deserto della partitocrazia, dove si scorgevano soltanto le rovine della Prima repubblica e della sua casta, il Cavaliere si rivelò il più astuto di tutti.

Silvio scoprì la strategia efficace per difendere se stesso e il proprio impero: non chiudersi in difesa, bensì andare all'attacco. Ossia scendere in politica senza più intermediari. E offrirsi come il leader di un nuovo corso ai milioni di elettori orfani della Balena democristiana e del Garofano craxiano.

Inventò un partito che non esisteva: Forza Italia. E si collegò con la Lega nord di Bossi e il Msi di Fini. Nel rievocare quel passaggio, avvenuto tra la fine del 1993 e l'inizio del 1994, Berlusconi dirà poche parole che spiegano tutto: «Il mio miracolo non è tanto quello di aver messo in piedi un'alleanza, ma di aver messo insieme un elettorato senza patria».

La forza a lunga durata di Berlusconi si fondò su un secondo miracolo: la capacità di conservare questi elettori nell'arco di sedici anni. Sono i voti degli italiani ad averlo mantenuto in sella, a dispetto di tutti. E nonostante l'ostilità ininterrotta, ma sterile, di un'armata nemica sempre sconfitta. Un esercito di capi e capetti della sinistra, magistrati, direttori di giornali importanti, opinionisti tetragoni, scrittori, televisionisti, cinematografari, vignettisti, comici, imitatori.

La nascita del Popolo della Libertà, fondato alla vigilia elettorale del 2008, doveva segnare il trionfo di Silvio. Ma non è andata così. Subito dopo è iniziato il suo periodo nero. Il governo sempre più debole. Il tradimento di Fini. Il partito che si sfascia. Una serie di scandali, veri o presunti. E sullo sfondo una pesante crisi economica e un conflitto sociale difficile da arginare.

A questo punto ho il dovere di spiegare ai lettori quale fosse il mio stato d'animo nei confronti di Berlusconi. Prima della crisi esplosa all'inizio del 2011 per il ritorno di fiamma della Questione sessuale.

Soltanto una volta ho considerato il Cavaliere un nemico. Accadde quando diede inizio alla guerra di Segrate per la conquista della Mondadori. Allora lavoravo a "Repubblica", la preda più ambita di Silvio. E fino al 1991, quando la storia si concluse, il mio atteggiamento fu quello di un soldato che difende la patria dai barbari.

Poi smisi di essere un anti-Cav irriducibile. Non avevo bisogno di dimostrare niente. Non ero mai stato al suo servizio, anzi avevo rifiutato di lavorare per lui. La campagna asfissiante dei suoi avversari mi sembrava sterile. Anche perché le tante sinistre non erano in grado di inventarsi un leader capace di battere il Cavaliere e mandarlo a casa per sempre.

Poco tempo dopo la vittoria trionfale del 2008, iniziò per Berlusconi la fase declinante. La perdita di autorità era evidente. Il Pdl si stava logorando, mese dopo mese. La Lega era diventata il partito più compatto nel centrodestra. Ma il guaio vero di Berlusconi si rivelò soprattutto un altro: il Cavaliere non era un leader da tempo di guerra. E invece la crisi economica globale ci confermava che non eravamo più in tempo di pace.

Anche il suo aspetto fisico testimoniava il declino. Alla fine del 2010, il Cavaliere aveva compiuto 74 anni ed era il premier più anziano in Europa. La tv ci rivelava che era molto ingrassato, con una pancia debordante. In testa aveva una chioma trapiantata. Il volto era sempre coperto di cerone. Portava scarpe con il tacco nascosto, per non rivelare la statura mediocre.

Lavorava come un pazzo e dormiva appena quattro ore per notte. Anche per questo gli capitava di appisolarsi in pubblico. Spesso mi domandavo se non fosse stanco della vita infernale che conduceva da quasi vent'anni. Immaginavo che si sentisse un uomo solo. Senza una vera famiglia. Prigioniero della propria ambizione di vincere sempre. È divenuto un monumento di se stesso.

Infine arrivò il 2011. E questo fu l'anno nero di Berlusconi.

Parte ottava

30

Il Partito dei bamboccioni

Prima regola: non salire su un tetto se non hai la certezza di scenderne senza danni e più forte di prima. Seconda regola: non lisciare il pelo al ribelle che sta sul tetto perché lui potrebbe credere di essere più importante di te. Terza regola: ricordati che, una volta sceso dal tetto, il ribelle se la prenderà con un tuo avversario, ma dopo spaccherà anche la tua testa.

Ecco tre regole alla buona che Bersani, il leader del Pd, avrebbe dovuto rammentare mentre s'inerpicava sul tetto della Facoltà di Architettura a Roma, per rendere omaggio a un gruppetto di ricercatori e studenti in rivolta. Contro chi e che cosa? Lo ricordiamo tutti: il ministro dell'Istruzione, Mariastella Gelmini, e la riforma dell'università che portava il suo nome. Ma il compagno Pier Luigi non rammentò nessuna di quelle regole. E si ridusse a una comparsa del ribellismo esploso alla fine del 2010.

Fu un pessimo addio a un anno già fastidioso per proprio conto. Il 24 novembre, a Roma, si vide un primo corteo violento. Fu persino dato l'assalto al Senato. Una squadra di incappucciati superò il primo ingresso di Palazzo Madama, poi venne fermato. Da cronista, avevo salito più volte le scale della Camera alta. Sempre in punta di piedi e in silenzio, come imponeva l'etichetta professionale. Anche perché il Senato, come la Camera dei deputati, era la casa di tutti gli italiani. E andava rispettato.

Vederlo aggredito dagli incappucciati mi procurò sgomento. Lo stesso che provai il giorno dopo nel leggere sulla "Stampa" la domanda della Jena: "Bisogna rispettare il Senato. Anche se c'è Schifani?". Come sempre, il diavolo si nascondeva nei particolari. Quelle due righe mi indussero a pensare che stavamo perdendo la ragione un po' tutti, compresi i giornali.

Bersani entrava alla Camera indossando l'eskimo, un residuo del Sessantotto, e dava dell'arrogante alla Gelmini. Di Pietro descriveva la ministra "chiusa nel bunker come Mussolini", rivelando per l'ennesima volta la propria ignoranza, perché nel bunker più famoso della storia ci stava Hitler e non Benito.

I politici dell'opposizione s'inerpicavano uno dopo l'altro sui tetti, nella convinzione di riprendersi i voti perduti. Li vedevo in tv stravolti dalla fatica di arrampicarsi su una scaletta di ferro. Compreso il futurista Fabio Granata, un signore sovrappeso, inciccionito dalle troppe sedute nei ristoranti che circondano Montecitorio.

Sui giornali grandinavano paralleli con i cortei dei primi anni Settanta, a cominciare da quelli del Movimento studentesco. Ma il movimento di piazza del 2010 non era per niente roba di studenti. Era la sommossa guidata da un'altra casta: baroni e ricercatori universitari. Non volevano perdere i loro privilegi, tanti per i primi e pochi per i secondi. Questo gli importava, non lo stato comatoso dell'università italiana. E rifiutavano di ascoltare quanto dicevano alcuni rettori di buonsenso, non certo di destra, né al servizio del Caimano.

Giovedì 25 novembre, seminascosto da "Repubblica", il giornalone prorivolta, aveva parlato Enrico Decleva, rettore della Statale di Milano e presidente della Crui, la Conferenza dei rettori italiani. Intervistato da Laura Montanari, spiegò che l'università aveva bisogno della riforma Gelmini e aggiunse: «Davanti ai cambiamenti esistono sempre resistenze. In questo caso, c'è un freno conservatore anche se viene da sinistra».

Decleva smontò all'istante lo slogan più diffuso, gridato in tutti i cortei e fatto proprio da parecchi media: la Gelmini privatizza l'università, il capitalismo berlusconiano si sta mangiando i nostri atenei, orrore! Ma il rettore di Milano spiegò: «Pensano che introdurre tre esterni in un consiglio di amministrazione significhi consegnare l'università ai privati».

Il presidente dei rettori aveva ragione. Tuttavia non esistevano argomenti in grado di calmare un caos che aveva un chiarissimo obiettivo politico: far cadere il governo Berlusconi. Giornali e tv stavano per lo più dalla parte dei cortei. Nell'illusione di conquistare nuovi lettori e di strappare qualche frazione di audience in più. Ma per ottenere questo piccolo successo, fingevano di non vedere la verità.

A scendere in piazza era un movimento politico nuovo, deciso a prendere il posto delle opposizioni parlamentari. Considerate un insieme di parrucconi impotenti.

Martedì 14 dicembre fu il giorno che vide emergere la strategia violenta del nuovo partito. Alla vigilia c'erano già stati episodi rivelatori della tensione che si voleva innescare. Nella notte del 7 dicembre, un centro sociale bergamasco coprì di sterco l'ingresso della casa posseduta dal marito del ministro Gelmini. L'8 dicembre, a Genova, venne invasa la libreria Mondadori e qui furono stracciati i libri di Bruno Vespa. Il lunedì 13 dicembre, a Roma, un gruppo di precari violenti aggredì di nuovo il leader della Cisl, Bonanni, che presentava un suo libro.

Il 14 dicembre, mentre Berlusconi otteneva una fragile fiducia anche alla Camera, con un vantaggio di appena tre voti, il centro storico di Roma fu messo a ferro e a fuoco da altri cortei, pronti a pestare poliziotti, carabinieri e guardie di finanza. Fu un giorno di scontri feroci. E per poco non ci scappò il morto.

La strategia del nuovo partito prevedeva la terra bruciata. Lo spiegò un'intervista collettiva a un gruppo di antagonisti, pubblicata dal "manifesto" di venerdì 17 dicembre. Dissero: «Sì, volevamo sfasciare tutto. Eravamo tanti. Il corteo era frutto di pratiche di organizzazione sociale, fuori dai campi già conosciuti, fuori dalla politica dei partiti e in parte anche fuori dal sindacato».

Ma per i giornali che si opponevano a Berlusconi non sembrò affatto la prova generale di un nuovo partito. "Repubblica" spiegò l'accaduto con un titolo gonfio di amichevole retorica: *Il governo risponde con i manganelli al rancore dei giovani senza speranza*. Per il giornale di Mauro, chi parlava di guerriglia era soltanto vittima di un abbaglio esasperato.

Molti media diedero spazio alla tesi che le devastazioni fossero opera di infiltrati. Ossia di poliziotti e carabinieri travestiti da manifestanti. Oppure da militanti neri che volevano screditare i bravi ragazzi dei cortei. Venne ritenuto uno di loro il giovane che aveva spaccato la faccia a un liceale con un violento colpo al volto sferrato con un casco da motociclista. Poi si scoprì che era un cane sciolto della sinistra violenta: un pizzaiolo che ce l'aveva, chissà perché, con la riforma dell'università.

"L'Unità" andò a caccia di misteri inesistenti. Tanto da domandarsi: "Chi soffia sul fuoco?". E di proporre un'inchiesta urgente sui mandanti di quel disastro: "È un'indagine che, se ben condotta, potrebbe riservare sorprese. Magari gli incappucciati non erano né studenti né poliziotti. Magari qualcuno sa chi erano".

In realtà, non esisteva alcun mistero. Bastava osservare con occhio attento che cosa stesse nascendo. E non soltanto nelle strade di Roma, ma in quelle di altre grandi città italiane, tutte sedi di università pubbliche.

Era un parto a volte spontaneo, a volte pilotato. Ossia guidato da gruppi giovanili di sinistra, collocati al di fuori dei partiti presenti in Parlamento e pure dal sindacato. Come aveva spiegato uno degli intervistati dal "manifesto", parlando di «pratiche di organizzazione sociale».

Chi voleva capire quanto stesse accadendo, lo comprese meglio il 22 dicembre, dopo la seconda grande giornata di disordini contro la riforma Gelmini. I rivoltosi l'avevano voluta simile alla doccia scozzese. Fredda e senza violenze per le strade di Roma. Calda in altre città, a Milano, Palermo, Torino e Genova, dove si svolsero altre battaglie di strada e scontri con le forze dell'ordine.

E adesso spiegherò quale opinione ne ricavai. Iniziando a confrontare il vecchiume della casta partitica con le tante novità che la piazza rivelava.

Un esempio di vecchiume politico mi venne offerto in quei giorni dall'ennesima comparsata televisiva di un capo partito: Antonio Di Pietro, il leader dell'Italia dei Valori.

Per l'ennesima volta, Tonino stava seduto nel salotto di *Otto e mezzo*, davanti a madama Gruber. Ma la parola "seduto" non dice nulla del personaggio. In realtà Di Pietro troneggiava come un satrapo furibondo al cospetto delle telecamere di La7. E come era solito fare, non parlava: urlava, si sbracciava, tagliando l'aria con le mani, un gesto per lui abituale nella presunzione che servisse a rendere più convincenti le sue parole.

A un certo punto, Di Pietro cominciò ad accanirsi contro Berlusconi. Doveva bruciargli molto la sconfitta del 14 dicembre alla Camera, quando il Cavaliere era scampato per un pugnetto di voti alla mozione di sfiducia. E nel tentativo di sfogare la delusione rabbiosa, esclamò: «Berlusconi è come Noriega!».

Nel sentirlo sparare l'ennesima ingiuria anti-Cav mi misi a ridere. Povero Tonino, le stava provando tutte per stupire il pubblico. Da mesi andava dicendo che il Cavaliere era identico a Mussolini, Hitler, Saddam Hussein, Pinochet, Videla. Adesso aveva scovato un altro gemello del Berlusca: Manuel Antonio Noriega, l'ex dittatore sanguinario di Panama. Senza rendersi conto che nove telespettatori su dieci si sarebbero domandati: ma chi sarà mai questo Noriega?

Perché il leader valorista mi obbligava a ridere di lui? Perché non si rendeva conto di appartenere a una casta già tramontata, sull'orlo della fossa. E di esserlo in compagnia delle altre parrocchie d'opposizione. Tutte sul punto di dover cedere il passo al nuovo partito rosso che si andava formando in quei giorni. Per poi emergere con chiarezza nei disordini dell'anno in arrivo.

Quando ne scrissi su "Libero", mi limitai a chiamarlo il Partito nuovo. Il quotidiano di Belpietro fece un passo in più. Nel titolare il mio punto di vista, ricorse a un'immagine più secca. Quello era il Partito degli asini, dal momento che a fondarlo erano gli studenti peggiori. Giovani incoscienti e scaldati che, invece di darci dentro sui libri, volevano imporsi ai vecchi partiti. E diventare l'avanguardia della battaglia contro il centrodestra. Per poi vantarsi di avere abbattuto il governo del Caimano.

Ma esisteva anche un terzo nome possibile: il Partito dei bamboccioni. Ricordate chi aveva coniato questa figura? Era stato il rimpianto Tommaso Padoa-Schioppa, il ministro dell'Economia nell'ultimo governo Prodi.

Per bamboccioni, il grande TPS intendeva quei giovani che non sentono il dovere di guadagnarsi il pane con il lavoro. E seguitano a vivere in famiglia per anni, accuditi, coccolati e finanziati dai genitori e pure dai nonni. Non più bambini e neppure diventati adulti: bamboccioni, per l'appunto.

Adesso i bambioccioni avevano scoperto un nuovo gioco, sempre a costo zero per loro: fare un partito di rivoltosi. E non erano lontani dal riuscirci. Per cominciare, il Partito dei bambioccioni aveva una base militante ben definita. Non raccoglieva affatto la maggioranza degli studenti italiani, bensì una ridottissima minoranza, sia pure molto agguerrita. Accanto a loro c'era un magma composto da precari dell'università, da docenti incazzati, da attivisti della protesta, da un'infinità di cani sciolti e infine dai gruppi antagonisti, e non parlo soltanto dei centri sociali.

Questa base era tenuta insieme da una convinzione ferrea: Berlusconi è il nemico da sconfiggere e il suo governo un'infame sovrastruttura forcaiola da abbattere. Era un programma ridotto al minimo, che tuttavia costituiva il principio fondante di un partito: avere una missione pubblica da compiere e fare il possibile per riuscirci. I bambioccioni erano convinti di farcela. E questa certezza lasciava intravedere in che modo si sarebbero mossi in futuro.

Il nuovo partito non aveva nessuna intenzione di fermarsi dopo l'approvazione della legge Gelmini. Nel 2011 voleva scendere di nuovo in piazza con un altro pretesto. Ma forse lo avrebbe fatto senza neppure cercare alibi. E dichiarando il vero obiettivo: la fine del centrodestra. Ammesso che in quel momento la coalizione di Berlusconi non fosse già andata a gambe all'aria per qualche voto negativo in Parlamento.

Comunque, il Partito dei bambioccioni, che d'ora in poi indicherò con la sigla Pb, disponeva di una struttura simile a quelle tradizionali. Era diviso in correnti. Da una parte le colombe, che il 22 dicembre avevano deciso di manifestare a Roma senza violenze. Dall'altra i falchi, ossia i teppisti che il 14 dicembre si erano provati ad arroventare la piazza, devastando il centro della capitale.

La maggior parte dei giornali aveva parlato di black bloc. Per evocare la presenza di gruppi d'assalto arrivati dall'estero, come era accaduto durante il G8 di Genova, nel luglio 2001. Ma era un'immagine priva di senso, persino ridicola. Si trattava soltanto della fazione estremista dei bamboccioni. In sosta tranquilla a Roma, ma libera di fare danni a Palermo, Milano, Torino, Genova.

Le correnti si muovevano in un modo o nell'altro, a seconda delle decisioni prese dal nucleo centrale del partito, collocato alla Sapienza, la prima università statale di Roma. Questo centro si sentiva tanto forte da ritenersi in diritto di fare ciò che gli pareva e piaceva. In barba a qualsiasi legge. A cominciare dalla norma che recita: ogni corteo va autorizzato, deve segnalare il percorso e ha l'obbligo di essere pacifico.

Il Pb aveva un grande vantaggio sulle opposizioni parlamentari. La sua forza era la giovinezza. La massa di manovra era composta soprattutto di ragazzi e di ragazze sui vent'anni e anche di età più verde. Ecco un'arma che i partiti tradizionali non possedevano più. Dove stavano i movimenti giovanili che le sinistre vantavano nella Prima repubblica? Erano scomparsi. Al loro posto esistevano soltanto delle sigle che coprivano il vuoto assoluto.

Uno dei giovani intervistati dal "manifesto" disse: «Ci sono partiti di massa che, per fare del semplice volantinaggio, faticano a mettere insieme quindici persone. E ci sono invece collettivi di base, movimenti autorganizzati, che hanno una capacità di militanza e di adesione che va manifestata».

Al posto di Bersani, sarei entrato in allarme. E avrei evitato di salire sui tetti a rendere omaggio a chi mi voleva sotto terra. Infatti era il suo partito la prima vittima predestinata del Pb. I cortei e la guerriglia di strada lo facevano sembrare un vecchio arnese socialdemocratico. Incerto nell'agire, compromesso con il sistema, incapace di comprendere i mutamenti della società. E soprattutto zavorrato da gente anziana che mirava a un unico traguardo: conservare la poltrona in Parlamento.

A destra, al centro e a sinistra, i capi della casta e i loro tifosi rispecchiavano l'invecchiamento della società italiana. Alla tv vedevamo signore e signori quasi sempre di mezza età. Con i volti pieni di rughe, la calvizie dominante, le pance debordanti, la cellulite che dilagava.

I bamboccioni ridevano nel vederli. Accadeva lo stesso nel Sessantotto. Il leader del Movimento studentesco di allora, Mario Capanna (classe 1945), quando iniziò la carriera di capo a Milano aveva appena 23 anni.

La giovinezza è sempre stata un'arma imbattibile. Soprattutto nell'epoca che ha fatto della bellezza fisica una qualità che supera tutte le altre. Anche per questo i giovani rappresentavano un formidabile eccitante per i media televisivi. Finalmente si potevano mandare in onda volti diversi da quelli mostrati ogni giorno.

Erano facce di ragazzi che somigliavano al Che Guevara, anche se risultavano in grado di parlare soltanto un italiano incerto e non sapevano esporre due concetti in croce. O visi di ragazze belle come veline e truccate come modelle. Molti telespettatori li guardavano affascinati, senza rendersi conto che si esprimevano in modo elementare e dicevano sciocchezze memorabili.

I media ci cascavano sempre. Volete un esempio? La sera di mercoledì 22 dicembre il telegiornale di Sky, proprietà di Rupert Murdoch lo Squalo, sembrava prodotto dal Pb negli studi della Sapienza. Cronisti e croniste apparivano travolti dall'ardore per i nuovi ribelli che andavano all'assalto dei palazzi del Potere. Dicevano così, a macchinetta, gasati da tre parole magiche: assalto, palazzi, potere.

Senza accorgersi di mettersi in ginocchio davanti a gente che odiava il mondo al quale apparteneva la loro emittente. E dimenticando che gli odiati palazzi del Potere erano pur sempre le istituzioni della Repubblica italiana, per mal frequentati che fossero.

Lo stesso errore commise una quota robusta della carta stampata. Capisco che certi direttori volessero la morte politica del Caimano. Ma avrebbero dovuto avere più rispetto della verità. E non raccontare ai lettori la favola dei giovani che vanno ascoltati, perché sono il nostro futuro, perché da loro dipende la democrazia italiana, e bla bla bla.

Anche il presidente della Repubblica, Giorgio Napolitano, cadde in questa trappola. Lo dico con molto rispetto e gratitudine per lui. Ho ricordato più volte che, quando mi capitarono dei guai per i miei libri revisionisti, fu l'unica autorità istituzionale a prendere le mie difese. Però mi domando se il capo dello Stato avrebbe ricevuto al Quirinale un drappello delle opposizioni che gli chiedeva di non firmare una legge votata dal Parlamento.

Il 23 dicembre si conobbero i nomi dei dodici esponenti del Pb incontrati da Napolitano. E si videro anche le loro facce, poiché avevano accettato di mettersi in posa di fronte a un ingresso del Quirinale. Per la gioia di tanti fotoreporter, dei genitori e dei nonni.

Erano otto maschi e quattro ragazze. Le donne erano le più giovani, di 22 e 23 anni. I maschi lo erano di meno. A parte un ricercatore precario di 42 anni e uno studente di 22, gli altri avevano un'età in cui di solito si è laureati e alla ricerca di un lavoro. Uno aveva 25 anni, due 26, uno 27 e un altro 28.

Mario Giordano scrisse su "Libero" quello che molti pensavano. Il titolo dell'articolo diceva: *La rivolta di piazza guidata dai nonnini fuori corso*. Non poteva essere definito in nessun altro modo uno studente di Ingegneria senza laurea a 28 anni. E i due ancora iscritti a Filosofia e a Scienze politiche all'età di 27 anni.

Uno di questi, Luca Cafagna, 26 anni, studente di Scienze politiche alla Sapienza, era già diventato un piccolo personaggio della tv. Per aver litigato in diretta, ad *Annozero*, con il ministro della Difesa, Ignazio La Russa. Il fuoricorso, membro del collettivo Uniriot, parlando con Fabrizio Caccia del "Corriere della Sera" dopo l'incontro con Napolitano, sentenziò: «Per una sera, finalmente, la distanza e il distacco che ci sono tra la gente normale e le istituzioni, sono stati colmati».

Dopo l'incontro al Quirinale, il Partito dei bamboccioni aveva ancora due problemi da risolvere. Il primo era di darsi un leader carismatico. Ne aveva un bisogno assoluto nella società odierna. Doveva trovare una figura in grado di rappresentarlo al meglio, sui media e nel confronto con i capi degli altri partiti.

Occorreva qualcuno che fosse avvolto dall'aria magica della giovinezza, ma nello stesso tempo un duro, scafato, scafatissimo. Qualcuno azzardò un nome: Nichi Vendola. Ma lui era un signore al di là dei cinquant'anni. Si può mettere una vecchia zitella a guidare una squadra di rugby? Assolutamente no.

Il secondo problema era assai più pesante del primo. I bamboccioni dovevano stare attenti a come si muovevano. Continuare nelle devastazioni e nel pestaggio delle forze dell'ordine avrebbe prodotto un solo risultato: decretare la fine di ogni autorità. Ma a quel punto avrebbero scoperto di trovarsi su una strada senza ritorno, un vicolo cieco e molto rischioso.

La storia ci insegna che, quando l'autorità democratica scompare, al suo posto emerge un autoritarismo che non ha niente da spartire con la democrazia. Volete qualche esempio banale? In Italia il fascismo nacque dopo il Biennio rosso, zeppo di violenze compiute dalle sinistre di allora. In Germania il nazismo andò al potere sulle macerie della Repubblica di Weimar.

Fare gli scongiuri poteva essere un'utile scaramanzia. Ma era bene ricordare che esisteva sempre in agguato un Noriega. E non avrebbe avuto le sembianze di quello indicato a *Otto e mezzo* da Tonino il Pasticcione.

31

Marchionne il nazista

«Marchionne nazista – sei il primo della lista!» Era uno degli slogan urlati dall'ala dura dei bamboccioni, durante i cortei di Roma nel dicembre 2010. La minaccia era rivolta al capo della Fiat, Sergio Marchionne. Colpevole di voler salvare il colosso dell'auto, anche a costo di mettersi contro tutto il sinistrume nazionale e il suo braccio sindacale: la rossa Fiom, i metalmeccanici della Cgil.

Voglio dirlo subito: stavo e resto dalla parte di Marchionne. Nella guerriglia verbale scatenata contro il leader della Fiat, sapevo con certezza che ad avere ragione era lui. Lo sapevo per un motivo molto personale: la mia età.

Rispetto a tanti giornalisti giovani, godevo di un vantaggio non da poco. Era l'aver visto che cosa accadeva dentro e attorno alla Fiat negli anni Settanta. Quando il colosso dell'auto rischiò di morire sotto l'assalto delle stesse forze che adesso facevano di tutto per impedire a Marchionne di farlo vivere.

Le persone non erano più le stesse, tranne in qualche caso. Gli anni passano per tutti. Qualcuno era scomparso, altri erano troppo giovani. Maurizio Landini, il segretario della Fiom-Cgil, nel 1970 aveva 9 anni e faceva le elementari a Castelnovo ne' Monti, il suo paese nel Reggiano. Giorgio Cremaschi, uno degli arrabbiati della Fiom, di anni ne aveva appena 22 ed era soltanto un allievo di Claudio Sabattini, detto il Sandinista. Susanna Camusso, oggi segretario generale della Cgil, era una quindicenne milanese, slanciata e bella.

Nel 1970 anche Marchionne era un ragazzo di 18 anni, nato a Chieti da una famiglia modesta. Il padre Concezio faceva il maresciallo dei carabinieri e nel 1966, dopo essere andato in pensione anticipata, decise di emigrare in Canada, dove esisteva una forte comunità italiana. Sergio crebbe lì, una laurea dopo l'altra. Poi il primo lavoro, da fiscalista. E infine una carriera, rapida e sempre in salita come poche altre.

Mi capitò di vederlo il 26 agosto 2010, al Meeting di Comunione e Liberazione a Rimini. Marchionne aveva 58 anni e il volto di chi lavora troppo e non ha tempo di fare neppure un giorno di vacanza. Mi sembrò dimagrito. Con i capelli che si andavano diradando. Senza l'abituale maglione nero, abbandonato per il caldo infernale e sostituito da una polo qualsiasi, anch'essa nera.

Al Meeting gli avevano riservato l'Auditorium, lo spazio più grande della fiera di Rimini. Davanti a un pubblico sterminato, Marchionne non parlò a braccio, ma lesse un lungo testo. Di solito, chi legge un discorso annoia. Non fu così per lui. Marchionne raccontava la storia di una lotta non ancora conclusa e dall'esito incerto. Venne interrotto da ventun applausi. Qualcuno gli gridò: «Sei la nostra diga. Faremo un'altra marcia dei quarantamila!».

Rispetto agli anni Settanta, molti degli attori erano dunque cambiati, eppure lo spettacolo rimaneva il medesimo. Era quello di una sinistra vecchia, capace di dire soltanto di no, che non si accorgeva di affogare nella propria cieca ostinazione. E tentava di fermare qualunque processo nuovo in grado di sottrarsi al suo controllo.

Tutta robaccia già vista negli anni Settanta. Tranne un dettaglio non da poco. Sulla scena mancava, per fortuna, un protagonista sanguinario: le Brigate rosse, che allora sparavano, gambizzavano, uccidevano, al riparo di un ribellismo isterico.

Per quel che mi riguarda, sono un vecchio signore con i capelli bianchi. Ma grazie a Dio sto ancora in pista. E rammento bene quel che accadde in quegli anni dentro e attorno alla Fiat. Un colosso sempre presente nei discorsi che sentivo in casa da ragazzino.

Mio padre, un operaio del telegrafo, per indicare la Fiat diceva "la Feroce", a causa dell'ordine rigido instaurato da Vittorio Valletta. Un mio zio, che lavorava all'Eternit, la fabbrica della morte, chiamava il Lingotto con il nome di un penitenziario in mezzo al mare, sull'isola d'Elba: Portolongone.

Verso la fine del 1970, la Fiat era ben diversa dalla Feroce descritta da mio padre Ernesto. Era diventata una gabbia di matti, ben rappresentata dallo stabilimento di Mirafiori. Lì non esisteva più nessun potere ordinato, ma soltanto un dispotismo anarchico, mai contrastato dai sindacati. E tenuto in sella da una quantità di violenti, assunti come operai e presto diventati un pericolo per l'azienda che gli aveva dato un lavoro.

Un amico che conosceva la Fiat dall'interno mi spiegò con semplicità com'era fatto l'universo degli operai di Mirafiori. Trenta su cento non volevano saperne del sindacato né di altro. Per loro la fabbrica era soltanto un posto dove bisognava faticare e basta. Trenta speravano in una politica sindacale democratica e giusta. Venticinque erano in balia del primo vento che soffiava e non sapevano da che parte stare. Su questi avevano molta influenza gli ultimi quindici: gli estremisti alla ricerca di ogni occasione per non lavorare e, soprattutto, per non lasciar lavorare nessuno.

Osservai che quindici su cento in fondo erano pochi. Lui mi replicò: «Però bastano per far casino, se gli altri operai non reagiscono». Il casino iniziava con la caccia ai piccoli capi, a cominciare dai capisquadra, l'ultimo gradino della gerarchia aziendale. Venivano di continuo minacciati. E si sentivano ammonire: «Capo, non rompere, sei un bastardo, un fascista, sappiamo dove abiti, verremo a cercarti, ti faremo sparare alle gambe e dovrai venire in fabbrica sulla carrozzina degli invalidi!».

Quindi si passava al corteo interno a Mirafiori. Perché risultasse davvero violento, i teppisti volevano che alla testa di quella squallida parata ci fosse uno dei capi intermedi. Dopo averlo catturato in qualche reparto, lo costringevano a marciare davanti al gruppo. Con la bandiera rossa in mano, sputacchiato, vilipeso, malmenato.

La via crucis dei piccoli capi ricominciava appena tornati a casa. Qui erano bombardati di telefonate anonime, in stile mafioso: «Cerca di stare dalla parte degli operai, altrimenti la pagherai cara!». Anche le mogli venivano intimidite: «Quel porco di tuo marito, prima o poi te lo facciamo fuori».

Il giorno che "Repubblica" mi mandò a Torino per scrivere un'inchiesta sulla Fiat, era l'autunno del 1979, un caposquadra e un operaio con la tessera del Pci mi descrissero che cosa era diventata Mirafiori. Una città nella città dove tutto sembrava lecito. Un immenso suk abituato a smerciare di tutto, dalle sigarette di contrabbando alle scopate facili.

Rimasi allibito: «Le scopate?». I miei testimoni mi risero in faccia: «Uno delle linee si prende i quaranta minuti di sosta tutti in una volta, si accompagna a un'operaia e chiavano tranquilli dentro un cassone o all'interno di una vettura non finita. Gli addetti alle pulizie trovano sempre preservativi usati e anche dell'altro. Questa fabbrica è diventata un bordello».

Tra una scopata e l'altra, succedeva di tutto. C'era chi entrava a Mirafiori nel turno del mattino con un vassoio di trenta brioche e nella pausa andava per i reparti a venderle. Un operaio delle Presse aveva messo in piedi una cucina, la chiamava "Mensa alternativa" e offriva un pasto completo per duemila lire. Mi dissero: «L'unica merce che non si vende sono le locomotive. Ma solo perché non è possibile trasportarle in fabbrica».

Il 21 settembre 1979, la colonna torinese delle Brigate rosse uccise sotto casa l'ingegner Carlo Ghiglieno, il responsabile della pianificazione del Gruppo auto. Due settimane dopo, il 6 ottobre, la Fiat licenziò sessantun operai, considerati tra i più violenti. La Fiom-Cgil e le sinistre, a cominciare dal Pci, insorsero, nel tentativo di difendere l'indifendibile.

Se un giornale o un cronista cercava di spiegare che tipi fossero quelli messi fuori dalla fabbrica, veniva subito bollato come servo dell'Avvocato. O come un venduto a libro paga dei due amministratori delegati: Umberto Agnelli e Cesare Romiti.

L'anno cruciale fu il 1980. La Fiat stava a un passo dal disastro. Il 21 giugno, con un'intervista a "Repubblica", Umberto Agnelli presentò due richieste al governo: la svalutazione della lira e la possibilità di licenziare una quota dei dipendenti Fiat, "la manodopera in più".

Erano entrambe proposte sensate. Anche quella di svalutare la lira. Il sistema Italia non era più in grado di competere con quelli di altri paesi europei, che avevano valute più forti della nostra. Senza riequilibrare il cambio, sarebbe diventato impossibile per la Fiat esportare anche una sola automobile.

Fu la richiesta di svalutare a far insorgere la demagogia italiana. Dalla Banca d'Italia, da tutti i partiti e da tutti i sindacati si levarono urla indignate. Un Agnelli, e proprio quello che era stato senatore democristiano, voleva la rovina della lira! Il vertice della Fiat venne crocifisso. Ma non arretrò.

In quell'estate Enrico Cuccia, un signore di 73 anni che era il capo di Mediobanca e il regista della finanza italiana, si decise a fare un passo per lui senza precedenti. Andò a Torino e parlò a tu per tu con l'avvocato Agnelli. Lo informò che il sistema bancario era nel panico per i debiti della Fiat. Poi gli raccomandò, ma forse è meglio dire gli ordinò, di passare il comando dell'azienda al solo Romiti. Un supermanager di 57 anni, di grandi capacità e di collaudata durezza.

Ormai il tempo utile per salvare la Fiat si stava riducendo a vista d'occhio. La cura Romiti prese forma l'11 settembre 1980. Con l'annuncio che l'azienda era costretta a liberarsi di 14.469 dipendenti. Attraverso la procedura del licenziamento collettivo, prevista da un accordo siglato tempo prima fra la Confindustria e le tre confederazioni sindacali.

La reazione dei sindacati fu di un'asprezza mai vista. Iniziò subito il blocco di Mirafiori, i famosi trentacinque giorni di assedio. Il 24 settembre venne proclamato uno sciopero generale, da attuare il 2 ottobre. E il 26 settembre arrivò a Torino, davanti al cancello 5 di Mirafiori il segretario del Pci, Enrico Berlinguer.

Da quel che ho saputo dopo, Berlinguer non era per niente d'accordo con il blocco della Fiat. Lo considerava una battaglia perduta in partenza. E non aveva nessuna voglia di muoversi dalle Botteghe oscure per andare a Torino. Poi si rese conto che non fare quel passo avrebbe incrinato la sua immagine di capo supremo della sinistra. E prese a malincuore l'aereo.

Scortato dai dirigenti comunisti torinesi, Berlinguer si presentò davanti al cancello 5, ma lì per lì si rifiutò di arringare gli operai rossi che bloccavano Mirafiori. Tuttavia, non essendo né il Pontefice né un cardinale, non poteva limitarsi a una benedizione, con il braccio destro sostenuto da Tonino Tatò, la sua ombra inseparabile. Chiamato non a caso "suor Pasqualino", un soprannome inventato da Alberto Ronchey per paragonarlo alla monaca occhiuta e invadente che governava Pio XII.

Fu così che re Enrico disse parole che a molti cronisti, me compreso, suonarono incaute: «Se si arriverà all'occupazione della Fiat, dovremo organizzare un grande movimento di solidarietà in tutta l'Italia. Esistono esperienze di un passato non più vicino, ma che il Pci non ha dimenticato. Noi metteremo al servizio della classe operaia il nostro impegno politico, organizzativo e di idee».

Sette anni dopo, Luciano Lama, che nel 1980 era il segretario generale della Cgil e non voleva affatto l'occupazione della Fiat, mi raccontò il suo gelido colloquio con Berlinguer. Gli chiese: «Credi di aver fatto bene?». Re Enrico gli rispose: «In questo momento bisogna spendere tutto e dare ai lavoratori la prova che noi siamo con loro».

Berlinguer scrutò la smorfia sul volto di Lama e si rese conto che doveva difendersi: «Guarda, Lama, io non ho detto che loro dovevano occupare la Fiat. Ho soltanto sostenuto che, se l'avessero occupata, il Pci sarebbe stato con gli operai». Però Lama era un romagnolo di Gambettola, provincia di Forlì. E non accettava di essere preso in giro. Replicò al segretario del suo partito: «Caro Berlinguer, la differenza c'è. Ma per chi ti ha ascoltato non è poi così grande».

Tuttavia, nell'autunno del 1980 non si sapeva nulla delle incertezze di Berlinguer. Nel team di Romiti affiorò subito un ricordo molto preoccupante: l'occupazione della Fiat nel 1920. Nessuno di loro aveva vissuto quel trauma. Il più anziano, Romiti, era nato nel 1923. Ma tutti conoscevano a memoria che cosa fosse accaduto allora.

L'occupazione era iniziata il 30 agosto 1920. Quel giorno, un dirigente dei Consigli di fabbrica torinesi, Giovanni Parodi, un socialista poi diventato comunista, aveva potuto installarsi nell'ufficio del senatore Giovanni Agnelli. Tutto si concluse tra il 25 e il 30 settembre, lasciando l'ombra di una fiammata rivoluzionaria senza effetti. Se non quello di eccitare l'aggressività delle prime squadre di Mussolini.

Secondo il racconto di uno dei capi fascisti, Cesare Maria De Vecchi di Val Cismon, il senatore Agnelli rientrò in fabbrica, ma il suo ingresso sembrò una resa: «Agnelli passò a capo chino sotto un arco di bandiere rosse. E quando arrivò nella sua stanza di lavoro, al posto del ritratto di re Vittorio Emanuele III trovò quello di Lenin. Un operaio gli intimò: "Bacialo!". E il senatore Agnelli lo baciò».

Molto allarmato, Romiti telefonò a Francesco Cossiga, in quel momento presidente del Consiglio, alla guida del suo secondo governo: un tripartito Dc, Psi e Pri, nato nell'aprile 1980. Ma il premier scansò quella patata bollente. Rispose: «Che cosa vuole, dottor Romiti? Quello di Berlinguer è un partito d'opposizione. Noi non possiamo farci nulla. Auguriamoci che non accada niente. Se poi decideranno davvero di occupare la Fiat, vedremo quali decisioni prendere».

Il giorno successivo, era il 27 settembre 1980, il governo Cossiga cadde. Battuto sul decretone economico per un solo voto. Anche in quel caso, erano entrati in funzione i franchi tiratori, quasi tutti democristiani. Il blocco di Mirafiori si indurì, ma non si trasformò nell'occupazione della Fiat. Pur diventando un rebus insolubile per i sindacati e per i due partiti di sinistra, il Pci e il Psi.

Il blocco durò sino al 13 ottobre. Con un picchettaggio inflessibile, attuato con l'aiuto di tanti sindacalisti, in prevalenza della Cgil, arrivati a Torino da tutte le province del Centronord. I picchetti restavano di guardia anche la notte, alla luce di un'infinità di fuochi. Una sera Romiti decise di andare a vederli, sia pure da lontano.

Uscì di casa all'insaputa della scorta e, seduto nell'auto guidata da una signora della Torino bene, che tutti ritenevano la sua amica, percorse il perimetro di Mirafiori. In seguito mi raccontò: «I picchetti erano fatti da gente allegra, che si divertiva. Cantavano. Giocavano a carte. C'erano delle ragazze. Non mi sembravano persone alle prese con un dramma. Non erano di certo operai Fiat, che in quel momento vivevano nell'angoscia di perdere il lavoro. Quelli erano i soliti duemila professionisti del sindacato, che recitavano una parte politica. Tornai a casa rincuorato. E pensai che forse le cose si sarebbero messe meglio per noi».

Romiti aveva visto giusto. Il blocco di Mirafiori si dissolse di colpo il 14 ottobre 1980. Davanti al corteo dei quarantamila operai e impiegati della Fiat che volevano tornare al lavoro. Per il sindacato fu una sconfitta memorabile. Uno che se la ricorda bene è Piero Fassino: in quel momento aveva 31 anni ed era il responsabile della commissione fabbriche del Pci torinese. Per questo Piero, uomo schietto, alla fine del dicembre 2010 disse: «Se fossi un operaio Fiat voterei sì all'intesa con Marchionne».

Ma a sinistra non tutti la pensavano come Fassino e come il sindaco di Torino, Sergio Chiamparino. Il dissenso nei confronti delle scelte di una grande azienda era un atteggiamento del tutto normale, persino ovvio. Del resto, il movimento sindacale era nato per tutelare il lavoro dipendente dalle decisioni dei proprietari di terre o di fabbriche. Tuttavia, nel caso di Marchionne e del suo progetto per salvare la Fiat, il dissenso esploso a sinistra si trasformò subito in un'aggressione personale.

Tra la fine del 2010 e l'inizio del 2011, i giornali di sinistra spararono ad alzo zero contro quel dittatore mezzo italiano e mezzo canadese che pretendeva di fare degli operai Fiat una massa di schiavi. Emerse una regressione temporale impressionante, come se l'Italia fosse ritornata quella del primo Novecento. E insieme si rivelò per intero la crisi culturale di un'area politica ormai incapace di esprimere idee, ma soltanto in grado di sparare insulti.

Subito dopo l'accordo sulla fabbrica di Pomigliano d'Arco, un'intesa non firmata soltanto dalla Fiom-Cgil, Marchionne diventò un mostro a metà tra il fascismo e il nazismo. Il martedì 28 dicembre, la copertina di "Liberazione", il quotidiano di Rifondazione comunista, lo disegnò come un brigatista nero, impettito davanti all'insegna della Fiat, con la "t" che era un fascio littorio. Il titolone diceva: *Fiat rende liberi*, un gioco di parole che evocava il terribile slogan di Auschwitz.

Nello stesso giorno, il medesimo slogan lo si trovava sulla prima pagina del "manifesto", grazie a una vignetta crudele disegnata da Vauro. Marchionne era vestito da ufficiale nazista, con tanto di stivali e frustino. In attesa degli operai davanti al cancello della Fiat, trasformata da lui in un campo di sterminio.

Sull'ingresso, Vauro aveva riprodotto la famosa scritta in ferro del lager dove erano stati uccisi un milione di ebrei. Nella versione del vignettista era diventata "Arbeit macht Fiat". Al di là del cancello, invece delle baracche per i deportati, si vedeva il profilo di una fabbrica. Titolo della vignetta: *L'akkordo*.

Il fascismo venne evocato anche sul "Fatto" del 30 dicembre, da un articolo di fondo scritto da Paolo Flores d'Arcais. Titolo: *Ritorno al ventennio*. Concetto base: "Per ritrovare un analogo al diktat marchionnesco, bisogna risalire al 2 ottobre 1925, al diktat di Palazzo Vidoni con cui Mussolini, il padronato e i sindacati fascisti firmavano la cancellazione delle Commissioni interne".

Sempre negli stessi giorni, Nichi Vendola non si limitò a dare del fascista a Marchionne: lo accusò di organizzare una versione moderna della tratta degli schiavi. Il leader di Sinistra e Libertà ringhiò: «In nome della globalizzazione, Marchionne mette uno contro gli altri gli operai dei mondi emergenti e quelli del cosiddetto mondo civilizzato. Si chiama schiavismo».

Meno sferzante di Vendola, ma pronta a usare parole dure, fu Susanna Camusso, la nuova segretaria generale della Cgil. In quel momento era alle prese con le cattive intenzioni della Fiom. I metalmeccanici rossi sembravano sulla strada di uscire dal sindacato. Per diventare un movimento politico autonomo, pronto a collegarsi con gli antagonisti già sulla piazza.

Intervistata il 27 dicembre da Roberto Mania, di "Repubblica", la Camusso non aprì bocca sul rischio che stava correndo la Cgil se la Fiom avesse deciso la scissione. Si limitò a bastonare Marchionne, bollandolo con tre parole: «Un antidemocratico, illiberale e autoritario».

La guerriglia verbale stava diventando rovente. Il 30 dicembre 2010, nella seduta del Comitato centrale della Fiom, Landini pronunciò contro Marchionne una requisitoria apocalittica. Rispolverando l'accusa di Vendola, sostenne: «La Fiat vuole far diventare i lavoratori degli schiavi, senza diritti e senza difese».

Subito dopo quella riunione, Giorgio Cremaschi, presidente del Comitato centrale della Fiom, si abbandonò a parole dissennate contro i segretari della Cisl e della Uil che avevano siglato l'accordo con Marchionne. Senza rendersi conto che stava indicando dei bersagli.

Disse: «Bonanni e Angeletti sono la vergogna del sindacalismo italiano. L'accordo che hanno firmato è una macchia indelebile sulla storia di Cisl e Uil. Per noi non contano più niente. Sono fuori dalla cultura democratica e sindacale dell'Italia costituzionale».

Il commento più schietto lo scrisse Mario Sechi sul

"Tempo". Si limitò a constatare che Marchionne era destinato a diventare il secondo Nemico Pubblico da abbattere a tutti i costi: "Dopo Berlusconi, c'è il capo della Fiat. E la sua idea di far funzionare l'azienda come un'azienda, e non come una succursale dello Stato".

Era una conclusione cupa, ma esatta. Per un 2011 che si annunciava di guerra totale. E non soltanto alla Fiat.

32

Una escort a Sky

Era davvero intrigante Nadia Macrì, davanti alle telecamere di Sky Tg24. Lunghi capelli castani, un volto
di quelli che si ricordano, i tratti decisi e gli zigomi forti,
il corpo invitante e asciutto. Una donna al top del fa-
scino, come spesso succede a 27 anni. Non più ragazza,
ma ancora ben lontana dalle insidie che emergono con
la maturità. Peccato fosse una escort, parola cortese inventata di recente dai giornali per non usare quelle più
antiche: puttana o prostituta.

Grazie a Nadia, la domenica 28 novembre 2010 risultò indimenticabile per gli spettatori di Sky, l'emittente
italiana di Rupert Murdoch, lo Squalo. Era la prima
volta che a una donna di vita, dalle mie parti avrebbero
detto una strusona o una slandrona, veniva offerta una
trionfale intervista televisiva. Per di più condotta, faccia a faccia, da una signora giornalista di riconosciuta
eccellenza: Maria Latella, direttore del settimanale "A",
volto famoso di Sky.

Latella aveva un programma chiamato *L'intervista*.
Durava a lungo, per presentare al pubblico un personaggio sulla cresta dell'onda: leader politici, autori di
libri ritenuti importanti, attori, giornalisti. Ero stato intervistato anch'io da Maria. E ne avevo apprezzato la
capacità cortese di interrogare nel modo giusto l'ospite
di turno, per svelarne i lati nascosti.

Ma l'ospite di quella domenica era davvero singolare. E del tutto sconosciuto al grande pubblico. Nadia
Macrì: chi era costei? E che cosa aveva fatto nella vita
di tanto importante per meritarsi il grande spot regalato

da Sky? Niente di speciale, a parte un dettaglio mica da poco: era stata a letto almeno due volte, forse tre, con Berlusconi.

Nadia era nata a Reggio Emilia da una famiglia di immigrati calabresi. La gente di Calabria è di casa in quella città. Sono brave persone, molte di loro fanno gli artigiani o lavorano nell'edilizia. La ragazza aveva scelto un altro mestiere: quello che, con una frase fatta, viene definito il più vecchio del mondo. E nell'esercitarlo si era imbattuta in un cliente davvero unico: niente meno che il presidente del Consiglio.

Seguiamo il racconto fatto da Nadia a Maria Latella, con l'aria di narrare la fiaba della fanciulla qualunque che, di lì a poco, incontrerà all'improvviso il sovrano del reame dell'Amore. Stava girando da sola per Milano su una Mercedes Classe A, quando si fermò a un semaforo. Mentre attendeva il verde, fu interpellata da un giovanotto sui trent'anni, elegante e dai modi educati, in piedi sull'incrocio. Lo sconosciuto esclamò: «Sei davvero bella! Mi piacerebbe conoscerti. Vuoi farmi compagnia?».

Nadia accettò e venne condotta nello studio di un manager che, sosteneva lui, selezionava signorine vistose da avviare alla carriera di star televisive. Lì trovò altre sventole, tutte straniere, in prevalenza russe e brasiliane. Dopo un esame superficiale, il manager la avviò alla supervilla di Berlusconi, ad Arcore.

La escort raccontò alla Latella che nella reggia del Cavaliere scoprì di essere in compagnia di «tante ragazze, penso anche minorenni». Un ambiente insolito, a cominciare da un divieto: «Non si poteva parlare tra noi, dovevamo stare zitte».

Fu quella sera che Nadia andò a letto con Berlusconi: «Ho deciso di farlo per il compenso: cinquemila euro. Con il presidente mi sono confidata, speravo in un aiuto da parte sua. Forse ho sbagliato a presentarmi come una escort. Avrei dovuto dirgli che volevo fare qualcosa in tv e chiedere di poter fare la velina».

Dopo quel primo incontro ce ne fu un secondo, sempre a Villa San Martino ad Arcore. Nadia raccontò a Maria Latella: «Questa volta a contattarmi fu il presidente in persona. Mi cercò sul cellulare, lo conosceva perché la sua segretaria aveva chiesto i numeri delle ragazze invitate nella villa. Berlusconi si presentò dicendo: "Sono il sogno di tutti gli italiani, sono il Presidente".». Nadia ritornò ad Arcore e si abbandonò di nuovo alle voglie del Cavaliere.

Fine della storia? Per niente. Sempre nell'intervista televisiva a Sky, Nadia sostenne di essere andata anche a Villa Certosa, la residenza di Berlusconi in Sardegna, sulla Costa Smeralda. Raccontò quanto segue: «Anche lì c'erano ragazze, ma non solo. Ho trovato imprenditori, avvocati, notai».

Insomma, tutta bella gente, di un livello sociale ben superiore al suo. Un piccolo paradiso per una provinciale partita da Reggio Emilia con l'intenzione di mettere a frutto le proprie curve. Un'impresa che le stava riuscendo come non aveva mai immaginato di poter fare.

A proposito dell'incontro a Villa Certosa, Nadia confessò di essere rimasta colpita dagli uomini della scorta di Berlusconi: «Erano tutti bei ragazzi. Tanto che il presidente ci disse, scherzando: state attente alle guardie!». Un consiglio inutile per Nadia. Lei non era di certo sbarcata in Sardegna per dar confidenza ai marcantoni che tutelavano la sicurezza del premier.

La lunga comparsata di Nadia a Sky provocò l'immediata reazione di Niccolò Ghedini, l'avvocato di Berlusconi e deputato del Pdl. Ghedini non usò mezzi termini: «Le dichiarazioni della Macrì sono destituite da ogni fondamento. Le sue parole sono già state

smentite dai fatti e da numerosissime dichiarazioni te-
stimoniali».

Nel riservarsi ogni azione giudiziaria, Ghedini concluse: «È assai singolare che venga proposta un'intervista su una vicenda che già aveva trovato chiarimento,
oltre che da specifiche precisazioni, anche dalla magistratura».

Dopo l'avvocato Ghedini, un cireneo abituato a portare sulle spalle tutte le croci del Cavaliere, si fece vivo
anche l'ex marito di Nadia: Tony Di Bella, 30 anni. Interpellato dall'agenzia Ansa, disse: «Nadia è una grande
bugiarda. Una donna irrequieta, insoddisfatta della vita,
che cerca soltanto pubblicità. L'ho conosciuta nel 2000,
a Parma, nella discoteca Dadaumpa dove lei faceva la
cubista... Voleva entrare nella casa del *Grande Fratello*.
Ma non ci riuscì. E ora forse si sta vendicando».

Anche la madre di Nadia, Maria Luigia Peluso, sempre parlando con l'Ansa, fu avara di gentilezze: «Le accuse a Berlusconi? Credo che mia figlia sia alla ricerca
di pubblicità. Nadia ha sempre pensato di poter entrare
nel mondo della televisione. È per questo che ha commesso tanti errori. Rovinando la sua vita e quella dei
suoi cari, a cominciare dal figlio che adesso ha 5 anni».

Ma ormai la frittata televisiva era fatta. E secondo
l'uso di Sky, quella domenica venne messa in tavola più
volte nel corso della giornata. Anche per questo mi vidi obbligato a domandarmi che cosa stesse accadendo
nella filiale italiana di Murdoch, sotto il profilo politico.
Stava diventando un fortino anti-Cav o no?

Quando è nato il telegiornale di Sky, il 31 agosto 2003,
ne ero stato davvero contento. Pensavo fosse una via di
fuga dal sistema dei lotti politici che si era mangiato i
tg della Rai. E che poteva essere anche un'alternativa
ai tg di Mediaset, fatalmente berlusconiani, sia pure in

modo molto professionale. Come accadeva e accade, per citare un esempio solo, al Tg5, diretto da Clemente Mimun, un prodotto che mi sembra impeccabile.

Ritenevo una garanzia il giornalista scelto a guidare il tg di Sky, Emilio Carelli. Al momento di iniziare quell'avventura, aveva 51 anni e un profilo senza spigoli dal punto di vista politico. Nato a Crema da una famiglia di brava gente, papà operaio, mamma casalinga. Poi il liceo classico dai salesiani e la laurea alla Cattolica, in Lettere moderne con una tesi su Cesare Zavattini. Voleva fare il giornalista e nel 1980 entrò nel mondo di Mediaset. Qui rimase per molti anni, con ruoli diversi, diventando per parecchio tempo il volto principale del Tg5.

Nel piccolo ambiente dei media italiani, si sapeva poco di lui. Era di certo un cattolico convinto, ma poi? Aveva la fama di essere un uomo riservato, dal carattere mite, rispettoso del lavoro dei colleghi, nemico dei contrasti, l'opposto del capo prepotente.

Osservando da dove veniva, la stampa nemica di Berlusconi sostenne subito che era un uomo del Caimano. E che fosse stato scelto da Murdoch dopo un accordo con il Cavaliere per dare all'informazione di Sky un profilo basso, incapace di infastidire quella di Mediaset. Un'intesa accettata dallo Squalo che, in quel momento, voleva entrare a tutti i costi nel mercato televisivo italiano.

Era una tesi che, lì per lì, mi sembrò debole. Murdoch, nato nel 1931, cinque anni prima di Berlusconi, era il più potente editore del mondo. Come ricorda Vittorio Sabadin nel libro che ho già citato, controllava decine di giornali in Australia, in Europa, in Asia e negli Stati Uniti. Possedeva televisioni digitali, satellitari e via cavo. Pubblicava libri. Negli Usa i candidati alla presidenza dovevano sempre fare i conti con la sua Fox Tv, un media di grandissima forza.

Per quale misteriosa ragione lo Squalo avrebbe dovuto venire a patti con un concorrente ben più piccolo di lui? Soltanto perché Berlusconi guidava il primo partito italiano ed era il capo del governo?

Come spesso accade, il retroscena della nomina di Carelli risultò campato in aria. Il ragazzo arrivato da Crema si rivelò bravissimo nel nuovo incarico. Il suo tg mi piacque subito molto. Anche per un motivo: era un servizio che trovavo sempre pronto e all'erta, ripetuto ogni mezz'ora per l'intera giornata. Con la possibilità di offrire continui aggiornamenti e notizie fresche. E diventando in questo modo un competitore degli altri telegiornali e soprattutto della carta stampata quotidiana.

Anche i programmi legati a Sky Tg24 erano eccellenti. Voglio ricordarne uno: il *Controcorrente* di Corrado Formigli. Era un talk show di un'ora, con appena due o tre ospiti, in onda cinque giorni su sette. Ci sono stato parecchie volte e mi sono sempre sentito libero di dire come la pensavo.

Formigli è un giornalista di sinistra e infatti adesso sta con Michele Santoro nel team di *Annozero*. Ma a *Controcorrente* di solito faceva onore al proprio ruolo con un'imparzialità da manuale. E con una liberalità cortese che rimpiango.

Lo stesso giudizio voglio dare del programma di Paola Saluzzi. Di pomeriggio, per un'ora e mezza, anche lei per cinque giorni di seguito, conduce un talk show sempre di grande interesse. È una padrona di casa perfetta: informata, dall'imparzialità elegante, capace di interrogare gli ospiti in modo intelligente. Insomma l'esatto contrario dei baracconi urlanti allestiti dai sultani rossi della Rai.

Ma alle spalle di Sky restava l'ombra di Murdoch. Un signore strapotente, un Berlusconi al cubo. Per questo motivo la domanda ingenua di noi cronisti malati di politica era di continuo la stessa: quando Murdoch romperà con Berlusconi? E allora che cosa accadrà dell'informazione di Sky?

Una prima incrinatura ci fu nel dicembre 2008, quando il governo di centrodestra raddoppiò l'Iva per gli abbonamenti a Sky. Poiché ero anch'io un abbonato, feci subito due conti e scoprii che la mia quota mensile sarebbe passata da 53 a 58 euro, il costo di un panino all'autogrill. E mi dissi: sopporterò con pazienza la decisione del presidente e amministratore delegato di Sky Italia, Tom Mockridge. Lui aveva subito annunciato che l'aumento dell'Iva sarebbe stato scaricato sui clienti della sua tv.

Tuttavia fu dell'altro a infastidirmi. Prima di tutto, la pioggia di spot contro il governo del Caimano. Tutti noiosi e soprattutto orrendi, su un fondo tanto nero da farti toccare ferro. O montati su sequenze del Berlusca il Bugiardo che prometteva di ridurre le tasse. Fatte commentare da speaker tanto enfatici da rammentarmi i film Luce del tempo di Mussolini.

Per rendere incisiva la campagna di protesta, i capi di Sky Italia osarono assai di più. Chiesero ai loro giornalisti di trasformarsi in trombettieri dell'azienda. O in predicatori del verbo murdocchiano, che non è di sicuro il Vangelo. Molte star di Sky vennero spinte sul campo, anche con esternazioni riservate ai quotidiani.

Accadde per Maria Latella, Ilaria D'Amico, Fabio Caressa, Massimo Mauro. Quest'ultimo arrivò al punto di auspicare che Murdoch, per rappresaglia, abbandonasse il mercato italiano. Non mi pare di aver visto in azione il pacioso Carelli. Parlando con il "Corriere della Sera", si limitò a garantire: «Il nostro telegiornale non verrà militarizzato».

Continuai a pagare l'abbonamento a Sky e seguitai a guardare tutti i giorni, anzi più volte al giorno, il tg sempre diretto da Carelli. E a poco a poco iniziai ad avvertire un mutamento di linea politica, più evidente a partire dall'estate del 2010. In parallelo alla consunzione del governo Berlusconi e all'uscita dei futuristi finiani dalla maggioranza.

Proprio a Fini la tv di Murdoch cominciò a dedicare un'attenzione sempre più calda. Come se il presidente della Camera fosse l'unico ritenuto in grado di scalzare il Cavaliere. E di dar vita a uno schieramento alternativo al centrodestra. Qualche retroscenista s'immaginò che lo Squalo fosse pronto a sostenere Futuro e Libertà. Mettendo così fuori gioco Berlusconi, disposto a tutti i colpi bassi pur di favorire la propria Mediaset.

Non ho mai creduto molto ai retroscena costruiti dalla carta stampata. Ma da utente pagante della televisione di Murdoch mi rendevo conto, giorno dopo giorno, che Sky Tg24 stava diventando un telegiornale anti-Cav. Non come il Tg3 della Rai, diretto da Bianca Berlinguer, ma quasi.

Me lo confermavano il tono generale delle sue cronache di politica interna. Le parole usate nei confronti del premier. Il taglio dei servizi. La scelta dei politici da intervistare che erano sempre più spesso quelli del fronte avverso al Caimano, a cominciare dagli uomini di Fini.

A che cos'era dovuta questa mutazione? Le risposte potevano essere le più diverse. Murdoch non andava mai per il sottile, quando si trattava di difendere i propri investimenti. Adesso che vedeva Berlusconi sempre più debole, la sua avversione era cresciuta. In base al principio che, quando ti accorgi che un tuo nemico si trova nei guai, l'unica scelta conveniente è di dargli addosso, per mandarlo al tappeto.

Se davvero la strategia dello Squalo era questa, i primi a metterla in pratica dovevano essere i vertici di Sky Italia. A cominciare da Mockridge e dal suo alter ego, Andrea Scrosati. Del primo non si conosceva quasi nulla, tranne che veniva dalla Nuova Zelanda e nel 2010 aveva 55 anni. E che era un tipo riservato, poco incline a concedersi ai giornalisti. Del secondo si sapeva qualcosa di più.

Scrosati, romano, oggi di 39 anni, veniva considerato il manager più efficiente di Sky. Era stato un ragazzo di sinistra, per lungo tempo addetto stampa di Leoluca Orlando quando l'ex sindaco di Palermo guidava la Rete, un movimento politico alternativo ai vecchi partiti rossi. Secondo il *Catalogo dei viventi* di Giorgio Dell'Arti e Massimo Parrini, edito da Marsilio, Scrosati, ancora in fasce, aveva mosso i primi passi nel Pci ed era rimasto in ottimi rapporti con Pier Luigi Bersani.

Chi poteva aver deciso la lunga intervista a Nadia, la escort di Berlusconi? Non certo la sola Maria Latella. E neppure Carelli. A dare il via era stato di sicuro Mockridge, forse d'intesa con Scrosati. Senza curarsi del fatto che mettere una escort sugli altari di Sky avrebbe svelato che cosa stava accadendo nella provincia italiana di Murdoch.

Ma esisteva anche un altro mistero. Chi aveva trattato con la escort di Reggio Emilia? Era stato difficile convincerla ad accettare l'intervista di Sky? E soprattutto era stata pagata, e quanto? Non sono riuscito a trovare nessuna risposta. Ma le signore come Nadia non fanno mai nulla per nulla. Se per una nottata con il premier aveva incassato cinquemila euro, per sedersi di fronte alle telecamere, e rispondere a domande scabrose, avrà di certo preteso molto di più.

Come succede sempre nella vita, anche nel caso della Macrì, dietro un dettaglio si nascondeva il diavolo. O, se vogliamo, una diavolessa seducente. Capace di sferrare un'altra picconata a luci rosse contro Berlusconi. Dipinto da quella trasmissione tv come un satiro pomposo, tanto incauto da dire a una squillo: «Sono il sogno di tutti gli italiani».

Il sabato 27 novembre 2010, scrissi per "Il Riformista" un *Bestiario* che si concludeva in modo spiccio sul telegiornale di Sky. Da vecchio utente, spiegai che non lo riconoscevo più. Si era ammalato di settarismo anti-Cav e mi sembrava diventato un gemello del Tg3 della Rai. Tanto da farmi pensare che avevamo di fronte un'altra Telekabul, questa volta a uso e consumo di Murdoch.

Non ero il solo a pensarla così. Me lo confermò un lettore del "Riformista", Bruno De Santa. Con un messaggio pubblicato dal giornale allora diretto da Antonio Polito, ma rivolto a me dopo la lettura del *Bestiario*.

Scriveva il signor De Santa: "Vivo all'estero e la televisione, come i giornali online, sono l'unico mezzo per tenermi informato su quanto avviene in Italia. Come lei, negli ultimi sei mesi ho notato una stupefacente deriva antigoverno-antiberlusconiana nei telegiornali di Sky Tg24. Anche la rassegna stampa è talmente 'pilotata' che qualche volta mi sento in imbarazzo al posto del giornalista che la sta conducendo. Concludo che non ho mai votato per il primo ministro, dal momento che non ne condivido la linea politica. Ma non per questo mi sento in dovere di sputtanarlo a ogni piè sospinto".

Quel *Bestiario* apparve sul "Riformista" la mattina di domenica 28 novembre. Qualche ora dopo, erompeva su Sky la carnalità impacciata, ma seducente, della escort Nadia. Come l'aveva giudicata il cattolico Carelli? Non so dirlo.

Verso la metà di dicembre, il direttore di Sky Tg24 venne intervistato da Paolo Conti, del "Corriere della Sera". Senza dedicare una sillaba alla bella Nadia, affermò: «Siamo neutri, non riconducibili né al centrodestra, né al centrosinistra, né al centro. Abbiamo sempre riportato tutto al cuore dei problemi. Soprattutto ci siamo tenuti lontano dal gossip».

Ottima risposta da direttore. Ma allora perché mandare in onda l'intervista a Nadia Macrì? Se non era gossip, in che cosa consisteva il cuore del problema esposto dalla bella escort? Non sono più un ragazzo. E fingo di non averlo capito.

33
Postriboli in tv

All'inizio del 2011, il Cavaliere e io scoprimmo l'esistenza di una persona capace di stare sui santissimi a entrambi, sia pure con intensità diversa. Il signore in questione era Gad Lerner, giornalista di fama, televisionista di lunga durata, già direttore del Tg1 della Rai per appena tre mesi.

La mia antipatia per Lerner risaliva a un fatto accaduto trentadue anni prima. Era l'ottobre 1979 e Scalfari mi aveva mandato a Torino per raccontare la crisi che rischiava di uccidere la Fiat. Risolsi il problema con tre lunghe interviste a figure esemplari del conflitto dentro la Feroce: un caposquadra di Mirafiori, uno dei sessantuno giovani operai messi fuori dall'azienda perché ritenuti estremisti violenti e infine un operaio di mezza età con la tessera del Pci.

Invece di trascrivere questi colloqui con il vecchio sistema della domanda e della risposta, li misi nero su bianco in forma di monologhi. Ciascuno dei tre testimoni mi raccontava la propria storia e come vedeva la crisi della Fiat. Per rispettare l'impegno preso con loro, avevo rinunciato a stampare i nomi e i cognomi, che tuttavia conoscevo. Aggiungo che erano stati incontri schietti, dove ciascuno si era confidato con grande franchezza. Anche perché si sentiva difeso dall'anonimato.

Il primo articolo, con il racconto del caposquadra, uscì su "Repubblica" il giovedì 11 ottobre 1979. Occupava un'intera pagina del giornale. E aveva un titolo efficace, opera di Gianni Rocca: *Nella gabbia di Mirafiori*. Non era mai accaduto che un piccolo quadro Fiat narrasse a un giornalista l'inferno delle proprie giornate di lavoro. La testimonianza era così drammatica, anche nei dettagli, che nessuno mise in dubbio che si trattasse di un falso costruito da me. Nessuno tranne uno.

Quell'uno era Lerner. Nell'ottobre 1979 stava per compiere 25 anni, era un militante di Lotta continua e lavorava come inviato al quotidiano del gruppo estremista fondato da Adriano Sofri. Il giornale, diretto da Enrico Deaglio, non perse tempo. Ventiquattro ore dopo, il venerdì 12 ottobre, pubblicò un servizio di Gad da Torino, intitolato: *L'aria che si respira intorno alla Fiat*.

Lerner scriveva, con uno stile un po' andante: "Il problema è grosso, reso ancora più incandescente da interviste palesemente inventate come quella di Pansa a un anonimo... L'intervista descrive una 'gabbia di Mirafiori' popolata da almeno cinquemila estremisti di professione perennemente impegnati nelle provocazioni. In meno di cinquemila non potrebbero riuscire a fare tutte le cose descritte dal caporeparto ipotetico di Pansa".

Detto in soldoni, Lerner mi accusava di essere un falsario, a libro paga dell'avvocato Agnelli e di Cesare Romiti. Lì per lì, mi incavolai. Poi decisi che nella mia vita Gad non era nessuno. E del resto non era la prima volta che il giornale dei lottacontinua se la prendeva con me, scrivendo balle spaziali.

Tanti anni dopo, nel maggio del 2000, Lerner ritornò su quella vicenda, nel corso di una lunga intervista per "Sette", il supplemento del "Corriere della Sera", raccolta da Claudio Sabelli Fioretti. Ormai Gad si era lasciato alle spalle il proprio passato di parolaio rivoluzionario. Si guardò bene dall'ammettere d'aver sbagliato. Ma raccontò che, da allora, il focoso Pansa gliel'aveva giurata.

Lerner spiegò a Sabelli Fioretti che si era limitato

a «mettere in dubbio la verosimiglianza di un ritratto anonimo di capo operaio Fiat». Poi raccontò di uno scontro con me, che non ricordavo: «Venimmo quasi alle mani all'Hotel City di Torino. Da allora, ogni volta che può, Pansa cerca di farmela pagare. La nostra è un'antipatia corrisposta. Non mi sono mai piaciuti il suo vocabolario tutto maiuscole, la sua retorica, la sua enfasi da schiena dritta. Non ci riconosco un tratto di sinistra».

Dopo aver letto "Sette", ammirai ancora una volta la boria pomposa di Lerner. Vivere la giovinezza professionale nei ranghi di Lotta continua aveva lasciato in lui e in qualche altro dei suoi compagni un marchio indelebile. Tipico di tutte le militanze autoritarie, rosse o nere che fossero. Era la convinzione di rappresentare la "meglio gioventù" e di non aver mai commesso errori.

A Lerner non aveva insegnato niente neppure l'incontro con Andrea Casalegno, figlio di Carlo, il giornalista della "Stampa" ucciso dalle Brigate rosse a Torino nel novembre 1977. Quell'intervista, scritta con Andrea Marcenaro e sempre per "Lotta continua", non aveva attenuato la sua presunzione di inchiodare gli altri a un'etichetta: tu sei di sinistra, tu di destra, tu un incolore qualunquista. Insomma, Gad era un settario cocciuto. E tale sarebbe rimasto anche in futuro.

Conclusa nel disastro l'avventura in Lotta continua, Lerner ritenne più comodo passare al nemico. Ossia lavorare per i giornali della borghesia. Dopo un ciclo breve al "Lavoro" di Genova, nel 1983 sbarcò all'"Espresso", in quel momento ancora guidato da Livio Zanetti, al suo penultimo anno di direzione.

Ma anche nelle testate del capitalismo privato, Gad restava un militante integrale. E non si smentì neppure in quel caso. Dalla redazione di via Po seguitò a sparare articoli livorosi contro l'avvocato Agnelli e il suo super-kapò, Cesarone Romiti. Una coppia di padroni dalle belle braghe bianche che ogni mattina, con il cappuccino, si mangiavano un operaio Fiat del quinto livello.

Tuttavia, quando Ezio Mauro lo chiamò alla "Stampa", come terzo vicedirettore insieme a Lorenzo Mondo e Luigi La Spina, la sua opinione sulla Fiat cambiò in modo radicale. Era il maggio 1993 e Gad rimase per più di tre anni nel giornale di casa Agnelli. E a Torino si scoprì affascinato dal mondo che, quando stava con Lotta continua, aveva sempre odiato.

Il santuario di Villar Perosa, dimora del sovrano di Mirafiori, lo faceva sognare a occhi aperti. Provò l'emozione di librarsi in cielo con l'avvocato Agnelli, sul suo elicottero, e ci scrisse un articolo sbavante. E cominciò a mettere in trono persino quel molosso ringhiante di Romiti.

Ma scrivere per i giornali non era mai bastato a Gad. La sua inquieta bravura l'aveva già spinto verso la tv pubblica. Prima ancora di arrivare alla "Stampa", condusse una serie di talk show di successo, spettacoli nuovi per la vecchia Rai, capaci di andare alla scoperta di un'Italia che da Roma molti non vedevano o giudicavano secondaria. Con l'aiuto di Angelo Guglielmi, il geniale direttore di Rai 3, mandò in onda *Profondo Nord* e *Milano, Italia*. Poi il piacere di stupire il pubblico lo spinse a commettere un passo falso, per me indimenticabile.

Era l'inizio del 1999, stavamo nella Seconda repubblica. Il primo governo Berlusconi aveva già tirato le cuoia. Nell'aprile 1996 era andato al potere Prodi. Ma nell'ottobre 1998 il Professore era stato costretto a dimettersi per il voto contrario di Rifondazione comunista. A Palazzo Chigi arrivò D'Alema, mentre Veltroni prendeva il posto di Max alle Botteghe oscure, come segretario dei Ds.

In quel tempo, Lerner conduceva un altro dei suoi talk show, *Pinocchio*. Era un programma pluralista, sorprendente, aperto alle opinioni di chi non riusciva mai ad arrivare davanti alle telecamere. All'improvviso, la sera di lunedì 1° marzo 1999, Gad lo regalò ai due politici che in quel momento erano i più potenti in Italia: D'Alema e Veltroni.

Perché dico che fu un regalo? Perché Max e Walter non vennero sottoposti a un contraddittorio pubblico, di fronte a voci dissonanti, dinanzi alle abituali platee di *Pinocchio*. No, Lerner provvide a interrogarli lui, solo soletto, con il risultato di offrire una marchetta doppia che non ricordavo di aver visto alla tv.

Lerner lasciò che i due big magnificassero le proprie virtù di statisti e di politici. Sostenendo di essere i più belli e i più bravi del reame. E offrendosi agli elettori come la sola sicurezza contro il caos dei partitini. Quelli vecchi e, soprattutto, quello nuovo: l'Asino fondato da Prodi dopo aver lasciato Palazzo Chigi. Tutta robaccia o robetta plebiscitaria, priva di valori, ambigua, fascistoide e dunque pericolosa per le sorti della democrazia repubblicana.

Quella puntata di *Pinocchio* mi sembrò un esempio estremo di conformismo querciaiolo, dove l'unico spiraglio di verità era offerto dalle facce dei due big rossi. Veltroni aveva il volto di chi sta sulle spine, quasi impaurito, in preda a cento ambasce. E si domanda di continuo quale sarà l'umore del compagno Max e che cosa diavolo bollirà nel suo pentolone.

Al contrario, D'Alema aveva il baffo più rigido che mai e l'aria severa, inciprignita, sbuffante. Quando venne affrontato il capitolo Prodi, il baffino d'acciaio di Max diede il meglio di sé. Il Professore venne bastonato a dovere e pure sputacchiato per le sue origini democristiane. Tanto che mi chiesi perché mai un capo di governo, tra un congresso della sinistra europea e una visita a Bill Clinton, girovagasse fra radio e tv a pestare un piccolo concorrente elettorale che era stato il suo premier.

L'unico felice era Lerner, convinto di aver fatto un vero scoop. E incurante di aver aperto una strada pericolosa: quella dei faccia a faccia televisivi fra due boss della stessa parrocchia. Mi domandai che cosa sarebbe successo se le tv di Mediaset ci avessero propinato in diretta il duello fra Berlusconi e Formigoni, tra Fini e Casini, o tra Clemente Mastella e Mastella Clemente.

In quel marzo del 1999, Lerner aveva già firmato un contratto da inviato e da opinionista di "Repubblica". Gliel'aveva offerto Ezio Mauro che, tre anni prima, aveva lasciato "La Stampa" per dirigere il quotidiano di De Benedetti.

Gad doveva piacere molto a Topolino. Erano due tipi umani assai diversi, non soltanto dal punto di vista professionale. Non ho mai capito che cosa diavolo li legasse. Oggi lo so: l'avversione profonda per il Berlusca. Nel 1999 il Cavaliere stava all'opposizione, ma prima o poi avrebbe vinto di nuovo. E la coppia Mauro & Lerner gli avrebbe fatto un mazzo così.

Un anno e mezzo dopo, arrivò il momento magico per Gad. Nell'aprile del 2000, il centrosinistra aveva perso le elezioni regionali, lasciando al centrodestra otto regioni su quindici. Il governo D'Alema si dimise e lui rinunciò all'incarico di premier. Al suo posto arrivò un esecutivo sempre di centrosinistra, ma guidato da Giuliano Amato. E fu sotto il regime provvisorio dell'ex numero due del Psi che venne deciso il cambio del direttore del Tg1, Giulio Borrelli.

Il motivo non me lo ricordo. Borrelli era un giornalista di sinistra, un ex dell'"Unità", poi passato in Rai nella quota riservata al Pci. Dal 1998 dirigeva il primo telegiornale del servizio pubblico e nessuno immaginava che lo giubilassero. Nemmeno lui lo pensava, tanto che apprese di essere rimosso soltanto all'ultimo minuto, quando tutto era già stato deciso.

A insediare Lerner al Tg1 furono il presidente della Rai, Roberto Zaccaria, e il direttore generale, Pier Luigi Celli, entrambi legati al centrosinistra. Perché scelsero Gad? Confesso di non saperlo. Forse pesò il successo dei suoi talk show televisivi. Oppure i due big della Rai consideravano quel telegiornale un gigante addormentato. Che aveva bisogno di essere svegliato da un direttore capace di mettergli il pepe nel sedere.

Di certo, giocò a favore di Lerner il placet del governo Amato. Anche se il premier sostenne di essere estraneo alla nomina. E richiesto di un commento, rispose gelido: «Di queste faccende non mi occupo». Decisivo fu l'assenso del vertice dei Ds, Veltroni per primo. La minoranza di centrodestra sparacchiò un po' di parole contrarie, ma niente di più. Tanto che si favoleggiò di un giudizio non negativo di Berlusconi.

La previsione più diffusa sosteneva che la direzione di Lerner sarebbe durata a lungo. Al momento dell'insediamento, fine giugno 2000, Gad doveva ancora compiere 46 anni. Dunque era un direttore giovane e per di più conosceva bene il media televisivo, anche se non era cresciuto in grembo a Mamma Rai. Tutto congiurava a suo favore. E invece accadde l'imprevisto: un disastro orribile.

Tre mesi dopo il suo arrivo in via Teulada, Lerner fece le valigie e se ne andò. Come in un romanzo d'appendice, era emerso un mostro imprevedibile: il Grande errore. Nell'edizione principale, quella delle ore 20, il suo tg aveva trasmesso un servizio dedicato a una questione molto scabrosa: la pedofilia. Purtroppo le immagini non erano state schermate nel modo adeguato e ne era nato uno scandalo. Ma la colpa di Gad qual era?

Aveva peccato di scarso controllo? O qualcuno della redazione gli aveva tirato quel siluro, per metterlo in difficoltà?

A onore di Lerner, bisogna dire che non stette lì a farla lunga. Si prese tutte le colpe, dicendo: «Ho sbagliato, quindi pago». E il 1° ottobre 2000, annunciò in diretta le dimissioni. Forse qualcuno cercò di convincerlo a ritirarle, ma Gad non cambiò programma. Rinunciando a uno stipendio di quelli forti: novecento milioni di lire. «Il più alto stipendio per un direttore di telegiornale», disse in seguito Lerner a Francesco Specchia che lo intervistava per "Libero".

Tutto era accaduto con una rapidità insolita per l'ambiente della Rai. Nessuno aveva previsto la catastrofe. Tanto che, per sostituire Lerner, fu necessario richiamare alle armi un bravo combattente a riposo: Albino Longhi, classe 1929, democristiano di Mantova, per la terza volta direttore del Tg1.

Questa la storia in pillole del televisionista capace di mandare fuori di testa il premier Berlusconi. La sera di lunedì 24 gennaio 2011, Lerner stava conducendo su La7 il suo programma settimanale, *L'Infedele*. Il lettore ricorderà quel che ho scritto in proposito qualche capitolo fa. Era un talk show che non mi piaceva perché sempre studiato per dare addosso al Caimano. E dunque ripetitivo, noioso, l'ombra pedante e faziosa dei vecchi programmi di Lerner.

La puntata del 24 gennaio era dedicata al caso Ruby e agli esercizi sessuali del premier sul corpo delle donne. Gli ospiti in studio, signore e signori, erano tutti nemici giurati del Caimano, tranne uno: la cantante Iva Zanicchi, deputata europea del Pdl. La sola a contrastare tre donne, molto ostili al Cavaliere: Ilaria D'Amico, Carmen Llera Moravia e Lucrezia Lante della Rovere.

Ma non bisogna dimenticare un signore che si considerava neutrale: Cesare Lanza.

Sembra che l'ascolto fosse molto buono, visto il tema scabroso. Ma diventò altissimo grazie all'intervento telefonico di Berlusconi. Proprio sul finire della puntata, era già mezzanotte, la voce del premier irruppe nello studio come un rombo di tuono.

Il Cavaliere era fuori dalla grazia di Dio. Schiumava di rabbia. E nel suo furibondo urlare scaraventò su Lerner una raffica di accuse: «Una trasmissione disgustosa! Una conduzione spregevole, turpe, ripugnante! Avete offeso al di là del possibile la signora Nicole Minetti! Invito la signora Zanicchi ad alzarsi e a lasciare quel postribolo televisivo!».

Sulle prime, Lerner rimase impietrito. Poi riuscì a dare del cafone al Berlusca. Quindi lo invitò a presentarsi ai magistrati di Milano. Ma non fu in grado di fare altro. L'unica vera resistenza fu quella della Zanicchi: lei se ne rimase seduta nello studio, disobbediente e tenace come di solito lo sono le donne della montagna reggiana.

La telefonata del premier alzò ancora di più l'ascolto di quella puntata dell'*Infedele*: un milione e 843 mila spettatori, equivalenti al 7,8 per cento di share. Un record per il programma di Lerner, che di solito portava a casa ascolti ben più ridotti.

Ma chi era la ragazza Ruby, il personaggio al centro della discussione? E chi era la signora Minetti? E perché Berlusconi era andato fuori dai fogli? Tanto da scaraventare su Lerner un anatema mai sentito in tv: tenutario di un bordello? Cercherò di spiegarlo nel prossimo capitolo, l'ultimo di *Carta straccia*.

34
Tramonto

Un Berlusconi così fuori dai fogli non si era mai visto. Ma quale tremenda offesa l'aveva fatto impazzire di rabbia? Secondo l'opinione di Maurizio Caverzan, apparsa sul "Giornale" del 31 gennaio 2011, a disgustarlo era stato un servizio di quella puntata dell'*Infedele*. Mandato in onda da Lerner verso le dieci e mezzo di sera. Lo firmava Paola Mordiglia e s'intitolava *L'orgia del potere*.

Era un montaggio spericolato di sequenze tratte da due film. Uno *Salò o le 120 giornate di Sodoma*, opera di Pier Paolo Pasolini, l'altro *Il portiere di notte* di Liliana Cavani. Nel primo si vedevano prigionieri nudi al guinzaglio di gerarchi fascisti che ne facevano strame. Nel secondo si raccontava la storia di una deportata, l'attrice Charlotte Rampling, divenuta la schiava sessuale di un ufficiale nazista, Dirk Bogarde. Insomma, roba forte, assai più del bunga bunga casalingo praticato nella villa di Arcore.

Mica male come abbinamento. Anche se molto forzato, tenendo conto che il Cavaliere non aveva obbligato con la frusta le ragazze delle serate a Villa San Martino. Tuttavia, la telefonata furibonda del premier mi sembrò una decisione folle. E aveva un'unica spiegazione, purtroppo molto negativa per il presidente del Consiglio. In quei giorni, provai a esporla alla buona nel modo seguente.

Berlusconi era cotto, come può succedere a qualsiasi essere umano della sua età. E non si rendeva conto di stare sbagliando troppe mosse. La patata bollente dei festini di Arcore, con il battaglione di escort arruolate senza risparmio, gli aveva fatto perdere la testa. Le urla contro "il postribolo televisivo" messo su da Lerner, e più ancora l'elogio surreale della Nicole Minetti, una delle sue favorite, mi sembravano un gesto supremo di autolesionismo. Un guaio che, come sappiamo tutti, può anche essere l'anticamera del suicidio.

Intendo il suicidio politico, naturalmente. Dal momento che stiamo parlando del Numero Uno della casta partitica italiana. Berlusconi era avviato lungo questa china? Avrei voluto pensare di no, visto che la sorte del governo, e quella del paese, dipendevano soprattutto da lui. Ma alla metà del gennaio 2011 la sua tragica parabola mi faceva ritenere di sì.

Come milioni di italiani, anch'io non ero in grado di valutare la fondatezza dell'inchiesta condotta dalla procura di Milano sui festini di Arcore. Tuttavia il caso di Ruby Rubacuori, e delle sue compagne di baldoria, presentava alcune certezze inquietanti. La prima era la presenza di questa ragazza senza arte né parte nella residenza del premier ad Arcore. Minorenne o maggiorenne che fosse, non avrebbe mai dovuto varcare la soglia di Villa San Martino.

Qui eravamo alla favola di Cenerentola rovesciata. Ruby veniva accolta nella reggia del sovrano, sembra per otto volte, proprio perché era una squinzia qualsiasi, pronta a tutto, anche a vendersi. Senza essere neppure travestita da principessa. E indossando soltanto un miniabito, forse identico a quello che abbiamo visto in molte riprese televisive. Più adatto a scoprire che a coprire.

La telefonata di Berlusconi alla questura di Milano per tirarla fuori dai guai annullava da sola la privacy del premier. Tanto da rendere flebile l'accusa rivolta dai suoi avvocati alla procura milanese: quella di una inammissibile intrusione nell'intimità del presidente del Consiglio.

Per di più, la minorenne marocchina non era l'unica presenza strana nella villa del premier. Secondo i pubblici ministeri, almeno altre quindici ragazze, queste di sicuro maggiorenni, avevano goduto di un accesso molto libero ad Arcore. Perché erano state invitate dal premier?

L'accusa le indicava con nome e cognome. E sosteneva che stavano lì per partecipare a festini notturni, quelli del bunga bunga. Poteva non essere vero. Ma restava vero il fatto che a Villa San Martino c'erano. Mentre secondo un principio di cauto buonsenso non avrebbero dovuto esserci.

Mi fermo qui nell'indicare i fatti che sembravano evidenti. Erano questi i punti fermi dell'inchiesta di Milano. Pur non conoscendo gli atti giudiziari, penso di poter dire che costituivano i capisaldi di un'accusa molto ardua da smontare. E dipingevano uno stile di vita del premier che non mi sembrava consono a un capo di governo.

Anche tutti i confronti storici evocati non reggevano. A cominciare dalla frenesia sessuale dei fratelli John e Robert Kennedy, famosi donnaioli. O dalle imprudenze del presidente americano Bill Clinton, nei guai per le sveltine con una stagista, addirittura all'interno della Casa Bianca. Eravamo nell'Italia debole del 2011, e non nei fortissimi Stati Uniti del tempo che fu.

Il pool di pubblici ministeri che indagavano sul caso Ruby non aveva nessuna intenzione di mollare la presa. Erano convinti di aver aperto una strada in grado di mettere sotto accusa penale, e soprattutto morale, il presidente del Consiglio. Il fatto che non avessero digerito il voto di fiducia del 14 dicembre, come sosteneva Berlusconi, non rivestiva nessuna importanza. Avevano agguantato una preda e non se la sarebbero lasciata scappare.

Quale fosse la via d'uscita per il Cavaliere non lo sapeva nessuno. Anche il ricorso alle elezioni anticipate era una strada impervia, che presentava due ostacoli. Il primo poteva essere il rifiuto a sciogliere le Camere opposto dal presidente della Repubblica. Il secondo era che sarebbe stato un rebus non da poco affrontare una campagna elettorale sotto il fuoco dei pm milanesi. E forse davanti all'incubo di un processo da svolgersi con il rito immediato.

A conti fatti, il quadro che si andava delineando risultava disastroso per il Cavaliere e per il suo centrodestra. Un traguardo appariva già sfumato: quello di condurre la legislatura sino alla scadenza naturale, la primavera del 2013. Era una data che ormai sembrava una chimera. Con la conseguenza di avere un governo sempre sull'orlo della sconfitta. Guidato da un premier azzoppato e sorretto da una maggioranza esposta a tutti gli agguati.

Berlusconi rischiava di diventare il Prigioniero di Arcore. Se fossi stato un suo consulente gli avrei offerto un suggerimento affettuoso: lasciare la politica e godersi la vita, dal momento che aveva passato il traguardo dei 74 anni. Ruby o no, bunga bunga o no, ecco un dato di fatto che lo rendeva il premier più anziano di tutto l'Occidente.

Poi il Cavaliere scelse un'altra strada. Quella di resistere tanto sul fronte giudiziario che su quello politico. Non lasciò Palazzo Chigi, cercò di allargare la propria scarna maggioranza e decise di tirare avanti. Senza più pensare a elezioni anticipate. Per un curioso paradosso, il ricorso alle urne diventò la richiesta ossessiva delle opposizioni che sino a quel momento non avevano mai voluto parlarne, neppure come ipotesi.

Può contare l'opinione di un giornalista? Soprattutto se messa a confronto con la potenza della casta politica?

Penso di no. Ma alla fine del gennaio 2011, il sottoscritto riteneva che se, in marzo o in maggio, Berlusconi fosse riuscito a ottenere le elezioni anticipate, forse avrebbe vinto ancora. Dal momento che giocavano a suo favore quattro fattori evidenti.

Innanzitutto molti maschi italiani erano identici a lui, non per la ricchezza, ma per la tendenza a essere puttanieri. Il sesso era diventato per tanti un chiodo fisso, il centro dell'esistenza. Che cosa aveva fatto di male il Cavaliere? Certo, si era portato nel letto una minorenne, ma la Ruby Rubacuori non sembrava per nulla una ragazzina. Le altre ragazze apparivano escort patentate o improvvisate. Silvio le aveva pagate, come fa chiunque raccatti una zoccola per strada o su internet.

Berlusconi avrebbe vinto anche perché le tante opposizioni erano alla frutta. Bersani dichiarava di sentirsi pronto a fare il premier. Però non erano dello stesso avviso né Casini né Vendola. E tanto meno il presidente del suo stesso partito, una Rosy Bindi rocciosa, concionante e onnipresente in tutti i talk show televisivi.

Il terzo argomento a favore del Cavaliere consisteva nel fatto che molti italiani lo ritenevano perseguitato dalla procura di Milano. Vittima di una magistratura che, a torto o a ragione, veniva considerata dall'uomo della strada un'altra casta prepotente, identica a quella dei partiti. E mossa soltanto da ambizioni corporative o politiche.

L'ultimo motivo era l'infuriare dell'offensiva mediatica contro il Cav. Con un'evidente disparità nei suoi confronti. Silvio poteva anche chiamare alle armi tutti i suoi tifosi presenti nei giornali e nelle tv. Ma sarebbe apparso sempre un orfanello nel bosco dell'informazione. Assediato da un branco di lupi famelici che, ogni mattina dalle edicole e ogni sera dai telegiornali o dai talk show, lo facevano a pezzi. E apparire così gli avrebbe di sicuro giovato.

Per tutto questo mi chiedevo che cosa aspettasse Berlusconi a ricorrere al voto anticipato. E perché non si preparasse a convincere di questa necessità il presidente della Repubblica, l'unico a poter decidere di sciogliere le Camere. La risposta è una sola: il Cav non voleva andare alle elezioni perché temeva di perderle.

Il suo era un timore comprensibile, però non teneva conto di una verità per lui molto amara: sul terreno insidioso dell'immagine, alla quale teneva molto, Berlusconi aveva già perso. Chi era stato capace di mandarlo al tappeto e lo stava massacrando era un nemico imbattibile: il ridicolo.

La storia emersa dall'indagine giudiziaria avrebbe fatto la goduria di un regista di film trash. Capace di scovare gli eredi di Bombolo, di Alvaro Vitali, delle Ubalde sempre calde, travestite da infermiere, da professoresse, da poliziotte. Quello che affiorava dalle tante intercettazioni era di un grottesco supremo. Non ero in grado di dire se avesse conseguenze penali oppure no. Ma sapevo per certo che era distruttivo per il buon nome del presidente del Consiglio.

Prima di questo gigantesco putiferio, pensavo anch'io che Villa San Martino, ad Arcore, fosse soltanto un santuario politico. Destinato agli incontri riservati e a ospitare formidabili think tank di pensatori del centrodestra. Il luogo dove, come accade in ogni paese, venivano elaborate le strategie del governo.

Tutto sbagliato. La residenza del premier era anche un bordello privato, una corte dei miracoli zeppa di mignotte. Pronte a soddisfare le voglie di un signore ultrasettantenne, ma ancora in grado di fare sesso con l'energia dei vent'anni.

Persino i dettagli congiuravano nel disegnare uno scenario farsesco. Pensiamo alla coppia Lele Mora & Emilio Fede. Due maschere che sembravano create apposta da un regista dello sghignazzo. Pure il residence dell'Olgettina, ormai ribattezzato Orgettina, era diventato un set dove non tutte le escort sfuggivano alle telecamere. E qualcuna di loro ci regalava dichiarazioni surreali. Una certa Maristella, bellezza della Dominica, si vantò di aver affascinato il premier perché era "abbronzata" come il presidente Obama.

Il trash crebbe a dismisura con l'entrata in scena di Nadia Macrì, la escort calabrese insediata a Reggio Emilia. Nella lunga intervista a Sky, mandata in onda il 28 novembre 2010, aveva sostenuto di essere andata a letto con Berlusconi almeno tre volte, ad Arcore e in Sardegna.

Nonostante la generosa ospitalità di Sky, nessuno aveva preso nota di quel che diceva la Macrì. Nemmeno la procura della Repubblica di Milano. Il pool di accusatori si accorse di Nadia soltanto dopo una seconda intervista televisiva, apparsa il 20 gennaio 2011 ad *Annozero*. L'avevo vista anch'io. E debbo riconoscere che la escort era molto ispirata. In grado di offrire un ritratto del premier davvero da film porno-comico.

Con la sua aria svagata, ci aveva descritto un Berlusconi che, con il pancione e tutto il resto in bella vista, s'immergeva nella piscina calda dove lo aspettavano cinque o sei ragazze, compresa Nadia. E dopo il bagno le riceveva una dopo l'altra nello stanzino accanto. Qui, al grido «Avanti la prossima!», le possedeva tutte con la rapacità sessuale di uno stallone in calore.

Era vero? Era falso? Di certo, era ridicolo. Ma proprio qui stava il guaio per il presidente del Consiglio. Che di certo avrà rammentato un vecchio detto: ne uccide più una risata che un colpo di spada.

Infine arrivò il giorno fatale del rinvio a giudizio di Berlusconi, deciso dal giudice per le indagini preliminari di Milano. Il martedì 15 febbraio 2011 si aprì con un'invettiva della Jena, il satirico telegrafico della "Stampa". Sotto il titolo *Speranze*, ringhiava: "Mezza Italia, un solo grido: Gip, gip hurrà!". Subito dopo calò sulla testa del Cavaliere la solita mazzata di "Famiglia Cristiana", un settimanale che si dichiarava cattolico: "Viene subito in mente la nemesi. Tu, Berlusconi, ti sei servito delle donne e in malo modo. Le stesse donne faranno giustizia".

Per tutto il pomeriggio di quel martedì, il Cavaliere fu sbeffeggiato da un'infinità di media. E fu messo al muro da migliaia di messaggi via internet. La sera andò anche peggio. A *Ballarò*, Rete 3 della Rai, il comico Maurizio Crozza lo irrise, descrivendolo come un vecchio puttaniere. Un anziano assatanato che stava sempre lì a chiedere: «Quanto?», ossia il costo della prestazione sessuale.

Quindi il Caimano venne sfottuto anche al Festival della canzone italiana a Sanremo. Nel frattempo, comparivano sui muri di Roma i manifesti affissi dai tifosi di Vendola. Accanto alle facce di Mubarak e di Berlusconi, la scritta incitava: "Contro i rais, rivolta!".

Era dunque cominciata al calor bianco la lunga vigilia dell'imputato Berlusconi. E immagino che sarebbe proseguita con la stessa intensità fino al 6 aprile, giorno d'inizio del processo con il rito immediato. Per un mese e mezzo, avremmo visto imperversare, sempre più accanita, la campagna politica e mediatica che già conoscevamo. Nessun pretesto sarebbe stato trascurato pur di condannare l'imputato in anticipo rispetto alla sentenza del tribunale di Milano. Immaginavo una guerra senza quartiere che mi obbligava a una domanda.

La domanda ha un premessa. Non avevo dubbi, e non dovevo averne, che il collegio giudicante, formato da tre donne, fosse il più imparziale del mondo. E che avrebbe dimostrato di esserlo nel corso del giudizio e, infine, nella sentenza. Tuttavia, nessun magistrato è un robot, costruito per muoversi soltanto sulla base del codice e delle prove raccolte. Nessun giudice vive dentro una bolla d'aria a tenuta stagna. Né al centro di un deserto, in un'oasi di neutralità. Dove non arrivano giornali né si captano trasmissioni televisive e radiofoniche.

I magistrati sono gente uguale a noi. Vivono nel loro tempo e sono alle prese con le stesse suggestioni che bombardano l'italiano qualunque. Quelle a proposito del Cavaliere erano suggestioni molto robuste e tutte speciali. Nel corso degli anni, avevo assistito a tanti processi e qualcuno l'avevo sofferto come imputato. Però non mi era mai accaduto di vedere un giudizio accompagnato, sostenuto, incoraggiato e preteso da un apparato impressionante come avveniva per quello che riguardava Berlusconi.

Non avevo mai votato per il Cavaliere e per il suo centrodestra. E non ero mai stato tentato di farlo. Ma se si fosse andati alle urne in anticipo, mi sentivo propenso a diventare un suo elettore. Per ribellarmi alla nauseante guerriglia faziosa che costringeva anche me a dire: basta!

La guerriglia aveva già ottenuto un risultato, con il rinvio a giudizio del Caimano. Dunque sarebbe stato giusto far tacere le armi e lasciare che il processo si svolgesse in un clima meno rovente di quello odierno. Per fare in modo che non risultasse una resa dei conti, bensì un procedimento all'insegna dell'equità.

Equità è una parola facile da scrivere. Ma indica un traguardo non sempre facile da raggiungere. Per questo non invidiavo la tre magistrate di Milano. Se tenevano in tasca una sentenza di condanna già scritta, la storia si poteva chiudere lì. Il presidente del Consiglio non avrebbe dovuto aspettare il mese di aprile per conoscere la propria sorte. La balena destinata a inghiottirlo era pronta, con i denti affilati per straziarlo.

Se invece la condanna non era ancora decisa, le tre signore in toga avevano di fronte la prova più difficile della propria carriera giudiziaria. Non sarebbe stato un affare da poco sottrarsi alla bufera che imperversava da mesi. E non ascoltare le urla che salivano dalla piazza, dai partiti, dai giornali, dalla tv, sino ad arrivare nelle loro stanze. Era uno strepito inferiore soltanto al rombo dei cannoni. Destinato a diventare sempre più feroce di giorno in giorno, sino al mercoledì 6 aprile.

A quel punto, avremmo avuto sotto gli occhi uno spettacolo indecente. Quello di un processo celebrato in un'arena. Davanti a un pubblico che mostra il pollice verso nei confronti di un cristiano già destinato ai leoni. Ma allora ecco un'altra domanda. Che cosa poteva fare l'imputato Berlusconi per evitare che questa falsa giustizia lo colpisse? E al tempo stesso cancellasse quel poco di fiducia nei magistrati che rimaneva in una parte degli italiani?

Un vecchio detto popolare recita: non bisogna mai insegnare ai gatti come ci si arrampica sui muri. L'ho imparato molto tempo fa. Per questo evito sempre di offrire consigli ai politici. E meno che mai di suggerire alcunché a un leader alle prese con un tribunale. Correndo il pericolo di una condanna pesante. Accompagnata dall'interdizione ai pubblici uffici che può essere perpetua.

Tuttavia, la tragedia di Berlusconi ci riguardava tutti. Lui non era soltanto il presidente del Consiglio. Era pure il leader di uno schieramento votato da milioni di elettori. Dunque, a questi tantissimi cittadini doveva un rispetto quasi sacro. Si trattava di un debito che non poteva ignorare. E a mio parere il premier aveva un solo modo per onorarlo. Dimettersi dall'incarico e cercare una nuova fiducia attraverso un altro governo di centrodestra, affidato a un presidente scelto da lui. Oppure con il ricorso anticipato alle urne.

Certo, il rischio connesso appariva molto alto. Ma tanto nel caso di una vittoria che di una sconfitta, Berlusconi avrebbe potuto andare incontro ai suoi giudici con la testa alta. E pretendere di avere un processo equo.

Ecco, ero incorso nell'errore che cerco sempre di evitare: dare un consiglio a un signore testardo come nessuno. Infatti, nel momento di chiudere questo libro, il Cavaliere se ne stava sempre a Palazzo Chigi. Alle prese con una serie di eventi difficili da affrontare. A cominciare dal caos sanguinoso emerso in Libia, per la rivolta contro il regime di Muammar Gheddafi.

Non si può certo dire che Berlusconi stesse vincendo contro tutti i suoi avversari. Ma di sicuro rappresentava la prova vivente di una verità: il potere dei giornalisti italiani era davvero inutile, per non dire inesistente. Per anni, e soprattutto a partire dal 2008, il Cavaliere li aveva visti quasi tutti schierati contro di lui, a parte le redazioni di pochissime testate. Era stato rivoltato come un calzino e battuto come un materasso. Ma senza essere in grado di sconfiggerlo.

Pur essendo al tramonto del proprio percorso di leader, Berlusconi resisteva, non pensava a dimettersi, rifiutava di arrendersi. E dunque, giorno dopo giorno, continuava a vincere. Mentre le opposizioni e i media avversari non riuscivano a raggiungere l'obiettivo di trasformarlo in un cadavere politico, e per questo seguitavano a perdere. Nel frattempo le faziosità contrapposte, a cominciare da quelle dei media, diventavano via via più cattive. E la guerra continuava.

Alla fine dell'inverno, lo schieramento mediatico a favore del Cavaliere si rafforzò. All'interno di uno dei campi di battaglia, la Rai, emerse una novità clamorosa. A partire dal 14 marzo 2011, in coda al Tg1 delle ore 20, andò in onda dal lunedì al venerdì un'arringa di Giuliano Ferrara. Con un'insegna che evocava la resistenza a un nemico: *Qui Radio Londra*. Era la risposta fatale, quasi obbligata, ai tanti talk show rossi della televisione pubblica.

Quello che sarebbe accaduto dopo, lo descriverà qualcun altro. Il mio racconto finisce qui.

Indice dei nomi

Indice

Finito di stampare nel mese di maggio 2011
presso il Nuovo Istituto Italiano d'Arti Grafiche - Bergamo

Printed in Italy